ALMA MATER STUDIORUM – UNIVERSITÀ DI BOLOGNA

DIPARTIMENTO DI STORIA CULTURE CIVILTÀ

Storia e culture

13

Storia e culture

Collana del Dipartimento di Storia Culture Civiltà
Alma Mater Studiorum – Università di Bologna

Le monografie pubblicate in questa collana sono sottoposte a *double blind peer review* condotta da esperti esterni al Dipartimento.

Eleonora Moronti

Il cardinale Mezzofanti

Storia globale di un intellettuale locale (1774-1849)

viella

Prima edizione: dicembre 2024
ISBN 979-12-5469-773-3 (carta)
ISBN 979-12-5469-774-0 (e-book)
DOI 10.52056/9791254697740

MORONTI, Eleonora
Il cardinale Mezzofanti : storia globale di un intellettuale locale (1774-1849) / Eleonora Moronti. - Roma : Viella, 2024. - XI, 252 p. : ill. ; 21 cm. - (Storia e culture / Università di Bologna, Dipartimento di Storia Culture Civiltà ; 13)
Bibliografia: [209]-240.
Indice dei nomi: p. [241]-252.
ISBN 979-12-5469-773-3
eISBN 979-12-5469-774-0
1. Mezzofanti, Giuseppe I. Università di Bologna. Dipartimento di Storia Culture Civiltà
945.08092 (DDC WebDewey) Scheda bibliografica: Biblioteca Fondazione Bruno Kessler

viella
libreria editrice
via delle Alpi, 32
I-00198 ROMA
tel. 06 84 17 758
fax 06 85 35 39 60
www.viella.it

Indice

Prefazione

> Ogni nostro pensamento, ogni affetto dimostrano le parole: ma queste come sono dette svaniscono, e chi le ha intese, avvegnaché si brighi di farne tesoro, male s'affida nella memoria, delle udite cose non sempre fedele guardatrice; e narrandole altrui, s'avvicina sovente a uditore dimentichevole, o ad infedele ripetitore.

Con queste parole – che sottolineando i limiti dell'oralità e della memoria introducono un'argomentazione sull'importanza dello studio dei sistemi di scrittura – Giuseppe Mezzofanti apriva la sua *Dissertazione sul modo di scrivere degli antichi Messicani*, letta pubblicamente nel 1814 presso l'Accademia delle Scienze di Bologna. Paradossalmente, e nonostante l'incitamento di persone a lui vicine come Camillo Ranzani, la dissertazione rimase inedita, come d'altronde la quasi totalità delle opere del Mezzofanti. Fu così che la percezione del ruolo di intellettuale che Mezzofanti svolse a Bologna tra la fine del XVIII e gli inizi del XIX secolo fu affidata proprio a quella memoria «delle udite cose non sempre fedele guardatrice». E la memoria di Mezzofanti, già durante la sua vita, acquisì presto i toni dell'aneddotico, tramandando la figura di un bizzarro genio poliglotta, una sorta di "fenomeno" le cui rinomate capacità linguistiche erano non di rado ridotte a mero oggetto di curiosità, tanto che la visita a Mezzofanti divenne una tappa consueta del *Gran Tour* nella penisola italiana. Non stupisce quindi che una figura di questo tipo, celeberrima ma in sostanza costretta nel limitato ruolo di inconsueta curiosità, sia stata presto relegata ai margini della storia intellettuale bolognese e italiana.

In questo volume, fondato su una puntuale rilettura del *corpus* documentario conservato nel Fondo Manoscritti della Biblioteca dell'Archiginnasio di Bologna, Eleonora Moronti traccia invece un'immagine di Mezzofanti che, andando oltre l'orizzonte del bizzarro e dell'aneddotico, non solo ne valorizza il ruolo intellettuale, ma lo rende pienamente comprensibile solo in quanto nodo di una fitta rete di circolazione di saperi di portata letteralmente globale. Dopo aver ricostruito il processo di costruzione della memoria del Mezzofanti così come essa è andata formandosi nella storiografia, Elenora Moronti si muove tra i poli solo apparentemente opposti della microstoria e della storia globale per osservarlo sotto una nuova luce. Quella che ne emerge è la figura di un intellettuale provinciale dell'Italia preunitaria che ben poco ha viaggiato ma che, proprio grazie alla sua fama, ebbe un rapporto privilegiato con molteplici attori dell'universalismo cattolico – missionari, gesuiti espulsi dai domini spagnoli, Congregazione di Propaganda Fide ecc. –, riuscendo così ad attingere a bagagli di conoscenze di grande rilievo, soprattutto in relazione al mondo extraeuropeo. Ne è prova il vasto carteggio, la cui analisi mette in luce l'inatteso dinamismo intellettuale di contesti peninsulari troppo spesso ritenuti provinciali e in fin dei conti marginali. Chiare evidenze di come Mezzofanti sia riuscito a far tesoro e a rielaborare originalmente le informazioni relative a mondi lontani sono ad esempio i diversi manoscritti relativi a lingue indigene delle regioni più disparate, ma anche e soprattutto lavori come la già menzionata *Dissertazione sul modo di scrivere degli antichi Messicani* (1814) e la successiva *Dissertazione sopra un Codice messicano della Biblioteca della Pontificia Università di Bologna* (1818). In quest'ultima, Mezzofanti fu capace di proporre interpretazioni puntuali e per molti versi pionieristiche di una delle più importanti testimonianze documentarie della produzione intellettuale Mesoamericana di età precoloniale. La nuova analisi che Eleonora Moronti ci offre di queste opere ci restituisce l'immagine non di un genio isolato che grazie a mirabolanti capacità riuscì a decrittare oscuri sistemi di scrittura, quanto piuttosto quella di un osservatore consapevole, aggiornato sulla più recente pubblicistica prodotta su entrambe le sponde dell'Atlantico, i cui risultati fu capace di applicare in modo attento alla lettura di un rarissimo manoscritto che, quasi tre secoli prima, altre reti dell'universalismo cattolico avevano condotto a Bologna.

La storia globale ci ha abituati a leggere biografie di individui la cui vita eccezionalmente mobile si dipana tra i quattro angoli del mondo, connettendo regioni e contesti lontani. Il Mezzofanti che ci racconta Eleonora Moronti è invece un personaggio la cui eccezionalità risiede proprio nella sua capacità – grazie alla sua fama e alla molteplicità di ruoli assunti nel corso della sua vita – di farsi "nodo immobile" di reti di circolazioni di saperi di portata globale. È quindi nel campo di tensione creato da elementi a prima vista contraddittori – immobilità e dinamismo, locale e globale, Illuminismo e Controriforma – che si dispiega la biografia intellettuale di Giuseppe Mezzofanti, una biografia che merita oggi di essere ripensata e rivalutata al fine di sottrarla alla dimensione aneddotica in cui è stata troppo a lungo confinata.

Davide Domenici

Introduzione. Un insolito noto

Roma, marzo 1849. Uno sparuto gruppo di persone si riunisce nella Chiesa di S. Onofrio al Gianicolo per l'addio a uno degli uomini più famosi dell'epoca. È una cerimonia rapida, sobria e in via del tutto privata, a causa delle turbolenze politiche in corso a Roma. I rovesciamenti causati dall'instaurarsi della Repubblica Romana, guidata dal triumvirato costituito da Giuseppe Mazzini, Aurelio Saffi e Carlo Armellini, avevano precarizzato la posizione di diversi esponenti dell'*establishment* pontificio. Tra essi, l'uomo in onore del quale si teneva la frettolosa cerimonia funebre, il Cardinale Giuseppe Mezzofanti (1774-1849) considerato il più brillante poliglotta della sua generazione. Il racconto di questa cerimonia, dai contorni fumosi e dai rimandi vagamente gotico-romantici, di una processione modesta e silenziosa, snodatasi alla luce soffusa e discreta di torce, è del teologo irlandese Charles William Russell, considerato il principale biografo di Mezzofanti.[1] Al di là delle sfumature narrative, la testimonianza di Russell rende piuttosto efficacemente l'aura di mistero che a lungo ha circondato la figura di Mezzofanti, al punto da esautorare gli spazi per riflettere sul valore della sua esperienza di intellettuale nella prima metà dell'Ottocento, esperienza quasi interamente nascosta dietro le dispute sul talento del poliglotta. La biografia di Mezzofanti è stata infatti concettualizzata dalla critica per lo più come un episodio marginale: una nota di colore, si direbbe, autoconclusiva e leggibile soprattutto con le lenti della

1. Charles William Russell, *Vita del Cardinale Giuseppe Mezzofanti e memoria dei più chiari poliglotti antichi e moderni*, Bologna, Tipografia di G. Monti al Sole, 1859 (ed. orig. *The Life of Cardinal Mezzofanti: With and Introductionary Memoir of Eminent Linguists, Ancient and Modern*, London, Longman, Brown & Co, 1858), p. 313.

storia locale. Una vicenda che può senza dubbio intrigare ma che non arriva a sollevare questioni storiografiche dirimenti. O almeno così potrebbe sembrare a una prima osservazione.

Questa indagine scaturisce dall'analisi di alcuni saggi di interesse americanista, conservati presso il Fondo manoscritti della Biblioteca dell'Archiginnasio di Bologna, città in cui Mezzofanti nacque e in cui trascorse metà della sua vita, prima di trasferirsi definitivamente a Roma nel 1831. Esaminando i manoscritti appare chiaro che, al di là della questione delle tante lingue misteriosamente imparate – tema che giganteggiava nella letteratura ma che aveva finito per relegare alla marginalità storiografica l'intero contributo intellettuale di Mezzofanti – si celassero questioni inesplorate e meritevoli di essere approfondite. I manoscritti americanisti contengono due dissertazioni in cui Mezzofanti analizza e interpreta[2] un manoscritto di origine precolombiana, custodito nella Biblioteca Universitaria di Bologna e noto come Codice Cospi. Tra il 1814 e 1818 Mezzofanti articolò un'interpretazione, filologicamente solida e dettagliata, per risalire al significato del Codice. La sua fu di fatto la prima "decrittazione" ufficiale e valida in diverse intuizioni, ad essere nota alla critica, benché per via del rifiuto di Mezzofanti di pubblicarla fosse poi rimasta a lungo sepolta tra le pagine del Fondo. L'acutezza delle riflessioni di Mezzofanti, nonché lo scrupolo e l'estro con cui condusse le sue ricerche filologiche sui sistemi di scrittura della Mesoamerica preispanica, rimandavano a un'impalcatura di connessioni internazionali, le cui diramazioni scavalcavano la dimensione locale cui lo stesso Mezzofanti apparteneva, rivelando l'esistenza di una comunità globalmente diffusa di pensatori ed eruditi. A questa comunità, pur senza mai abbandonare la penisola, Mezzofanti aderiva intellettualmente, anche in virtù della vasta popolarità transregionale di cui godeva. Il lavoro sui manoscritti ha portato perciò a chiedersi se le caratteristiche che Mezzofanti mostrava di possedere (capacità di articolare, da un punto d'osservazione locale, un ragionamento costruito sulla circolazione di fonti translocali;[3] disponibilità al dialogo con l'extra-locale e curiosità per

2. Biblioteca Comunale dell'Archiginnasio di Bologna (BCABo), Fondo Speciale Giuseppe Mezzofanti, Cart. IV, 2. 1814, 1818.

3. Una riconciliazione delle scale analitiche locale-globale come percorso della *world history* era stata auspicata già da John D. French. Cfr. John D. French, *Another World History Is Possible: Reflections on the Translocal, Transnational, and Global*, in *Workers Across the Americas: The Transnational Turn in Labor History*, a cura di Leon Fink, New York, Oxford University Press, 2011, pp. 3-11.

l'alterità; permeabilità all'apporto intellettuale di comunità extra-europee) corrispondessero al profilo di quello che si definirebbe un pensatore (del) globale,[4] in grado cioè di percepire e decodificare gli spazi dell'interazione di inizio XIX secolo, pur aderendo convintamente ai canoni della realtà locale di origine (in questo caso la Bologna della Restaurazione). Questa, apparentemente meno interessata a dinamiche cosmopolite, era intenta a ricercare un punto di equilibrio risolutivo delle tensioni politiche, tra le istanze post-giacobine, i progetti di consolidamento conservatori e quelli di rinnovamento universalistico della Chiesa di Roma.[5]

Al centro di questo lavoro c'è dunque la curiosità per un personaggio originale, eccentrico, ma al contempo rappresentativo del suo circuito relazionale, la cui osservazione può fornire un'occasione di riflessione sull'interpretazione della globalità nell'Italia preunitaria. L'indagine è basata primariamente, ma non esclusivamente, sull'analisi del Fondo documentario custodito alla Biblioteca dell'Archiginnasio,[6] condotta nell'ambito del mio lavoro di ricerca di dottorato (2017-2021). A partire da un intreccio di prospettive analitiche (storia globale, microstoria e storia intellettuale[7]) già la tesi prodotta per la ricerca era focalizzata sul dischiudere il significato dell'esperienza biografica di Mezzofanti in relazione alla sua comunità. Questo testo eredita in gran parte la struttura e i contenuti di quell'elaborato. I capitoli tratteranno della biografia di Mezzofanti e della costruzione della memoria sulla sua persona; del complesso delle sue connessioni globali e della partecipazione all'inter-

4. Si tratta della coscienza-mondo dei cosiddetti «anelli umani», individui in grado di concettualizzare la connessione globale dalla prima età moderna. Cfr. Serge Gruzinski, *Abbiamo ancora bisogno della storia? Il senso del passato nel mondo globalizzato*, Milano, Raffaello Cortina Editore, 2016 (ed. orig. *L'histoire, pour quoi faire?*, trad. it. Maria Matilde Benzoni, 2015), p. 135.

5. Cfr. Francisco Javier Ramón Solans, *A Renewed Global Power: The Restoration of the Holy See and the Triumph of Ultramontanism, 1814-1848*, in *A History of European Restorations. Volume Two: Culture, Society and Religion*, a cura di Michael Broers, Ambrogio A. Caiani, Stephen Bann, London, Bloomsbury Academic, 2020, pp. 72-84.

6. Il Fondo è stato consultato integralmente per una ricognizione generale dei contenuti. I documenti presentati in questo saggio e utili all'impianto storiografico sono indicati tra le fonti archivistiche della bibliografia.

7. Tentando cioè di comporre una microstoria (intellettuale) translocale secondo i modelli proposti da Christian G. De Vito. Si veda: Christian G. De Vito, *Verso una microstoria translocale (Micro-spatial history)*, in «Quaderni Storici», 50/3 (2015), pp. 815-833.

scambio che ne deriva e che si articola attraverso i canali degli ambienti cattolici e laici, istituzionali e informali; oltreché della sua produzione intellettuale, letta a partire proprio da quelle dissertazioni di tema americanista, che avevano segnato il mio incontro con il personaggio e che costituiscono la forma forse più completa del suo contributo di umanista. L'obiettivo della prima parte dell'indagine è dunque tracciare un profilo di Mezzofanti, quale esempio di intellettuale di provincia nell'Italia preunitaria che opera in un circuito globale di circolazione del sapere.

Il primo capitolo tratterà i dati biografici di Mezzofanti. L'intento è quello di connettere i tratti salienti della sua vicenda ad alcuni macro-eventi dell'epoca moderna che più direttamente ebbero un impatto sulla sua vita, come la soppressione dell'Ordine gesuita, le guerre napoleoniche e il giacobinismo, la Restaurazione, l'avvento della Repubblica Romana. Un ulteriore aspetto che appare interessante in Mezzofanti è la molteplicità di ruoli (filologo, bibliotecario, accademico, poliglotta, traduttore, ministro, interprete) assunti nel corso della sua vita e "assolutizzati" a seconda della prospettiva di analisi. Perciò, nel comporre la sua biografia, ho tentato di evidenziare la sovrapposizione di questi ruoli, in modo da far emergere come da ciascuno di essi si dipanino filoni di ricerca che rendono il caso ancora più ricco di spunti e suggestioni. Il secondo capitolo contiene invece un racconto della cultura che ha sistematizzato e trasmesso la memoria del personaggio. Ho esplorato le modalità utilizzate nel tempo per raccontare la fonte e cercato di dare conto del perché un individuo tanto celebrato[8] in vita, fosse stato poi rapidamente dimenticato poco dopo la sua scomparsa. Uno spazio, in particolare, è dedicato all'apparato metaforico scelto per descrivere Mezzofanti (il genio, l'enigma, il fenomeno) che spesso attinge alla simbologia universalistica di derivazione biblica che ha quasi totalmente sommerso il profilo dell'intellettuale, incastonandolo in una storia aneddotica. L'analisi di questo aspetto è finalizzata a introdurre il tema dell'eccezionalità, ritenendo che sia pertinente alle implicazioni dell'uso della prospettiva microstorica,[9] impiegata per questo caso-studio, nella sua intersezione con quella di *global history*. Il

8. L'elaborazione che coincide con quella del profilo della celebrità della prima metà del XIX secolo. Cfr. Antoine Lilti, *The Invention of Celebrity. 1750-1850*, Cambridge, Polity Press, 2017 (ed. orig. *Figures Publiques. L'invention de la célébrité, 1750-1850*, 2015).

9. Cfr. Francesca Trivellato, *Is There a Future for Italian Microhistory in the Age of Global History?*, in «California Italian Studies», 2/1 (2011), https://escholarship.org/uc/item/0z94n9hq (ultima consultazione 29/05/24).

terzo capitolo è perciò dedicato ad alcune considerazioni di carattere metodologico che argomentino la scelta di Mezzofanti come soggetto di un'analisi di storia globale, a partire da un riesame del suo Fondo documentario. Nel capitolo vengono discusse alcune peculiarità del caso che inducono a riflettere su concetti come mobilità, connessione e circolazione, fondamentali per la storia globale. Senza alcuna pretesa di esaustività o di codifica metodologica, nel capitolo ho cercato di sottolineare come categorie considerate distanti o opposte all'approccio globale (assenza di mobilità, disconnessione, ecc.) costituiscano un completamento dell'analisi, permettendo di conciliare prospettive diverse e interpretando la relazione globale-locale in modo più esaustivo. Si è trattato perciò di prendere in considerazione quelle anomalie[10] dell'esperienza di Mezzofanti che lo differenziano e insieme lo assimilano alle microstorie globali della letteratura scientifica, cercando di contribuire alla ricerca sul caso specifico e di sollevare ulteriori interrogativi di carattere metodologico. Questi aspetti fungono da premessa al tema della creazione delle reti[11] intellettuali e dei relativi modelli di riferimento a cui Mezzofanti guardò: la tradizione gesuita, l'universalismo cristiano-cattolico, l'illuminismo e l'eredità cosmopolita della Repubblica delle Lettere del XVI-XVII secolo. Le reti intellettuali legate a questi fenomeni (spesso di portata globale, generati dalla frattura dell'unità dello spazio atlantico tra XVIII e XIX secolo) si stratificarono nel percorso di Mezzofanti, creando uno sostrato che operava sia sul piano istituzionale che su quello delle relazioni private. Il capitolo pertanto ruota attorno al recupero del ruolo assunto da Mezzofanti rispetto alla sua cerchia, sulla base delle informazioni ricavate dal carteggio. L'intento è quello di far emergere come l'utilizzo di raccolte documentarie simili al Fondo Mezzofanti costituiscano piattaforme d'indagine utili per l'analisi di storia globale. Riconnettendosi ad alcuni temi sollevati nei primi capitoli, relativi alla questione della mobilità e dell'interpretazione che i contemporanei diedero della figura di Mezzofanti, il quarto e il quinto capitolo cercano di mostrare la partecipazione dello stesso alla creazione di un *network* intellettuale, a Bologna come a Roma, con le relative interconnessioni translocali. Partecipazione espressa non già con esperienze di viaggio ma

10. Cfr. Edoardo Grendi, *Microanalisi e storia-sociale*, in «Quaderni storici», 35 (1997), pp. 506-520.

11. Sul concetto di rete come paradigma analitico della *global history* si veda: Sebastian Conrad, *Storia globale. Un'introduzione*, Roma, Carocci, 2015 (ed. orig. *Globalgeschichte. Eine Einführung*, 2013), pp. 88-91.

attraverso l'inserimento ideale nella tradizione sette-ottocentesca del *Grand Tour*, nell'accademia e nelle istituzioni cattoliche romane (come la Congregazione *de Propaganda Fide*) al centro della riconfigurazione del ruolo della Chiesa e dell'attività missionaria come istituzione globale.[12] Questi ambienti, nei quali si sviluppa la storia di Mezzofanti, intervengono anche nell'influenzare, sollecitare e regolamentare il consumo culturale di libri e giornali nel XIX secolo, attraverso tipografie, organi di stampa e di censura, cui il bolognese prende parte attivamente. Lo scopo è dunque valutare il posizionamento intellettuale di Mezzofanti e ricondurne le molteplici attività, che emergono dalla scomposizione della sua rete relazionale, a una dimensione unitaria che interpreti l'intellettuale come testimone della complessità del suo tempo. L'ultimo capitolo ritorna infine ai manoscritti sul Codice Cospi da cui l'analisi aveva preso origine. Viene quindi esplorata la metodologia impiegata da Mezzofanti, cercando di osservarla nel quadro della «cultura delle curiosità»[13] che si sviluppa nell'élite intellettuale tra XVIII e XIX secolo. Sono stati quindi riesaminati i dati sulla produzione americanistica di Mezzofanti per descrivere il taglio della sua indagine sui sistemi di scrittura precolombiana e sul Codice Cospi, come oggetto con un profilo biografico globale,[14] tramite cui risalire al progetto intellettuale dello stesso Mezzofanti. Questo è dunque testimoniato dal contenuto dei suoi "manoscritti globali", esito di una vasta intersezione di dati che si è determinata a partire dalla ricerca filologica, antiquaria ed etnografica.

Le informazioni che si possono desumere dal caso Mezzofanti sono dunque legate alle tante modalità in cui la sua immagine di "uomo della globalità" si è costruita, determinandone il successo e la riconoscibilità in comunità localmente situate. Esaminare il punto di vista di questo "insolito noto", questo soggetto che è stato nello spazio di pochi decenni estremamente popolare e poi quasi del tutto dimenticato, recuperare il suo punto di vista sul mondo intellettuale vuol dire impiegare le caratteristiche salienti della sua biografia come un *passepartout* analitico per accedere ai modelli

12. Cfr. Giovanni Pizzorusso, *Governare le missioni, conoscere il mondo nel XVII secolo. La Congregazione Pontificia de Propaganda Fide*, Viterbo, Settecittà, 2014, *passim.*

13. La definizione è di Krysztof Pomian. Cfr. Krzysztof Pomian, *Collezionisti, amatori e curiosi. Parigi-Venezia XVI-XVIII secolo*, Milano, Mondadori, 2007 (1989) (ed. orig. *Collectionneurs, amateurs et curieux, Paris-Venise, XVI*[e]*-XVIII*[e] *siècle*, 1987).

14. Sul profilo biografico globale del Codice Cospi si veda: Davide Domenici, *Il senso delle cose. Materialità ed estetica nell'arte mesoamericana*, Bologna, Bononia University Press, 2017.

intellettuali attivi nella prima metà del XIX secolo e dunque interrogarsi su cosa significasse per i soggetti dell'età moderna osservare, comprendere e ricucire le tensioni tra locale e globale.

Questo lavoro è il risultato di un lungo e a volte tortuoso percorso in cui ho avuto non solo il privilegio di poter conoscere e scoprire tanto, ma anche la fortuna di poter condividere e raccontare.

Desidero perciò ringraziare innanzitutto Davide Domenici, guida di impareggiabile generosità che più di chiunque altro mi ha insegnato il valore profondo della ricerca e con inesauribile pazienza mi ha sempre aiutato a rimettere ogni cosa in prospettiva.

Uno speciale ringraziamento va a Ilaria Porciani, per i suoi consigli sempre stimolanti e preziosi, a Giovanni Pizzorusso e a Maria Matilde Benzoni per gli articolati suggerimenti nelle prime fasi di questo lavoro. Sono grata a Jorge Cañizares-Esguerra per tutti gli interessanti e originali spunti da cui ho sempre potuto imparare e a Juan Carlos de Orellana per le arricchenti discussioni all'Institute for Historical Studies della University of Texas di Austin. Mi porto nel cuore la breve ma intensa esperienza in Messico, rinvigorente e appassionante come poche. Ringrazio Sergio Miranda Pacheco, Iván Escamilla González e Manuel Álvaro Hermann Lejarazu per tutti i consigli e le occasioni di confronto. Desidero ringraziare inoltre tutto il personale degli archivi e delle biblioteche in cui ho condotto le mie ricerche e, in special modo, quello della Sala Manoscritti della Biblioteca Comunale dell'Archiginnasio di Bologna: alla dott.ssa Patrizia Busi e alla dott.ssa Clara Maldini va la mia riconoscenza per la grande professionalità e cortesia. Resta chiaramente mia ogni responsabilità per eventuali errori e imprecisioni contenuti in questo volume.

Ringrazio Matteo Lazzari, amico e collega di grande talento, e Giacomo Ghedini, Alessandra Lia, Serena Mocci e Walter B.R. Toscano, a cui vanno la mia stima e il mio affetto. Un ringraziamento particolare va ad Alessandro De Cola con cui ho condiviso i momenti più significativi di questo percorso. Senza di lui non sarebbe stata la stessa cosa. Non sarò mai in grado, infine, di ripagare pienamente chi mi è stato sempre accanto, trovando il modo di venirmi a cercare nei momenti più difficili, di incoraggiarmi e di accogliermi. Perciò grazie a Francesco, per essermi sempre rimasto amico e grazie alla mia famiglia: i miei genitori, mia sorella Irene ed Enrico. Vi devo tutto.

1. Il caso Mezzofanti: una biografia

1. *Coincidenze: breve contestualizzazione*

La storia di ogni singolo individuo è sempre un intreccio di dettagli.

In questo caso, il primo dei dettagli è una coincidenza. Un sincronismo che lega un complesso quadro di eventi del primo Ottocento alla vita di Giuseppe Mezzofanti, l'individuo al centro di questa storia.

Giuseppe Gasparo (o Gaspare) Mezzofanti nacque nella Legazione Pontificia di Bologna il 19 settembre 1774, da Francesco, falegname e carpentiere, e Gesualda Dall'Olmo, discendente di un'antica famiglia che aveva goduto di un discreto prestigio in città.[1] In quegli stessi giorni di fine settembre (e questo è il primo livello della coincidenza) volgeva al termine il pontificato di Clemente XIV, al secolo Giovanni Vincenzo Antonio Ganganelli. La correlazione tra questi due eventi che, diversamente, non mostrerebbero alcuna evidente interdipendenza, si deve al fatto che durante il suo pontificato Clemente XIV aveva assunto alcuni provvedimenti che avrebbero avuto un forte impatto sulla formazione di Mezzofanti, arrivando a orientarne profondamente il profilo di uomo e studioso.

Le voci che accompagnarono la morte di Ganganelli dimostrano l'ampia portata di alcuni di questi provvedimenti. Furono in molti, infatti, a ritenere che non si fosse trattato di morte naturale per complicazioni legate allo scorbuto, ma di avvelenamento.[2] Il frutto di un complotto ordito

1. Russell, *Vita del Cardinale Giuseppe Mezzofanti*, pp. 2-3.

2. Cfr. Clorinda Donato, *The Politics of Writing, Translating and Publishing. New World Histories in Post-Expulsion Italy: Filippo Salvatore Gilij's 1784. Saggio di Storia Americana*, in *Jesuit Account of the Colonial Americas: Intercultural Transfers, Intellectu-*

Fig. 1. Antonio Lamma, *Ritratto del Cardinale Giuseppe Mezzofanti*, 1838, Quadreria BUB, inv. 26, su concessione della Alma Mater Studiorum Università di Bologna – Biblioteca Universitaria di Bologna. È vietata qualunque riproduzione o duplicazione.

dall'Ordine gesuita, esito di un prolungato scontro tra quest'ultimo e il soglio pontificio. La teoria della "cospirazione gesuita",[3] del resto, non faceva il suo esordio in quel momento. Che l'Ordine istituito da Ignacio de Loyola nel 1534 nutrisse spregiudicate e destabilizzanti mire politiche era una teoria che accompagnava la Compagnia sin dai tempi della sua fondazione. Il timore era che i gesuiti intendessero combinare la loro massiccia presenza nei sistemi educativi (di cui erano attivi promotori), la prossimità ad alcune leadership europee (di cui erano confessori, precettori o consiglieri) e il vasto radicamento sui territori extra-europei (favorito dalle missioni di evangelizzazione), per una scalata globale al potere[4] che li portasse a soddisfare precise «ambizioni imperialiste».[5]

Questo generò una diffusa e trasversale campagna antigesuita di ispirazione contro-riformista cattolica tra alcune potenze europee, in particolare Portogallo, Francia, Spagna e i territori borbonici nella penisola italiana.[6] Questi, già durante il pontificato di Clemente XIII, lavorarono all'estinzione della Compagnia, dipinta come un sistema cospiratorio strutturale.[7] Diverse monarchie europee esercitarono una pressione per

al Disputes, and Textualities, a cura di Marc André Bernier, Clorinda Donato, Hans-Jürgen Lüsebrink, Toronto, Toronto University Press, 2014, pp. 50-80, p. 57.

3. Per una bibliografia della genesi del mito della cospirazione gesuita e sull'anti-gesuitismo si vedano (tra gli altri): Geoffrey Cubitt, *The Jesuit Myth: Conspiracy Theory and Politics in Nineteenth-Century France*, Oxford, Oxford University Press, 1993; Sabina Pavone, *Le astuzie dei Gesuiti. Le false Istruzioni Segrete della Compagnia di Gesù e la polemica antigesuita nei secoli XVII e XVIII*, Roma, Salerno, 2000; Dale K. Van Kley, *Plots and Rumors of Plots: The Role of Conspiracy in the International Campain against the Society of Jesus, 1758-1768*, in *The Jesuit Suppression in Global Context: Causes, Events, and Consequences*, a cura di Jeffrey D. Burson, Jonathan Wright, Cambrige, Cambridge University Press, 2015, pp. 13-39; Sabina Pavone, *Anti-Jesuitism in a Global Perspective*, in *The Oxford Handbook of the Jesuits*, a cura di Ines G. Županov, Oxford, Oxford University Press, 2019, pp. 833-854.

4. Per un'analisi del contrasto alle presunte ambizioni politiche globali gesuite si veda: Pavone, *Anti-Jesuitism in a Global Perspective*, p. 835.

5. «Imperialist ambitions», cfr. Evonne Anita Levy, *Propaganda and the Jesuit Baroque*, Berkley, University of California Press, 2004, p. 18.

6. La prima risoluzione per la soppressione venne attuata dalla casata Braganza in Portogallo (1759), seguita da quella dei Borbone (Spagna, Napoli e Parma nel 1768) mentre in Francia Luigi XV procedette, non senza sollecitazioni, ad uno smantellamento graduale (1761-1764). Cfr. Van Kley, *Reform Catholicism and the International Suppression of the Jesuits in Enlightenment Europe*, New Heaven-London, Yale University Press, 2018.p. 5.

7. L'idea della Compagnia come struttura di cospirazione fattasi sistema e del gesuita cospiratore, a cui era necessario rispondere con una eguale forza cospiratoria, è elaborata in questi termini da Van Kley. Cfr. Van Kley, *Plots and Rumors of Plots*, p. 39.

ottenere che l'elezione del pontefice venisse vincolata alla soppressione dell'Ordine,[8] il quale venne infine sciolto da Clemente XIV nel 1773. Alla soppressione fece seguito una forte reazione in termini di propaganda avversa allo stesso pontefice, la cui morte generò un profluvio di libelli e pamphlet, attraverso cui continuava a consumarsi lo scontro tra fazioni.[9] I sospetti sulla cospirazione gesuita riemersero anche negli anni successivi, come parte della critica ai governi della restaurazione, individuando anche nel gesuitismo un fattore di ostacolo ai progetti di emancipazione nazionale.[10]

Roma era il centro nevralgico del dibattito e delle risoluzioni, ma l'efficacia delle misure adottate si verificava nei territori di intermediazione, come Bologna. La massiccia presenza di gesuiti,[11] ospitati in città sin dalla loro espulsione dalle terre della Corona spagnola nel 1769 e spesso in buone relazioni con il Senato bolognese,[12] determinò una forte operazione di secolarizzazione, affidata all'Arcivescovo della città, il cardinale Vincenzo Malvezzi per via delle sue dichiarate posizioni antigesuitiche.

8. Cfr. Niccolò Guasti, *Clemente XIV e la diplomazia borbonica: la genesi del breve di soppressione della Compagnia di Gesù*, in *L'età di Clemente XIV, Religione, politica e cultura*, a cura di Mario Rosa, Marina Colonna, Roma, Bulzoni Editore, 2010, p. 31. Sulla pressione esercitata dal cosiddetto "Patto Borbonico" (Spagna, Napoli, Parma) cfr. Van Kley, *Reform Catholicism*, *passim*.

9. Cfr. Donato, *The Politics of Writing, Translating and Publishing*, p. 57; Niccolò Guasti, *L'esilio italiano dei gesuiti spagnoli. Identità, controllo sociale e pratiche culturali (1767-1798)*, Roma, Edizioni di Storia e Letteratura, 2006, pp. 232; 332; Marina Caffiero, *La nuova era. Miti e profezie dell'Italia in rivoluzione*, Genova, Marietti, 1991; Emanuele Colombo, *Jesuit at Heart: Luigi Mozzi de' Capitani (1746-1813): Between Suppression and Restoration*, in *Jesuit Survival and Restoration: A Global History, 1773-1900*, a cura di Robert A. Maryks, Jonathan A. Wright, Leiden-Boston, Brill, 2014, pp. 212-228.

10. Nel caso italiano fu in particolare Vincenzo Gioberti ad esprimere le ragioni politiche del contrasto ai gesuiti. Cfr. Vincenzo Gioberti, *Il gesuita moderno*, Losanna, Bonamici e compagni, 1846-1847.

11. Cfr Marco Callegari, Lorenza Perini, *Per una bibliografia dei gesuiti iberici in Italia*, in *La presenza in Italia dei gesuiti iberici espulsi: aspetti religiosi, politici, culturali*, a cura di Gian Paolo Brizzi, Ugo Baldini, Bologna, Clueb, 2010, p. 82.

12. Molti tra i gesuiti collaboravano con il patriziato bolognese, occupandosi di formazione e di gestione del patrimonio bibliotecario privato. Cfr. Niccolò Guasti, *I gesuiti spagnoli espulsi e le élites italiane di fine Settecento*, sezione monografica, *Itinerari del sapere nell'Europa moderna*, in «Annali si storia dell'educazione e delle istituzioni scolastiche», 20 (2013), pp. 147-178.

Le ripercussioni dell'inserimento di una così variegata comunità internazionale nel territorio bolognese verranno trattate in modo più puntale nei prossimi capitoli. Basti per il momento tenere in considerazione che l'aspetto concorrenziale della relazione tra l'Ordine (ora secolarizzato) e il clero regolare bolognese si innestava su un'economia prossima all'entrata in una stagione parzialmente riformista.[13] Il riformismo romano non riuscì, ad ogni modo, a contenere del tutto l'inflazione generalizzata che colpì l'intera penisola negli anni Ottanta del Settecento. I gesuiti espulsi dovettero pertanto mostrarsi, al pari dei cittadini bolognesi, flessibili nelle strategie di reimpiego, guardando, in particolare, all'inserimento nel sistema educativo. Le ricadute dei "contrasti romani" erano visibili quindi in termini sociali, politici, economici, ma anche sul piano del dibattito intellettuale. La soppressione dell'Ordine dei gesuiti, la loro presenza a Bologna e la necessità di trovare un compromesso tra forze divergenti, sono tutti fattori che avrebbero giocato un ruolo importante nel definire l'identità di Mezzofanti.

2. *L'allievo degli esiliati: una formazione gesuitica*

La famiglia Mezzofanti era uno dei tanti nuclei bolognesi presenti in un territorio preindustriale, impegnati a fronteggiare l'improvviso aumento del costo della vita, diventato particolarmente gravoso nel corso degli anni Ottanta del Settecento. Giuseppe e la sorella maggiore Teresa furono gli unici, tra i numerosi figli di Francesco e Gesualda, a raggiungere l'età adulta.

Giuseppe, descritto come un bambino forte e irrequieto,[14] sopravvisse al vaiolo e sviluppò una personalità vivace e curiosa negli studi. Le sue capacità vennero presto notate e incoraggiate dalla madre che, vincendo le obiezioni del padre, ottenne che il figlio ricevesse almeno un'educazione di livello elementare.[15] Il percorso di Giuseppe proseguì sotto la tu-

13. Cfr. Mariangela Dall'Aglio, *Il Paesaggio agrario e le sue trasformazioni*, in *Storia dell'Emila Romagna. 2. Dal Seicento ad oggi*, a cura di Massimo Montanari, Maurizio Ridolfi e Renato Zangheri, 2 voll., Bari-Roma, Laterza, 2004, vol. 1, pp. 3-14, p. 9. Roberto Romani, *Economia politica e pensiero sociale cattolico nello Stato Pontificio, 1775-1850*, in «Rivista di Storia economica», 26/1 (2010) pp. 38-39.

14. Augustin Manavit, *Esquisse historique sur le Cardinal Mezzofanti*, Paris, Sagnier et Bray Libraires-Éditeurs, 1853, p. 10.

15. Russell, *Vita del Cardinale Giuseppe Mezzofanti*, p. 7.

tela dell'abate Filippo Cicotti che raccomandò ai genitori di continuare a sostenere gli studi del ragazzo, incontrando però una nuova opposizione del genitore. Piuttosto scettico nei confronti delle possibilità di Giuseppe di emanciparsi socialmente attraverso l'istruzione, Francesco nutriva forse una latente ostilità[16] verso le capacità di quell'unico figlio maschio che voleva instradare verso l'apprendistato in bottega. Fu il provvidenziale intervento del protettore di Giuseppe, il padre Giovanni Battista Respighi dell'Oratorio San Filippo Neri, a convincere Francesco. Colpito specialmente dalla velocità di apprendimento delle lingue che il ragazzo mostrava di possedere, Respighi rassicurò la famiglia sulle potenzialità di carriera di Giuseppe e ne caldeggiò l'inserimento nelle Scuole Pie. Fondato dal chierico Giuseppe Calasanzio a Roma nel 1597 ed elevato a ordine regolare nel 1622, l'istituto delle Scuole Pie rappresentava, con la sua struttura di raccolta e formazione di giovani indigenti, un'occasione di riscatto, non solo per gli allievi che le frequentavano, ma anche per i padri gesuiti che venivano assunti per insegnare. Secondo il principale biografo di Mezzofanti, Charles William Russell,[17] molti di essi (in particolare gli esuli dalle terre oltreoceano della Corona spagnola) trovarono nello Scuole Pie[18] uno spazio coerente con la propria vocazione. Superando la conflittualità che ne aveva segnato i rapporti durante il XVII secolo, scolopi e gesuiti, un tempo rivali, cooperarono per una convergenza di programmi e metodi. I gesuiti spagnoli e iberoamericani individuarono inoltre nel giovane Mezzofanti uno studente ideale, plasmandone così la formazione di futuro poliglotta:

16. Cfr. Manavit, *Esquisse historique*, p. 11.

17. Tra i principali biografi di Mezzofanti si vedano: Gaetano Stoltz, *Biografia del Cardinale Giuseppe Mezzofanti bolognese*, Bologna, Tipografia Governativa alla Volpe, 1850; Thomas Watts, *On the Extraordinary Powers of Cardinal Mezzofanti as a Linguist*, in «Transaction of the Philological Society», 5 (1852), pp. 112-125; Manavit, *Esquisse historique*; Antonio Santagata, *De Josepho Mezzofantio sermones duo Antonii Santagatae*, Bononiae, ex typographeo a S. Thomam Aquinatem, 1854; Celestino Cavedoni, *Rimembranze intorno alla vita ed agli studi del Cardinale Giuseppe Mezzofanti di chiara ed immortale memoria*, Modena, Tipografia degli eredi Soliani, 1861. Per quanto riguarda le successive generazioni di autori il principale contributo biografico resta quello di Franco Pasti, *Un poliglotta in biblioteca. Giuseppe Mezzofanti (1774-1849) a Bologna nell'età della Restaurazione*, Bologna, Pàtron, 2006.

18. In contrasto nel corso del XVII secolo per il monopolio degli istituti medi e superiori, scolopi e gesuiti cooperarono in questa fase per una convergenza di programmi e metodi. Cfr. Antonio Lezáun, *Storia delle Scuole Pie-Manuale*, Madrid, ICCE, 2011, p. 73.

Non può dubitarsi, che la facilità di apprendere molti linguaggi, che veniva portata da questa accidentale unione di istruttori di si differenti regioni non fosse quella, che stante la propria naturale inclinazione, determinasse in modo speciale l'indirizzo ai giovanili studi di Mezzofanti [...].[19]

Le Scuole Pie non furono perciò soltanto lo strumento di avanzamento sociale di Mezzofanti: furono anche il primo laboratorio di globalità con cui entrò in relazione. La letteratura scientifica ha esaustivamente trattato delle condizioni di adattamento della comunità di esuli gesuiti (soprattutto americani) a Bologna,[20] ricostruendone le dinamiche come biografia di gruppo ed esplorandone le connessioni globali in relazione alla nuova dimensione locale "d'adozione".

Il caso Mezzofanti può perciò inserirsi in questo quadro analitico, deviando dal gruppo di esuli a quello dei loro interlocutori, per fornire una testimonianza del trasferimento dei modelli del gesuitismo (strumenti, metodologie, rielaborazione della propria esperienza di mediatori culturali) alla generazione successiva di allievi. Essi, malgrado non facessero parte dell'Ordine, furono profondamente condizionati da quella tradizione, familiarizzando con una visione del mondo, fondata sull'interazione cosmopolita.

Terminata la formazione nelle Scuole Pie, il desiderio di intraprendere la carriera ecclesiastica ebbe la meglio sullo scetticismo del padre che finì per cedere e assecondare i desideri del ragazzo di entrare nel Seminario Arcivescovile nel 1786. Negli anni del seminario Mezzofanti si ritrovò a godere di una certa popolarità: appassionato, acuto, emotivo, dedito allo studio con assoluto spirito di abnegazione, dotato di una memoria capace di immagazzinare rapidamente una vastissima quantità di informazioni e in grado di apprendere con relativa semplicità e in poco tempo diverse lingue straniere, Mezzofanti attirava certamente l'attenzione. Le fonti a lui più prossime lo ricordano sgattaiolare di notte in biblioteca per proseguire

19. Cfr. Russell, *Vita del Cardinale Giuseppe Mezzofanti*, pp. 11-12.

20. Cfr. Giovanni Gentile G. Marchetti, *L'americanismo e la cultura dei gesuiti espulsi in Italia. Il Cardinale Mezzofanti Americanista*, in *Ruggiero Romano, l'Italia, l'Europa, l'America. Studi e contributi in onore della laurea honoris causa*, a cura Alberto Filippi, Camerino, Università degli Studi di Camerino, 2000, pp. 317-327; Viviana Silvia Piciulo, *Joaquín Camaño e il network di un grande collaboratore alla fine del XVIII secolo*, in «Mélanges de l'École française de Rome – Italie et Méditerranée modernes et contemporaines», 126 (2014), pp. 71-82; Ead., *La Cuestión de América en Europa. Camaño, Molina, Hervás y Otros*, in *Idea de la Ilustratión: Estudios sobre la Escuela Universalista,* a cura di Pedro Aullón de Haro, Madrid, Editorial Verbum, 2022, pp. 442-459.

con le letture all'insaputa dei tutori e ne raccontano i successi negli studi di teologia, diritto e filosofia.[21]

Gli anni Novanta del Settecento furono scanditi dalle tappe del percorso ecclesiastico: la tonsura clericale nel 1795, l'ammissione agli Ordini minori e al suddiaconato nel 1796, la promozione a diacono nel 1797 e, nello stesso anno, il presbiterato. Il 15 settembre del 1797 Mezzofanti conseguì il primo importante titolo accademico, la nomina a professore di Lingua araba allo Studio bolognese, conquistata dopo un esame iniziato non sotto i migliori auspici. Uno dei tre commissari, il Conte Marescalchi, colpito dalla giovane età del candidato, tentò di liquidarlo con una battuta sbrigativa:

> Non è possibile [...] che voi siate adatto alla cattedra. Abbiamo mandato via un asino, figuratevi se vogliamo sostituirgli un ragazzo.[22]

Ad ogni modo il giovane riuscì a persuadere la commissione della sua maturità e preparazione, tanto che lo stesso Marescalchi sarebbe diventato un vero e proprio mecenate di Mezzofanti, sostenendolo in momenti cruciali della sua carriera. Questo suo primo inserimento ebbe però vita breve; appena qualche mese dopo la nomina, la carriera di Mezzofanti subì una battuta d'arresto, in conseguenza dell'irruzione sulla scena pubblica della penisola delle istanze napoleoniche e del conflitto armato e delle modifiche dell'assetto politico che ne sarebbero derivate.

3. *I "dissidenti precari": gli anni giacobini*

Il fronte italiano aperto nel 1796 dall'espansionismo napoleonico faceva parte di un più ampio disegno di modifica dell'equilibrio europeo, influenzato dall'andamento globale dell'economia e sempre più legato alla competizione internazionale per l'accesso e il controllo alle rotte del commercio transcontinentale.[23] L'intento di Napoleone era di combinare la diffusione della narrazione rivoluzionaria – autorappresentandosi come alfiere degli ideali francesi del 1789 – alle tattiche militari di rovesciamento

21. Ricordo dell'abate Monti. Cfr. Russell, *Vita del Cardinale Giuseppe Mezzofanti*, p. 17.

22. Ivi, p. 363.

23. Sulle implicazioni globali delle guerre napoleoniche si veda: Alexander Mikaberidze, *The Napoleonic Wars: A Global History*, Oxford, Oxford University Press, 2020, p. 4.

dei rapporti di forza tra le potenze euroasiatiche. In particolare, Napoleone mirava a ridefinire gli spazi di influenza contesi tra Francia e Inghilterra. L'impero britannico costituiva infatti il principale ostacolo al progetto rivoluzionario francese e alle sue crescenti aspirazioni transregionali, accompagnate dalla parallela necessità di consolidare ed espandere il prestigio della Francia nell'Europa continentale.[24]

Costellato di stati frammentati, sostanzialmente inerti sul piano internazionale, il territorio italiano rappresentava una delle aree di bilanciamento[25] e sperimentazione nella contesa per l'Europa Mediterranea. Il progressivo avanzamento delle truppe inaugurò per i soggetti politici della penisola – troppo poco elastici nell'interpretare il «conflitto totale tra blocchi ideologicamente contrapposti»[26] innescato dalla Rivoluzione Francese – una stagione di revisione dell'ordinamento e impose per i successivi tre anni (1796-1799), noti come "Triennio Giacobino", un progetto culturale e istituzionale di modernizzazione.[27] A Bologna, come negli altri territori delle legazioni pontificie, Napoleone intendeva inoltre sfruttare il portato diplomatico e simbolico dello «scontro diretto con il potere temporale dei papi»[28] per guadagnare consensi, sia nel territorio attaccato che nel resto d'Europa. L'avanzata militare proseguì rapidamente, fino all'occupazione della città (18 giugno 1796) e al successivo armistizio (23 giugno 1796). Il Senato assunse il controllo istituzionale, assicurando la stabilità della gerarchia e aprendo al contempo uno spazio per nuovi attori legati alla borghesia.[29] Venne redatta una nuova

24. Sulla tensione Francia-Inghilterra si veda: Luigi Mascilli Migliorini, *L'età moderna. Una storia globale*, Bari, Laterza, 2020, p. 268.

25. Sull'emersione nei nuovi equilibri locali nel continente si veda: Mikaberidze, *The Napoleonic Wars*, pp. 20-27.

26. Roberto Martucci, *Partecipazione e Costituzione: la regola impossibile*, in *Napoleone e gli intellettuali. Dotti e «hommes de lettres» nell'Europa Napoleonica*, a cura di Daniela Gallingani, Bologna, il Mulino, 1996, pp. 49-82, p. 54.

27. Tale modernizzazione era fondata sull'affermazione di uno stato laico in grado di assicurare la tutela del diritto di proprietà e, con esso, il ruolo sempre più preminente della borghesia, imponendo alle strutture preesistenti uno spazio di mediazione risicato. Cfr. Angelo Varni, *Napoleone e gli «Anni Francesi»*, in *Storia dell'Emila Romagna*, vol. 2, pp. 30-46.

28. Ivi, p. 34.

29. Sulle tappe della formazione delle istituzioni napoleoniche si veda: ivi, pp. 36-44; Aldino Monti, *Bologna in età napoleonica: ceti politici e ceti economici fra tradizione municipale e amministrazione*, in *I "Giacobini" nelle legazioni: gli anni napoleonici a Bologna e a Ravenna*, Atti dei convegni di studi (Bologna 13-14-15 novembre, Ravenna 21-22 novembre 1996), a cura di Angelo Varni, 3 voll., Bologna, Costa, 1999, vol. 2, pp. 27-43.

costituzione e stabilita la partecipazione alla creazione di una nuova confederazione territoriale, proclamata Repubblica Cispadana, il 27 dicembre 1796. La classe dirigente di Bologna iniziò a nutrire istanze municipaliste e aspirazioni su possibili cambiamenti nella definizione dei rapporti di interdipendenza tra i territori. Le ambizioni vennero però ben presto frustrate dalle nuove divisioni amministrative e soffocate, a man mano che il progetto napoleonico di stato unitario prendeva forma. Il Trattato di Tolentino del 19 febbraio 1797 decretò la cessazione delle ostilità fra la Santa Sede e la Francia, a cui vennero cedute le legazioni di Bologna, Ferrara e Romagna, che venivano così definitivamente inglobate nel nuovo disegno amministrativo. Il 29 giugno 1797 venne proclamata la Repubblica Cisalpina e di lì a pochi mesi Napoleone partì per la Campagna d'Egitto, lasciando la neonata Repubblica esposta a numerose tensioni.

Nelle realtà municipali come Bologna il giuramento di fedeltà al nuovo regime politico era necessario per continuare a esercitare un ruolo nella vita cittadina, ma generava un conflitto per coloro che appartenevano al clero.[30] Sebbene in diverse occasioni la transizione al nuovo regime avvenisse nel quadro di uno scambio regolato e legittimato dalle gerarchie laiche ed ecclesiastiche,[31] risultava più arduo per coloro che non disponevano di un adeguato capitale o di un profilo sociale adatto per "negoziare", destreggiarsi tra gli interstizi di questo scenario. L'offerta di prestare giuramento venne presentata a Mezzofanti esercitando come strumento di pressione la minaccia di sottrazione della cattedra. Il suo rifiuto di prestare un giuramento che percepiva come sleale o di compiere un qualunque altro atto di pubblico riconoscimento della nuova autorità[32] fece sì che la minaccia venisse infine messa in pratica. Nel 1798 la cattedra gli venne revocata e Mezzofanti si ritrovò improvvisamente in una condizione di forte indigenza. L'estromissione degli intellettuali in contrasto con il nuovo ordine

30. Cfr. Umberto Mazzone, *Governare lo Stato e curare le anime. La Chiesa e Bologna dal Quattrocento alla Rivoluzione francese*, Padova, libreriauniversitaria.it edizioni, 2012, pp. 213-214; Varni, *Napoleone e gli «Anni Francesi»*, p. 41.

31. Il progetto napoleonico nei territori padani favoriva un'identificazione della Chiesa stessa come «fonte ultima di legittimazione dell'organizzazione politica». Mazzone, *Governare lo Stato e curare le anime*, p. 215.

32. Venne ventilata per Mezzofanti un'ipotesi di mediazione. Si poteva aggirare il giuramento purché si compisse un atto ufficiale che legittimasse l'autorità dei nuovi uffici, ma Mezzofanti rifiutò. Cfr. Russell, *Vita del Cardinale Giuseppe Mezzofanti*, p. 23; BCABo, F.S. Mezzofanti, Cart. XXI, 4.

venne in parte attutita dalla persistenza di un mercato privato dell'educazione e della formazione, il medesimo a cui avevano attinto gli esuli gesuiti negli anni formativi di Mezzofanti.[33]

Nel contesto settecentesco italiano – tiepidamente interessato ai progetti riformisti che venivano dalla Francia ed essenzialmente coagulato attorno a una «cultura chiusa nei selezionatissimi circuiti accademici»[34] e privati – il tema dell'istruzione domestica non costituiva un reale «obiettivo polemico».[35] Il ruolo di precettore che Mezzofanti ritagliò per sé stesso era essenzialmente sovrapponibile a quella «concezione fluida»[36] dell'educatore gesuita espulso[37] che si era inserito con successo nel sistema d'istruzione privato della penisola, occupandosi prevalentemente della formazione accademica e spirituale dell'allievo, ma anche di altre mansioni, come quella di sovrintendere alla biblioteca di famiglia.[38] Questi furono, in effetti, gli incarichi di Mezzofanti presso alcune delle più note famiglie aristocratiche bolognesi.[39] La sua fu un'azione di continuità con il modello gesuita che dimostra come, malgrado le polemiche illuministe sull'illegittimità del "monopolio informale" dell'istruzione detenuto dall'Ordine soppresso,[40] nei

33. Sul tema si veda: Guasti, *I gesuiti spagnoli espulsi*, *passim*. Si veda anche l'analisi dei *network* dei gesuiti americani in Viviana Silvia Piciulo, *I gesuiti americani espulsi in Italia e Joaquín Camaño (1767-1814)*, Tesi di dottorato, Bologna, Alma Mater Studiorum, 2014, http://amsdottorato.unibo.it/6492/ (ultima consultazione: 29/05/24).

34. Angelo Varni, *Introduzione*, in *Napoleone e gli intellettuali*, p. 28.

35. Patrizia Delpiano, *Istruzione privata e istruzione pubblica nell'Europa dei Lumi. Il dibattito sul ruolo del precettore*, in *Itinerari del sapere nell'Europa moderna*, pp. 133-145, p. 144.

36. Cfr. Guasti, *I gesuiti spagnoli espulsi*, p. 155.

37. Il profilo dell'esule gesuita impegnato nell'attività di educazione privata viene trattato da Guasti e da Piciulo che ne descrive la capacità di reinventarsi in un «sistema di educazione alta» come un peculiare tratto di modernità. Cfr. Piciulo, *I gesuiti americani espulsi*, p. 259.

38. «Un personaggio [...] a metà strada tra il domestico, che si contratta, riceve un salario e all'occorrenza si licenzia [...] e la figura dell'intellettuale, il cui compito è trasmettere al rampollo determinati valori sociali, morali, religiosi, culturali, il più delle volte tradizionali, ma sempre più spesso al passo coi tempi. L'ex gesuita [...] svolge poi un ruolo di accompagnatore di fiducia [...]. Può inoltre rivestire il delicato compito di direttore spirituale [...], svolge all'occorrenza[...] funzioni di segretario. Gestisce a volte la biblioteca di famiglia», Guasti, *I gesuiti spagnoli espulsi*, pp. 155-156.

39. «Marescalchi, Pallavicini, Hercolani, Martinetti, Bentivoglio, Marsigli, Sampieri, Angelelli, Marchetti ed altri», Russell, *Vita del Cardinale Giuseppe Mezzofanti*, p. 27.

40. Si veda sul tema: Guasti, *I gesuiti spagnoli espulsi*, *passim*; Delpiano, *Istruzione privata e istruzione pubblica*, *passim*.

contesti privati della penisola il "precettore gesuitico" continuasse a essere ampiamente tollerato e impiegato. Questa fase precarizzata della carriera di Mezzofanti, gravato anche dalle spese di mantenimento della famiglia, rappresentò, pur nelle difficoltà, un'occasione di maturazione professionale e relazionale. L'impiego presso i Marescalchi, in particolare, si rivelò proficuo.[41] Mezzofanti acquisì infatti competenze nell'amministrazione bibliotecaria,[42] prendendo ulteriormente contatto con quell'espansione dell'attività tipografico-libraria iniziata negli anni Settanta del Settecento e che resisteva sul finire del secolo. Negli anni del Triennio Giacobino Mezzofanti lavorò su più fronti, costruendo un profilo spendibile in più direzioni. Benché i suoi primi biografi considerino questa una fase piuttosto sottotono, lo sforzo di creazione di quella che sarebbe diventata una vastissima rete di contatti iniziò proprio in questo momento.

Fu per mezzo di questa rete, costruita con la complicità e la familiarità dell'élite bolognese, che Mezzofanti ebbe accesso anche ad un'altra occupazione. Nel 1800 la vittoria di Napoleone a Marengo sulle truppe austro-ungariche aveva stroncato i tentativi insurrezionali sobillati dalle gerarchie spodestate e posto Bologna nella condizione di confrontarsi con un'improvvisa vivacità nella compagine sociale. La campagna militare aveva infatti riversato in città una grande quantità di soldati stranieri, provenienti per lo più dall'Europa continentale orientale e Mezzofanti iniziò a fare loro da interprete, attività che prestava soprattutto negli ospedali civili e militari, dove i ricoverati necessitavano di assistenza o desideravano confessarsi.[43] L'attività di interprete gli fece guadagnare enorme popolarità e in breve divenne noto come il «confessore dei forestieri di Bologna»,[44] appellativo attorno a cui iniziò a delinearsi un

41. Mezzofanti svolse diversi impieghi per i Marescalchi, il più importante dei quali fu la compilazione di un catalogo della collezione privata, aggiornandolo con il materiale che Marescalchi gli spediva da Parigi. Cfr. Pasti, *Un poliglotta in biblioteca*, pp. 45-52.

42. Sul tema dell'attività bibliotecaria di Mezzofanti si veda: Pasti, *Un poliglotta in biblioteca*, *passim*.

43. «Trovai [...] Ungheresi, Slavoni, Tedeschi e Boemi [...]. Alcuni degli invalidi che lo desideravano io procuravo di confessarli; con altri io teneva opportune conversazioni, e in questo modo acquistai in breve dovizia considerevole di parole. [...] Aiutato dai miei privati studi e da una tenace memoria, giunsi a conoscere non solo le comuni lingue delle nazioni alle quali parecchi di loro appartenevano, ma perfino i peculiari dialetti delle diverse loro province», Giuseppe Mezzofanti, citato da Russell, *Vita del Cardinale Giuseppe Mezzofanti*, p. 30.

44. Ivi, pp. 35-36.

enfatico racconto del Mezzofanti poliglotta, il cui regime di vita quasi ascetico venne celebrato come un esempio di devozione assoluta alla conoscenza, a sua volta finalizzata a svolgere la missione cristiana di sostegno evangelico agli stranieri. Si trattò di un passaggio importante nella costruzione del "personaggio Mezzofanti", dal momento che ne fagocitò la lettura e la orientò, in maniera pressoché unidirezionale, verso una tensione quasi mistica che rischia ancora adesso di dissolvere il quadro storiografico di riferimento. I primi anni napoleonici furono, dunque, non solo quelli della definizione della sua immagine pubblica, ma anche quelli in cui Mezzofanti sperimentò la necessità di adattarsi al mutamento dei rapporti di forza che avevano regolato gli anni della sua formazione. Replicando le strategie dei suoi precettori gesuiti Mezzofanti, estromesso dall'ordinamento istituzionale e impossibilitato com'era a impiegarsi come burocrate del sistema educativo laicizzato, si reinventò "lavoratore intellettuale", conformandosi ad un modello privato considerato compatibile con la critica illuminista rivoluzionaria e basato su una rete relazionale sempre più complessa.

4. *Simboli e compromessi: il Mediterraneo napoleonico*

Il 26 gennaio 1802 si costituì la Repubblica italiana. Questa nuova fase del progetto napoleonico, «fatta di traffici commerciali che si riallacciavano, di scuole che si riaprivano, di relazioni politiche, civili, religiose che si riannodavano»[45] in una organizzazione fortemente centralizzata,[46] rese più praticabile il reinserimento di Mezzofanti negli uffici pubblici. Già nel 1803 Mezzofanti vide assegnarsi un incarico come assistente bibliotecario dell'Istituto Nazionale di Bologna (nuova denominazione dell'Istituto delle Scienze durante la fase di sospensione dell'Accademia delle Scienze) dove, fino al 1807, si occupò della compilazione del catalogo dei libri e dei manoscritti di lingua orientale.[47] Nel novembre dello stesso anno, riottenne

45. Varni, *Napoleone e gli «Anni Francesi»*, p. 44.

46. Cfr. Alexander Grab, *Napoleon and the Transformation of Europe*, Basingstoke, Palgrave MacMillan, 2003, p. 161.

47. *Catalogo de' manoscritti orientali che si conservano nella R. Università di Bologna.* Al Catalogo Mezzofanti unì un saggio sulla catalogazione. BCABo, F.S. Mezzofanti, Cart. X, *Saggio del Catalogo Ragionato de' libri orientali ms. e stampati esistenti nella R. Università di Bologna.*

infine la Cattedra di Lingue Orientali.[48] Il ritorno alle discipline orientalistiche è del resto compatibile con una generalizzata crescita dell'interesse europeo per la produzione culturale del Vicino Oriente e del Nord Africa. Tale interesse venne veicolato dalla Campagna in Egitto (1798) e dalla successiva immissione sul mercato internazionale di manufatti e documentazione relativi al patrimonio artistico e archeologico, legati soprattutto, ma non esclusivamente, ai territori ottomani. Questo afflusso di materiale gettò le basi per l'elaborazione di quel discorso orientalista[49] che sarebbe in seguito diventato una componente ideologicamente significativa nei progetti colonialisti occidentali,[50] ma che fu determinato anche da una vivace e diffusa curiosità intellettuale originatasi già nella prima età moderna.[51] La corrispondenza privata di Mezzofanti riflette il successo di pubblico della tendenza orientalista, rispetto alla quale gli intellettuali oscillavano tra una visione esotizzante che appiattiva le specificità regionali extraeuropee in un *unicum* indistinto, e lo sforzo di far maturare scientificamente le discipline umanistiche.[52]

Nel fermento di questa fase, Mezzofanti, impegnato in particolare nello studio del persiano,[53] acquisì notorietà e rispettabilità nel mondo accademico, per quanto la sua fama derivasse più dal circuito di relazioni che dal suo contributo scientifico. Il lavoro gli consentì di mantenersi sempre aggiornato sulla produzione intellettuale a cui era interessato e più stabile sul piano economico e sociale. Alle prese con il peggioramento delle condizioni di salute della madre e con l'educazione dei nipoti, Mezzofanti beneficiò infatti del recupero di una certa stabilità finanziaria che rifletteva, in ultima istanza, un rapporto migliore con il regime napoleonico, alle prese con l'imminente

48. Professore di Lingue Orientali presso lo Studio dal Governo della Repubblica Italiana.

49. Sull'elaborazione del discorso orientalista nelle sue implicazioni sociopolitiche si veda: Edward Said, *Orientalismo. L'immagine europea dell'Oriente*, Roma, Feltrinelli, 2012 (1991) (ed. orig. *Orientalism*, New York, Pantheon Books, 1978).

50. Cfr. Mikaberidze, *The Napoleonic Wars*, p. 79.

51. Si veda sul tema: Guy Stroumsa, *The Scholarly Discover of Religion*, in *Cambridge World History 6, the Construction of a Global World 1400-1800*, a cura di Jerry H. Bentley, Sanjay Subrahmanyam, Merry E. Wiesner-Hanks, Cambridge, Cambridge University Press, 2015, pp. 313-331, p. 331.

52. Si veda in particolare la Corrispondenza tra Mezzofanti e Giovanni Bernardo de Rossi dell'Università di Parma. Cfr. Russell, *Vita del Cardinale Giuseppe Mezzofanti*, p. 38.

53. Ivi, p. 150.

svolta imperialista.[54] Una volta stabiliti i confini a sud e a est dei possedimenti francesi la centralità geografico-strategica della penisola nel Mediterraneo di Napoleone divenne ancora più rilevante e il territorio intero si tradusse in un laboratorio in cui si moltiplicavano i contatti transregionali.[55] In questo quadro, l'iniziativa dei singoli nello stabilire relazioni con l'*establishment* napoleonico nella penisola poteva avere risvolti inattesi, come ad esempio l'invito a «recarsi [...] a Parigi, con promessa di protezione e di onori da [...] Napoleone»[56] ricevuto da Mezzofanti. Secondo Russell, la proposta di trasferirsi a Parigi venne mediata dal Conte Marescalchi ed era connessa all'intento di Napoleone di «far disegni perché rifiorissero le glorie letterarie e artistiche della sua capitale».[57] In altre parole, il tentativo di un certo *entourage* intellettuale, politicamente vicino a Napoleone, di coinvolgere un personaggio in rapida ascesa come Mezzofanti, era una conseguenza della più ampia volontà di Napoleone stesso di «organizzare le scelte intellettuali»[58] francesi e, attraverso ciò, «ristabilire, progressivamente, un controllo dell'opinione pubblica».[59] La strutturazione di Parigi, in particolare, quale capitale amministrativa, politica e culturale europea di un sistema imperiale insieme nazionalista e universalista,[60] favoriva l'utilizzo dell'insegnamento e della musealizzazione come strumenti per raggiungere obiettivi di consolidamento politico,[61] per i quali era necessaria anche la collaborazione con gli intellettuali loca-

54. Pur fondandosi su un tentativo di compromesso pragmatico-amministrativo tra il modello francese e quello austriaco, la Repubblica Italiana ridefiniva la penisola quale frontiera mediterranea e baricentro simbolico del progetto politico francese. Cfr. Si veda sul tema: Anna Maria Rao, *Napoleonic Italy: Old and New Trends in Historiography*, in *Napoleon's Empire: European Politics in Global Perspective*, a cura di Ute Planert, Basingstoke, Palgrave MacMillan, 2016, pp. 84-99.

55. Cfr. Michael Broers, *The Napoleonic Mediterranean. Enlightenment, Revolution and Empire*, London, I.B. Tauris, 2017, p. 6.

56. Russell, *Vita del Cardinale Giuseppe Mezzofanti*, p. 53.

57. *Ibidem*.

58. Frédéric Barbier, *Edizione, censura e lettura nell'Europa Napoleonica*, in *Napoleone e gli intellettuali*, p. 247.

59. Ivi, p. 245.

60. Cfr. Michael Broers, *The Napoleonic Empire in Italy. 1796-1814. Cultural Imperialism in a European Context*, Basingstoke, Palgrave MacMillan, 2005, p. 307.

61. Sull'uso politico-simbolico della musealizzazione per Napoleone si veda: Gérard Hubert, *Napoleone fondatore e promotore di musei: il Louvre e Brera*, in *Napoleone e gli intellettuali*, pp. 265-275, p. 266.

li.[62] Il profilo di Mezzofanti "sintetizzava" molti degli elementi attivi nel riformismo intellettuale di Napoleone: il suo caso può rappresentare infatti il compromesso tra le élite del nuovo e del vecchio corso nella sfera locale del mondo mediterraneo, nonché l'opportunità di dialogo con la Chiesa e le direzioni dell'interesse scientifico del mondo accademico, direttamente connesse all'espansione territoriale bonapartista nel segno di una tensione transregionale. La possibilità di integrare la propria esperienza negli ambienti napoleonici può forse essere considerata compatibile con il desiderio di comprendere, all'interno della nuova strategia di legittimazione, individui "simbolicamente rilevanti", per mostrare l'intenzione del nuovo modello di reinterpretare l'equilibrio tra centro e periferie del nascente impero.

Non conosciamo, ad ogni modo, i dettagli dell'invito ma sappiamo che Mezzofanti lo declinò. Il rifiuto di andare a Parigi fu, del resto, solo uno dei tanti che si sarebbero susseguiti negli anni. Le condizioni materiali, la salute fragile e il carattere schivo e insicuro fecero di Mezzofanti un personaggio estremamente sedentario. I suoi viaggi furono sporadici, limitati e mai oltre i confini della penisola, cosa che, per gli sviluppi futuri della sua biografia, assumerà una certa rilevanza. Se è vero che si mostrava quasi sempre indisponibile a lasciare Bologna, Mezzofanti restava comunque bendisposto ad accogliere i visitatori stranieri, a cui faceva da interprete e occasionalmente da cicerone. Questo stato di cose tuttavia non era destinato a durare e di lì a poco venne compromesso da una nuova alterazione dei rapporti tra il papa e Napoleone.

5. *Ritorno al vertice: verso la Restaurazione*

Nel 1805 l'esperienza repubblicana lasciò definitivamente il posto a quella del Regno d'Italia. La contrazione dei progetti riformisti in un nuovo sistema monarchico, essenzialmente inadatto a contemplare le «esigenze autonome dei singoli e delle collettività locali»,[63] è all'origine della frattura tra l'amministrazione napoleonica e una buona parte del territorio italiano.

Per quel che concerne la relazione con la Chiesa, in particolare, il «neocostantinismo»[64] dell'Imperatore finì per affievolirsi, data la difficoltà

62. Cfr. Barbier, *Edizione, censura e lettura nell'Europa Napoleonica*, p. 259.
63. Varni, *Napoleone e gli «Anni Francesi»*, p. 45.
64. Mazzone, *Governare lo stato e curare le anime*, p. 224.

di normalizzare i rapporti dopo la secolarizzazione dei beni ecclesiastici.[65] I tentativi di forzare i termini del Concordato del 1803 innescarono una reazione avversa, sia in termini di alleanze internazionali che di risposta popolare. Nonostante il tentativo di rafforzare un mercato interno incidevano, inoltre, la diffusa incertezza e l'instabilità economica, aggravate dal cosiddetto "blocco continentale" – imposto alle navi britanniche in transito dalle aree portuali francesi sul territorio italiano[66] e apice geopolitico della rivalità tra le due potenze[67] – fiaccando il mercato internazionale con ripercussioni locali. Queste produssero un effetto «catalizzatore di tutte le insofferenze popolari, dal sentimento religioso offeso all'endemica povertà dei contadini».[68] L'atteggiamento dell'apparato burocratico bolognese nei confronti di Mezzofanti rispecchia le ambiguità di questo scenario. Da una parte il Regno necessitava di professionisti, scelti più sulla base delle competenze reali che delle adesioni ideologiche;[69] dall'altra le tensioni con la Chiesa spingevano progressivamente verso un punto di rottura. La posizione di Mezzofanti non lo rendeva del tutto adatto a far parte della classe dirigente imperiale, ma probabilmente neppure si voleva trasformare la sua eventuale rimozione in un caso cittadino.[70]

Perciò i dirigenti napoleonici cercarono un compromesso. Anziché sollevare Mezzofanti dal suo incarico universitario soppressero la cattedra e gli assegnarono una pensione (1808), forse nel tentativo di presentare il decreto come un provvedimento dai contorni esclusivamente burocratici, nell'ambito delle riforme universitarie.[71] Mezzofanti mantenne comunque un atteggiamento prudente e discreto e la rete di protezione sociale gli per-

65. Sul perdurante potere della Chiesa anche dopo la secolarizzazione: Cfr. Marino Berengo (1979), cit. in Rao, *Napoleonic Italy*, p. 86.

66. Sulle conseguenze del blocco continentale in Italia si veda: Alexander Grab, *From the French Revolution to Napoleon*, in *Italy in the Nineteenth Century*, a cura di John A. Davis, Oxford: Oxford University Press, 2000, pp. 25-50, pp. 35-41.

67. Cfr. José Luis Cardoso, *Lifting the Continental Blockade: Britain, Portugal, and Brazilian Trade in the Global Context of the Napoleonic Wars*, in *A Global History of Trade and Conflict Since 1500*, a cura di Lucia Coppolaro, Francine McKenzie, Basingstoke, Palgrave MacMillan, 2013, pp. 87-104, *passim*.

68. Varni, *Napoleone e gli «Anni Francesi»*, p. 45.

69. Cfr. ivi, pp. 44-45.

70. Cfr. Russell, *Vita del Cardinale Giuseppe Mezzofanti*, p. 64

71. Sulle riforme napoleoniche dell'Università di Bologna si veda: Giovanni Natali, *L'Università degli studi di Bologna durante il periodo napoleonico (1796-1815)*, in «Studi e Memorie per la storia dell'Università di Bologna», 1 (1956), pp. 506-545; Paolo Alvazzi del Frate, *Università napoleoniche negli "Stati romani". Il "rapport" di Giovanni Ferri de Saint-Constant sull'istruzione pubblica (1812)*, Roma, Viella, 1995; Gian Paolo Brizzi,

mise di continuare a lavorare e studiare pressoché indisturbato. L'esperienza napoleonica nel Paese, nel frattempo, si faceva sempre più turbolenta. Nel maggio 1810, anno della morte della madre di Mezzofanti, Roma e lo Stato Pontificio vennero annesse al Regno d'Italia; Pio VII scomunicò Napoleone che, per tutta risposta, lo esiliò dapprima a Savona e poi a Fontainebleau. L'operazione venne mal recepita, tanto dall'aristocrazia quanto dalle masse,[72] in un clima di crescente ostilità,[73] peraltro destinata ad essere esacerbata dalla successiva catena di eventi.

L'impianto napoleonico poggiava dunque su un sostrato incerto e quando le frizioni del conflitto internazionale si fecero più pressanti, i territori intravidero una chance di reazione.

Il tentativo di Napoleone di superare il bipolarismo continentale[74] che contrapponeva la Francia alla Russia aveva avuto un esito disastroso, con il fallimento dalla campagna militare d'invasione, nonché un elevatissimo costo in termini di perdite umane anche per le truppe del Regno d'Italia. Nel 1813 i segnali dell'imminente sfaldamento dell'impero si ravvisarono anche in Emilia-Romagna,[75] dove Gioacchino Murat alla guida dell'esercito napoletano, tentò di rinegoziare la propria posizione con l'Austria, mentre Napoleone andava rapidamente perdendo il controllo della penisola e rifiutava di accettare le offerte di pace.[76]

L'andamento della carriera di Mezzofanti rispecchia essenzialmente questi fattori,[77] tant'è che già nel marzo del 1812, poco prima dell'inizio della Campagna di Russia, aveva recuperato la sua posizione presso la Biblioteca dell'Università come assistente bibliotecario. Manavit e Russell

Scuola e Università nel triennio e nell'era napoleonica, in *I "Giacobini"*, pp. 295-307; Luigi Pepe, *Dall'Istituto bolognese all'Istituto nazionale*, in *I "Giacobini"*, pp. 309-335.

72. Cfr. Grab, *Napoleon and the Transformation of Europe*, p. 172.

73. Come fa notare Michael Broers, l'Italia pre-napoleonica era stata essenzialmente il prodotto di due spinte: frammentazione politica e interazione intellettuale («political fragmentation and intellectual interaction», Broers, *Napoleonic Mediterranean*, p. 89). Il successivo slittamento dalla formula rivoluzionaria-repubblicana a quella imperiale produsse un diverso tipo di scambio intellettuale, fondato sul rigetto degli intenti riformisti centralizzanti e unitari, avversati perché imposti e spesso incoerenti con le pulsioni illuministe dei territori. Cfr. Broers, *Napoleonic Mediterranean*, p. 78 e pp. 89-90.

74. Cfr. Mascilli Migliorini, *L'età moderna*, pp. 273-276.

75. Varni, *Napoleone e gli «Anni Francesi»*, p. 46.

76. Cfr. Grab, *Napoleon and the Transformation of Europe*, p. 202.

77. Marco Meriggi, *Gli stati italiani prima dell'Unità. Una storia istituzionale*, Bologna, il Mulino, 2002.

istituiscono esplicitamente una connessione tra gli eventi che fecero seguito alla spedizione in Russia e la vita di Mezzofanti:

> L'anno 1814 cotanto nella generale istoria memorando, fu rilevante eziandio nell'umile condizione dell'Abate Mezzofanti.[78]

Il suggello di questa correlazione fu senz'altro il ritorno di Pio VII a Roma e il suo soggiorno a Bologna. Nell'aprile del 1814, mentre Napoleone lottava contro la compressione su più fronti del suo impero, fino alla capitolazione di Parigi, Pio VII si fermò nella ex Legazione Pontificia, dove incontrò, tra gli altri, proprio Mezzofanti e tentò di convincerlo a trasferirsi a Roma. Ancora una volta Mezzofanti rifiutò di lasciare Bologna ma accettò l'intercessione del pontefice per il ripristino della Cattedra di Lingue Orientali. Significativamente, fu Gioacchino Murat a firmare il decreto di reintegro il 28 aprile 1814, in un atto che dice molto della transizione al nuovo ordine.[79] Pochi mesi dopo, nel novembre 1814, le forze della coalizione internazionale anti-francese inaugurarono i lavori del Congresso di Vienna, ponendo fine all'esperienza napoleonica in Italia. Nel 1814 la dimensione regionalista sostenuta dalle élite locali e che avrebbe in seguito caratterizzato le spinte reazionarie anti-unitarie,[80] si era riaffermata anche a Bologna e il riposizionamento di Mezzofanti ai vertici del gruppo intellettuale cittadino ne è chiaramente un riflesso.

Tuttavia, l'esperienza napoleonica non poteva essere del tutto obliterata e questo valeva tanto per la dimensione pubblica quanto per quella privata. L'eredità ottocentesca più significativa di Napoleone risiedeva nell'aver profondamente modificato, come sottolinea Alexander Mikaberidze, i termini della relazione tra l'Europa e il resto del mondo,[81] estendendo in senso globale le conseguenze di un prolungato conflitto avvenuto su scala continentale. Nell'Europa mediterranea gli intellettuali dovevano misurarsi con un dibattito che oltrepassava i confini geografici ristabiliti dalle forze reazionarie. Si confrontavano con il discorso sulla nazione, sperimentando nuove declinazioni dell'organizzazione dei territori, in un clima di pluralismo che si emancipava dagli stessi modelli

78. Russell, *Vita del Cardinale Giuseppe Mezzofanti*, p. 74.
79. Cfr. Pasti, *Un Poliglotta in biblioteca*, p. 18.
80. Cfr. Broers, *Napoleonic Empire in Italy*, p. 291.
81. «The Napolenic Wars were above all a European conflict, but they shaped the Europe's relationship with the rest of the world», in Mikaberidze, *The Napoleonic Wars*, p. 641.

imperiali francesi.[82] Accoglievano sollecitazioni scientifiche che erano un prodotto indiretto degli scambi transregionali che avevano orientato l'azione politica degli anni napoleonici. Anche nelle zone decentrate rispetto ai poli decisionali dell'iniziativa politica, quanto più ampi erano gli orizzonti dell'interesse di un intellettuale, tanto più un erudito, quale era Mezzofanti, poteva stabilire una propria credibilità. Quanto più si mostrava permeabile alle nuove frontiere della conoscenza storica, linguistica, antiquaria, tanto più poteva godere di riconoscibilità. Quanto più sapeva interpretare l'ordinamento esistente, tanto più poteva trovare una strada per beneficiarne. Perciò, pur essendo Mezzofanti pienamente rappresentativo del ritorno all'*Ancien Régime* e delle forze che lo avrebbero regolamentato, la sua vicenda racconta anche di un mutamento profondo e irreversibile che sopravviveva tra le intercapedini reazionarie e che riguardava le sfumature dei rapporti tra dimensione locale e sovralocale prodotte dalla stagione precedente. La Restaurazione era dunque appena iniziata e Mezzofanti, con la sua immagine universalistica-globale, consolidata negli spazi del precedente regime napoleonico, si apprestava a diventare un'assoluta celebrità, portando con sé le caratteristiche di entrambe le esperienze storiche.[83]

6. *Diventare qualcuno: crescita intellettuale e popolarità*

La primavera del 1815 segnò l'inizio di un nuovo capitolo per Mezzofanti. In aprile ottenne la nomina di Bibliotecario Capo alla Biblioteca Universitaria, nomina raggiunta sia per questioni di merito che per ragioni di opportunità politica. A offrire sostegno a Mezzofanti fu il cardinale Ercole Consalvi, in veste di Segretario di stato[84] incaricato da Pio VII di guidare la transizione dal regime napoleonico a quello restaurato.[85] Negli ultimi anni del suo pontificato Pio VII lavorò per ristabilire un'autorità ecclesia-

82. Cfr. Broers, *The Napoleonic Mediterranean*, p. 128.

83. Pasti è meno incline a individuare una totale compenetrazione fra le due stagioni, pur sottolineando la posizione di confine di Mezzofanti tra vecchio e nuovo, così come di convivenza tra cosmopolitismo e provincialismo. Cfr. Pasti, *Un poliglotta in biblioteca*, p. 12.

84. Cfr. Russell, *Vita del Cardinale Giuseppe Mezzofanti*, p. 77.

85. Cfr. Roberto Balzani, *Il tricolore e il Risorgimento*, in *Storia dell'Emilia Romagna*, p. 48.

stica che, forte della protezione garantita dal Congresso di Vienna, si rivelò «poco propensa a scendere a patti»[86] con gli ambienti laici,[87] tendenza che fu ancora più evidente nell'agenda conservatrice di Leone XII.[88]

Negli anni dal 1814 al 1820, Mezzofanti interpretò un suo ruolo nel recupero del controllo sul sistema educativo da parte del mondo ecclesiastico. Furono, conseguentemente, anni vivaci dal punto di vista della produzione intellettuale e Mezzofanti riuscì a presentare pubblicamente diversi saggi.[89] Al 1819 risale inoltre la sua unica opera edita, il *Discorso in lode del P. Emanuele Aponte*, l'educatore gesuita spagnolo che lo aveva formato nello studio del greco e del latino alle Scuole Pie. La chiosa dell'elogio è un esplicito riferimento all'azione del pontefice che «con mezzi provvidentissimi promuove l'istruzione»[90] e inscrive la serie di riflessioni pubbliche di Mezzofanti nel novero delle iniziative di reintroduzione del clero intellettuale ai vertici dell'ordinamento educativo pubblico.

Il clima conservatore che si respirava a Bologna non era, ad ogni modo, sinonimo di immobilismo. Le tematiche scelte da Mezzofanti per il suo intervento nel mondo accademico sono da considerarsi in linea con un intreccio di tendenze. Il 1814, per esempio, data in cui Mezzofanti compose la sua prima dissertazione americanista, segna l'inizio della restaurazione anche per l'Ordine gesuita, promossa, come sottolinea Guasti, da diversi stati europei e sospinta dalla polarizzazione ideologica creatasi attorno alla rivoluzione.[91] Dentro questo bipolarismo gli ex gesuiti individuarono uno spazio per riconquistare una posizione, proponendosi come convinti esponenti della reazione, al fianco della Chiesa.[92]

86. *Ibidem.*

87. Sul fallimento della cosiddetta "politica dell'amalgama" tra reazione e rivoluzione si veda Lucy Riall, *Il Risorgimento. Storia e interpretazioni*, Roma, Donzelli, 1997 (ed. orig. *The Italian Risorgimento*, 1994), p. 58.

88. Roberto Balzani, *Il tricolore e il Risorgimento*, p. 49.

89. Al primo di cui si ha menzione – una relazione sugli obelischi egizi del 1804 – si aggiunsero la *Dissertazione sul modo di scrivere degli antichi Messicani, sulla loro cronologia e sul loro sistema di numerazione* (1814); la *Dissertazione sulla lingua valacca* (1815), quella *Sopra ai sette comuni di Vicenza* (1816) e la *Dissertazione sopra un Codice Messicano della Biblioteca della Pontificia Università di Bologna* (1818).

90. Nota dal discorso in Russell, *Vita del Cardinale Giuseppe Mezzofanti*, p. 20.

91. Si veda: Niccolò Guasti, *Juan Andrés e la Cultura del Settecento Italiano*, Milano, Mimesis, 2017.

92. *Ibidem.*

Questa necessità di riconversione, che scartava il ragionamento d'ispirazione illuminista in favore di un'apologia controrivoluzionaria della Chiesa,[93] non riguardò solo gli ordini secolarizzati, ma anche esponenti del clero regolare e lo si può considerare valido anche per Mezzofanti e per tutti coloro che, direttamente o indirettamente, avevano cercato di beneficiare del clima di dialogo e sincretismo culturale di derivazione settecentesca.[94] La produzione americanista di Mezzofanti tra 1814 e 1818 può essere interpretata anche come una sintesi della ricomposizione della frattura tra gesuiti e papato, in cui entrambe le forze cooperano al servizio di un progetto conservatore. Questo riavvicinamento era stato operativamente affidato a «personaggi che avevano potuto sperimentare direttamente la vita all'interno della "Antica Compagnia"».[95] Figure come Mezzofanti che erano state, per formazione, vicine all'ambiente gesuita, lavorarono nel solco di questo ricongiungimento. La stretta vicinanza di Mezzofanti agli ignaziani spagnoli e americani probabilmente lo guidò nelle ricerche di testimonianze sul patrimonio americano della Biblioteca di Bologna. È il caso del Codice Cospi, oggetto della dissertazione del 1818, che venne in effetti interpretato alla luce di fonti gesuitiche e presentato come bene tutelato dalla Chiesa Romana.[96] Le fonti di cui Mezzofanti si avvalse riverberano inoltre gli effetti che la crisi politica del continente aveva avuto nei rapporti tra la Spagna e le colonie oltreoceano. Come rileva Maria Matilde Benzoni, nella sua lettura dei rapporti Messico-Italia tra Cinque e Ottocento, gli stravolgimenti europei avevano impresso una prospettiva «protoromantica e protonazionalista»[97] agli ambienti intellettuali coloniali, che a loro volta rielaboravano e ritrasmettevano contenuti sul mondo americano generando forte dibattito in Europa. Questa reciprocità di influenze si ravvisa negli autori scelti da Mezzofanti per le sue dissertazioni americaniste, in cui gli orizzonti

93. *Ibidem*.

94. Si veda: Franco Quinziano, *Un capitolo nei rapporti Ispano-Italiani. Enciclopedismo, sincretismo e dialogo culturale nel gesuita espulso Juan Andrés*, in «Artifara», 16 (2016), pp. 27-45.

95. Paolo Bianchini, *Oltre il secolo buio della Compagnia di Gesù*, in *Morte e Resurrezione di un ordine religioso. Le strategie culturali ed educative della Compagnia di Gesù durante la soppressione (1759-1814)*, a cura di Paolo Bianchini, Milano, Vita & Pensiero, 2005, p. 9.

96. BCABo. F.S. Mezzofanti, Cart. IV, 2.

97. Maria Matilde Benzoni, *La cultura italiana e il Messico. Storia di un'immagine da Temistitan all'Indipendenza (1519-1821)*, Milano, Unicopoli, 2004, p. 359.

proto-nazionalisti vengono controbilanciati da uno spirito più marcatamente universalista, in linea con la politica pontificia.

Anche per quanto riguarda le dissertazioni vicine alla linguistica è possibile riconoscere una connessione con il mondo gesuita. In *Sopra ai sette comuni di Vicenza* Mezzofanti descrive un fenomeno di conservazione linguistica da parte di una comunità germanofona in territorio italofono. La dissertazione si può considerare derivata, al pari di quella sulla lingua valacca[98] e altre composizioni sui dialetti, dalla conoscenza dell'opera del gesuita spagnolo Lorenzo Hervás y Panduro[99] (1735-1809) e della prospettiva diacronica[100] espressa in *Vocabolario Poligloto* (1785) e nel *Saggio Pratico delle Lingue* (1785-1786). Più in generale, la produzione linguistica di Mezzofanti deriva probabilmente da una volontà di trasferire sul piano accademico il prestigio che la ripresa della mobilità internazionale gli stava procurando. Con la cessazione delle ostilità nel 1814, Bologna tornava ad essere compresa nel circuito internazionale dei viaggi, intrapresi soprattutto da letterati e intellettuali. La crescente notorietà di Mezzofanti viaggiava lungo le medesime traiettorie continentali e transcontinentali di acculturazione cosmopolita definite dal *Grand Tour*, ma anche dall'attività missionaria che connetteva Roma all'Africa e all'Asia, oltre che dai fenomeni di migrazione interna europea.

Parallelamente al consolidarsi delle politiche reazionarie, la Chiesa attraversava una fase di maturazione di una coscienza globale. La crisi del dominio spagnolo aveva favorito l'emergere della Chiesa quale nuovo interprete politico, compiendo un processo di metamorfosi dello storico uni-

98. Si veda sul tema: Carlo Tagliavini, *Discorso sulla lingua valacca del Card. Giuseppe Mezzofanti*, in «L'Archiginnasio», 18 (1923), pp. 206-213.

99. Il modello è probabilmente Lorenzo Hervás y Panduro. Si veda: Domenico Proietti, *La frammentazione dialettale e la situazione linguistico-culturale italiana nell'opera di Lorenzo Hervás y Panduro*, in *La presenza in Italia dei gesuiti iberici espulsi*, pp. 589-595. Esistono diversi scritti americanisti di Hervás, conservati nel Fondo Mezzofanti alla Biblioteca dell'Archiginnasio di Bologna; il gesuita potrebbe essere stato una fonte indiretta di Mezzofanti per le dissertazioni messicaniste e ancor più, probabilmente, per lo studio della lingua nahuatl. Si veda sul tema: Massimo Donattini, *Il mondo portato a Bologna: viaggiatori, collezionisti, missionari* in *Storia di Bologna, Vol. III. Bologna dell'età moderna, 2. Cultura, istituzioni culturali, Chiesa e vita religiosa*, a cura di Adriano Prosperi, 3 voll., Bologna, Bononia University Press, 2008, vol. II, pp. 537-682; Piciulo, *I gesuiti americani espulsi in Italia e Joaquín Camaño, passim.*

100. Cfr. Proietti, *La frammentazione dialettale e la situazione linguistico-culturale*, p. 599.

versalismo in una più compiuta visione globale.[101] Ciò riguardava in particolare la relazione con le Americhe, dove il pontificato di Gregorio XVI prima e di Pio IX poi segnarono, con il riconoscimento delle repubbliche indipendenti e con la creazione di una nuova struttura ecclesiastica sui territori, un «turning point»[102] dei rapporti tra Chiesa e mondo extra-europeo.

L'immagine pubblica di Mezzofanti è legata a questi fenomeni, sia sul piano locale che su quello extra-locale. Nell'opinione pubblica locale Mezzofanti venne presto identificato con la Biblioteca Universitaria e, in alcuni casi, addirittura con l'intera città di Bologna. Tra gli anni Dieci e Venti crebbe il numero di testimonianze di coloro che gli facevano visita per testarne le abilità di poliglotta. Quanto più cresceva il numero di visitatori con cui Mezzofanti entrava in contatto e da cui poteva apprendere i rudimenti di una lingua,[103] tanto più numerosi erano i racconti sul personaggio, il che, a sua volta, faceva crescere il numero di curiosi e visitatori.

7. *Saper dubitare: testimonianze su un personaggio in ascesa*

I primi biografi di Mezzofanti come Cavedoni, Manavit e Russell dedicano ampio spazio al racconto degli incontri di Mezzofanti con rappresentanti e intermediari politico-diplomatici, intellettuali che operavano a vario titolo nel settore culturale-educativo e religiosi coinvolti nei processi di evangelizzazione dei territori extra-europei. Alcuni di essi incontrarono Mezzofanti di persona, altri furono solo corrispondenti, abituali o occasionali. Tra le varie testimonianze relative gli anni Venti e Trenta, se ne possono citare almeno tre: l'astronomo von Zach, il teologo e orientalista Tholuck e il matematico e bibliofilo Libri. Il barone ungherese Franz von Zach conobbe Mezzofanti nel 1820,[104] in occasione di un viaggio in Italia per osservare, su invito del direttore della Specola Pietro Caterugli, un'eclissi totale di sole. A seguito dell'incontro Zach, pubblicò sulla rivista *Correspondance Astronomique* (1818-1826) un resoconto del fenomeno, a cui aggiunse questa nota:

101. «The collapse of egemonic Hispanic monarchy in its overseas empire led the Vatican to think in global terms», Francisco Javier Ramón Solans, *A Renewed Global Power*, p. 77.

102. Ivi, pp. 78-79.

103. Cfr. Russell, *Vita del Cardinale Giuseppe Mezzofanti*, p. 119.

104. Episodio citato anche in Michael Erard, *Babel No More: The Search for the World's Most Extraordinary Language Learners*, New York, Free Press, 2012, p. 5.

> L'eclissi anulare del Sole [...] era una meraviglia per tutti, ed il signor Mezzofanti ne fu una seconda per noi. Questo uomo straordinario [...] parla trentadue lingue tra vive e morte.[105]

E a proposito di quella che definisce «lingua degli zingari»[106] appresa da Mezzofanti:

> Ma come poté un prete Italiano, che non aveva mai valicati i confini della terra nativa, trovar modo di apprendere una lingua che non è stampata, né scritta?[107]

La testimonianza di Zach non si differenzia particolarmente, per toni e contenuti, dalle molte altre che si sarebbero succedute negli anni. Ciò che la distingue dalle precedenti è che la sua pubblicazione a stampa ebbe ampia circolazione e fece affiorare in superficie il nome di Mezzofanti dal mondo sotterraneo delle corrispondenze e dei circoli privati. Zach "ufficializzò" la notorietà del poliglotta senza esperienza sul campo e il suo racconto scatenò un dibattito collaterale tra persuasi e scettici.[108]

Friederich August Tholuck incontrò invece Mezzofanti nel 1829, su consiglio di Federico Guglielmo di Prussia che lo aveva conosciuto durante un viaggio a Bologna l'anno precedente. Così descrisse a Russell la conversazione con Mezzofanti:

> Mi diedi [...] a favellare in Arabo [...]. Mezzofanti rispose [...] senza veruna esitazione [...]. Allora passai all'Olandese, che egli non ricordava, ma rispose in Fiammingo, dialetto affine. Parlò l'Inglese e lo Spagnolo con la massima scorrevolezza, ma quando volsi il discorso in Danese rispose in Svedese [...]. Quando gli domandai di scrivere un verso per me [...] mi scrisse un bel distico Persiano di propria invenzione, benché dopo assai lunga meditazione.[109]

Come notò Russell la testimonianza di Tholuck appariva genuina ed equilibrata, rispetto ad altre più enfatiche, tant'è che Russell stesso lo sollecitò a fornire qualche dettaglio ulteriore:

> Fra le venti lingue che egli dichiarava di sapere assai bene notava [...] l'Inglese e l'Albanese; e fra quelle che diceva di saperne solo imperfettamente, vi aveva il Quichua o vecchio Peruviano che aveva imparato da alcuni mis-

105. Franz Zach, citato da Russell, *Vita del Cardinale Giuseppe Mezzofanti*, p. 110.
106. Si trattava probabilmente del Romaní.
107. Franz Zach, citato da Russell, *Vita del Cardinale Giuseppe* Mezzofanti, p. 110.
108. Ivi, p. 111.
109. Friederich Tholuck, citato da Russell, *Vita del Cardinale Giuseppe Mezzofanti*, p. 146.

sionari Americani. Accennò di stare allora imparando la lingua Bimbarra, studiandola in un catechismo tradotto da un missionario Francese; esempio che dimostra la sua scienza di una lingua non essere in alcuni casi nulla di più che un'infarinatura di essa.[110]

Tholuck suggerisce schiettamente che spesso la conoscenza linguistica di Mezzofanti si limitava a "ricognizioni di base", ma con il pregio di muoversi sulla spinta di una curiosità multidirezionale, che poggiava su una circolazione globale di informazioni.

La terza testimonianza si deve a Guglielmo Libri, che conobbe Mezzofanti nel 1830. Libri, pur confessando di aver nutrito molti dubbi su Mezzofanti a causa delle voci discordanti che circolavano sul suo conto, restò impressionato dalla sua poliedricità:

> Quanta non fu la mia sorpresa allorché vidi, che egli [...] prese la parola e discorse per ben mezz'ora dell'astronomia e della matematica delle razze Indiane, in una maniera che avrebbe fatto onore ad un uomo la cui precipua occupazione fosse stata investigare la storia delle scienze.[111]

E ancora:

> Gli domandai spiegazione sopra alcuni punti [...]; per esempio a qual epoca fossero probabilmente vissuti certi astronomi Indiani, prima della conquista Maomettana [...]. Mezzofanti mi rispose immantinente, con grande modestia e come uomo che sa dubitare. [...] Osservai in lui grande avversione a fare di pubblica ragione le sue ricerche. Disse che quanto più studiamo, vie meglio comprendiamo quanto sia difficile il non cadere in errori [...]. Mentre parlavamo [...] si levò e andò a cercare in una cassetta un manoscritto con disegni colorati, che mi mostrò, e il quale aveva per oggetto la spiegazione dei geroglifici Messicani. Pregatolo a voler pubblicare almeno quel lavoro, mi rispose non essere altro che un saggio, tuttavia imperfetto, e avere intenzione di rifarlo compiutamente.[112]

Questo passaggio solleva un altro aspetto fondamentale, ossia l'aleatorietà del lavoro di Mezzofanti, condizionata dal suo rifiuto di pubblicare, scelta che probabilmente indirizzò la ricerca sul poliglottismo a scapito di quella sul suo spessore intellettuale. Più che a pubblicare Mezzofanti era infatti interessato, in quegli anni, ad accrescere il patrimonio bibliotecario di Bologna. Lavorava alacremente e spesso contribuendo di tasca propria per

110. Ivi, p. 149.
111. Ivi, p. 158.
112. *Ibidem.*

rispondere alla domanda di consumo culturale della città. Presiedeva la Società Letteraria per la Cultura e la Poesia (fondata nel 1817-1818) che aveva una propria attività di stampa periodica (gli *Opuscoli Letterari di Bologna*) e in seguito aderì all'Accademia dei Filopieri. Riceveva i visitatori stranieri, teneva le sue lezioni all'università e da insegnante privato. In termini di tempo e denaro le risorse non sempre erano sufficienti per proseguire con le ricerche e con l'espansione della biblioteca. Scriveva infatti all'allievo archeologo Celestino Cavedoni:

> Non è facile impresa determinare il giusto prezzo di una spezie di libri [...]. Solo ne trascelgo qui alcuni.[113]

E allegava un'interessante lista:

> I Nove manoscritti [...]; Grammatica laponica [...]; Grammatica Marasta [...]; Grammatica Linguae Amharicae [...]; Osservazioni sulla lingua Albanese [...]Grammatica Damulica[...]; Grammatica Hindostanica [...]; Chilidugu, Sive Res Chilenses[...] Catecismo en Lengua Espanola y Moxa.[114]

È un elenco che racconta della quotidianità di Mezzofanti, alle prese con un patrimonio informativo sempre più vasto, la cui distribuzione si muoveva prevalentemente su binari privati. È evidente, quindi, uno sforzo di intercettazione della rete comunicativa, in cui Mezzofanti investì sempre più, in termini economici e relazionali, dalla propria posizione decentrata di intellettuale della Restaurazione. A queste diramazioni della curiosità internazionale, che non era certo una tendenza fuori dal comune nel suo ambiente, Mezzofanti poteva partecipare nella misura in cui riusciva a consolidare una precisa condizione (questa sì) fuori dal comune: essere egli stesso oggetto di curiosità internazionale.

8. *Passaggio al centro globale: il* melting pot *romano*

Metodico, scrupoloso, abitudinario,[115] ligio alle disposizioni pontificie e profondamente persuaso del senso della missione universalistica della

113. Cavedoni, citato da Russell, *Vita del Cardinale Giuseppe Mezzofanti*, p. 129.

114. *Ibidem*.

115. «Dava la sua lezione [...] nell'Università alle ore undici; dalle nove del mattino (tranne l'ora della scuola) trattenevasi nella Biblioteca fino all'una pomeridiana; ed ivi [...] dava lezioni private e s'intratteneva co' forestieri [...]ed in certi giorni stabiliti della settimana

Chiesa, Mezzofanti era in ottimi rapporti con il cardinale Bartolomeo Alberto (Mauro) Cappellari, prefetto della Congregazione de Propaganda Fide e futuro papa Gregorio XVI.[116] Cappellari esprimeva una posizione netta sulla necessità di ripristino del controllo di Roma sulle chiese nazionali e locali, nel segno di un più ampio progetto di riaffermazione del Soglio sulle strutture nazionali e proto-nazionali.[117] Eletto pontefice nel febbraio 1831, Gregorio XVI promosse una politica che superava, in particolare, l'intermediazione della Spagna e del Portogallo (indeboliti nei domini atlantici anche dall'azione fagocitante francese e britannica) riconoscendo alcuni stati indipendenti;[118] caldeggiò una riunificazione con la Chiesa d'Oriente e sostenne la formazione di un clero nativo nei territori delle missioni.[119]

Queste misure di centralizzazione della Chiesa come istituzione globale rappresentavano una declinazione della linea conservatrice ultramontanista[120] non estranea alla visione di Mezzofanti, soprattutto per via della condizione in cui si era ritrovato a vivere a Bologna nel 1831. Mezzofanti era riuscito, fino a quel momento, a tenersi ai margini delle dispute politiche e non era mai intervenuto apertamente nelle questioni amministrative cittadine, ma la sua fedeltà al Soglio di Roma era cosa nota e gli stava procurando non poche antipatie al riaffacciarsi delle tensioni politiche in Emilia-Romagna che portarono alla formazione delle Provincie Unite Italiane.[121] Dopo un'iniziale intermediazione, Gregorio XVI non riuscì a trovare una convergenza reale con il fronte moderato e le richieste di riforme amministrative che rendessero

si portava alla dogana [...] per la revisione de' libri nuovi giunti dall'estero [...] Nel compiere que'giri dava pure qualche occhiata ai libri esposti alla vendita [...]; e se ne adocchiava qualcuno de' proibiti, lo comperava, per poi distruggerlo», Cavedoni, *Rimembranze*, p. 27.

116. Sul passaggio dal pontificato di Pio VII a quello di Gregorio XVI si veda: Frances Knight, *The Church in the Nineteenth Century*, Newmarket, IB Tauris, 2008, pp. 58-59.

117. Si veda Alvaro López, *Gregorio XVI y la reorganización de la Iglesia hispanoamericana. El paso de régimen de patronato a la misión como responsabilidad directa de la Santa Sede*, Roma, Editrice Pontificia Università Gregoriana, 2004.

118. Nuova Granada (1835) Messico (1836) Ecuador (1838), Cile (1840).

119. Cfr. Ramón Solans, *A Renewed Global Power*, p. 78.

120. Per ultramontanismo si intende la dottrina di allineamento alle posizioni teologiche e politiche che ribadivano la supremazia di Roma sulle strutture cattoliche nazionali, di cui il pontificato di Gregorio XVI è considerato l'apice. Si veda: Roger Aubert, Johannes Beckmann, Patrick Corish, Rudolf Lill, *Liberalismo e integralismo: tra Stati nazionali e diffusione missionaria: 1830-1870. Risorgimento italiano, movimenti cattolici, ultramontanismo* (1977), in *Storia della Chiesa*, a cura di Hubert Jedin, 8 voll., Milano, Jacabook, 2006, vol. II (ed. orig. *Die Kirche zwischen Revolution und Restauration*, 1971), p. 112.

121. Cfr. Balzani, *Il tricolore e il Risorgimento*, p. 50.

contendibile il potere municipale.[122] Il papa si impegnò dunque a ostacolare la propaganda insurrezionale repubblicana della Giovine Italia di Giuseppe Mazzini e, non volendo cedere sulla possibilità di negoziare negli spazi municipali, finì per gettare le basi della radicalizzazione che avrebbe in seguito fatto virare la classe dirigente locale verso il progetto liberale.[123]

L'esperienza insurrezionale delle Province Unite Italiane si concluse comunque nell'aprile del 1831. A maggio, Mezzofanti giunse a Roma come membro della deputazione di Bologna, inviata a incontrare il pontefice da poco eletto. Dopo l'incontro con Gregorio XVI, sollecitato dallo stesso pontefice tramite l'Arcivescovo di Bologna, il cardinale Oppizzoni, Mezzofanti fu costretto a cedere alle richieste del papa di trasferirsi a Roma. Il clima a Bologna, del resto, non gli era favorevole. Di ritorno dalla visita diplomatica, il suo incontro con il papa venne etichettato come un segno di connivenza con lo Stato Pontificio e quindi come un sostanziale tradimento verso la città.[124] Con grande amarezza, dunque, Mezzofanti abbandonò in ottobre Bologna. Vi avrebbe fatto ritorno una sola volta, nel 1838. Non senza una certa dose di cinismo il papa avrebbe commentato che l'unico effetto degno di nota dei moti era stato causare l'allontanamento di Mezzofanti.[125]

Malgrado la delusione per aver dovuto lasciare Bologna in un'atmosfera ostile, Mezzofanti trovò a Roma un ambiente molto congeniale. La prima e più evidente implicazione del trasferimento era il passaggio dalla realtà provinciale a quella di un centro metropolitano. In età moderna Roma aveva sempre rivendicato una natura cosmopolita, proponendosi al contempo come «laboratorio identitario»[126] specifico. Il tratto cosmopolita connotò anche il XVIII e XIX secolo, sollecitando una crescente consapevolezza della posizione della città nello schema delle interconnessioni globali.[127]

122. *Ibidem.*

123. *Ibidem.*

124. Cfr. Russell, *Vita del Cardinale Giuseppe Mezzofanti*, p. 165.

125. Ivi, p. 166.

126. Cfr. Alessandro Serra, *Roma, un laboratorio delle identità? Comunità nazionali, dinamiche associative e linguaggio devozionale tra XVI e XVIII secolo*, in *Venire a Roma, Restare a Roma. Forestieri e stranieri fra Quattrocento e Settecento*, a cura di Sara Cabibbo, Alessandro Serra, Roma, Roma Tre-Press, 2018, pp. 271-290, p. 274.

127. Luca Codignola, nella sua monografia sulle relazioni tra intellettuali del Nord America e della penisola, definisce i tre ruoli fondamentali di Roma capitale: centro simbolico-spirituale del cattolicesimo globale, centro amministrativo delle istituzioni cattoliche e centro politico-governativo dello Stato Pontificio in Italia. Luca Codignola, *Blurred Nationalities*

La visione di Gregorio XVI proponeva inoltre un quadro dottrinale che permetteva di ricondurre le tante articolazioni dell'internazionalità della città ad un rapporto gerarchico dominato dalla Chiesa. Il Soglio romano era percepito come un nucleo da cui si diramavano (e a cui rispondevano) tutte le strutture di connessione globale che interessavano la città e la penisola. Questa regolamentazione, simbolica e burocratica, costruita sull'intreccio di tessuti relazionali locali e sovralocali, doveva rappresentare per Mezzofanti un terreno particolarmente stimolante, attraverso cui inserirsi in una rete di contatti globalmente diffusa. Sin dal viaggio diplomatico di maggio Mezzofanti aveva individuato l'ambiente più in sintonia con le proprie attitudini e con il quale si ritroverà poi a collaborare più spesso: la Congregazione de Propaganda Fide.[128]

A partire dalla sua fondazione nel 1622, cui fece seguito l'istituzione della Tipografia Poliglotta (1626) e del Collegio Urbano (1627), la Congregazione era stata creata allo scopo di «istruire e formare un clero missionario secolare originario delle terre da evangelizzare e di fornire una produzione libraria»[129] nelle lingue delle missioni, per consentire una più pervasiva evangelizzazione. Duramente colpita in età napoleonica, la Congregazione stava beneficiando del «rinnovato fervore religioso seguito alla Restaurazione e sotto influenza romantica»[130] per rilanciare la propria attività missionaria e ridefinire la relazione con altri organismi ecclesiastici.[131] Si può comprendere, quindi, come nell'ottica del progetto di Gregorio XVI, il profilo di Mezzofanti fosse particolarmente adatto per promuovere la cooperazione con la Congregazione e soprattutto con il Collegio Urba-

Across the North Atlantic: Traders, Priests, and Their Kin Travelling between North America and the Italian Peninsula, 1763-1846, Toronto, Toronto University Press, 2019, p. 80.

128. Cfr. Russell, *Vita del Cardinale Giuseppe Mezzofanti*, p. 164.

129. Giovanni Pizzorusso, *I satelliti di Propaganda Fide: Il Collegio Urbano e la Tipografia Poliglotta. Note di ricerca su due istituzioni culturali romane nel XVII secolo*, in «Mélanges de l'École française de Rome – Italie et Méditerranée», 116/2 (2004) pp. 471-498, p. 472.

130. Stefano Trinchese, *Fonti relative a Propaganda Fide durante i Pontificati di Leone XII, Pio VIII e Gregorio XVI (1823-1846)*, in «Mélanges de l'École française de Rome – Italie et Méditerranée», 110/2 (1998), pp. 569-580, p. 570.

131. In particolare i gesuiti, che pure restavano un organismo percepito come concorrenziale rispetto all'autorità di Propaganda· Cfr. Trinchese, *Fonti relative a Propaganda Fide*, p. 572; Giovanni Pizzorusso, *I duellanti: la Congregazione de Propaganda Fide e la Compagnia di Gesù dalla soppressione alla restaurazione dell'ordine ignaziano*, in «Mélanges de l'École française de Rome – Italie et Méditerranée modernes et contemporaines», 126/1 (2014) pp. 59-70.

no, quale centro propulsore del nuovo regolamento dei rapporti tra Chiesa centrale e periferie. La Congregazione si rivelò dunque un formidabile «microcosmo di linguaggi»[132] per Mezzofanti, in cui ritagliarsi in ruolo.

Fu negli ambienti di Propaganda, inoltre, che Mezzofanti ebbe modo di incontrare il veronese Ludovico Besi, futuro vicario apostolico[133] dello Shandong e amministratore della diocesi di Nanchino in Cina, con il quale mantenne sempre una ricca corrispondenza e che lo incoraggiò a visitare il Collegio dei Cinesi di Napoli, per realizzare l'opportunità di cimentarsi con lo studio del cinese. Mezzofanti partì perciò per Napoli nel marzo 1832 ma il soggiorno non si rivelò affatto un'esperienza positiva. Dopo pochi mesi dal suo arrivo, Mezzofanti sviluppò sintomi piuttosto gravi (febbre, delirio, afasia, amnesia) di un disturbo neurologico non meglio definito e che le fonti tendono ad attribuire a un generico stress o affaticamento.[134] Fu perciò costretto a rientrare a Roma, dove lo attendeva una nuova serie di incarichi.

Una volta ristabilitosi, tornò a frequentare gli ambienti di Propaganda Fide e a perfezionare la sua conoscenza delle lingue orientali (in particolare armeno, persiano, turco) grazie alla vicinanza al Collegio maronita di S. Antonio e alle comunità mechitariste, ma anche delle lingue americane e africane. Il missionario apostolico di Galle a Ceylon (Sri Lanka), il singalese Carlo Fernando, scrisse a Russell a proposito di Mezzofanti:

> Ricordo d'averlo veduto favellare a un'intera Camerata degli studenti di Propaganda [...]. Posso far menzione di nomi di molti coi quali [...] conversò: Moses Ngau [...] in lingua Peguana; con Zaccaria Cohen in lingua Abissina; con Gabriel, altro abissino, in dialetto Amarinno; con Sciata Egiziano, in lingua Copta; con Hollas in Armeno; con Churi in Arabo; con Barsciu in Siriaco, con Abdo in Arabo-Maltese [...], in Tamulico con Pedro Royapen (di ciò per altro non sono affatto certo); con Leang e Mong in Cinese.[135]

Strinse amicizia con il bibliotecario di Propaganda Paul Louis-Bernard (precedentemente David Drach), rabbino francese convertito al cristianesimo. Frequentò diplomatici, sovrani, studenti e viaggiatori, affermandosi

132. Russell, *Vita del Cardinale Giuseppe Mezzofanti*, p. 176.

133. L'istituzione dei vicariati apostolici faceva parte del complessivo riordino amministrativo voluto dal pontefice per favorire, in particolare, un'espansione delle missioni in Asia orientale, operazione che aveva il suo avamposto operativo-formativo nel Collegio dei Cinesi di Napoli. Cfr. Trinchese, *Fonti relative a Propaganda Fide*, p. 580.

134. Cfr. Russell, *Vita del Cardinale Giuseppe Mezzofanti*, p. 174.

135. Carlo Fernando citato da Russell, ivi, p. 226.

come intellettuale poliglotta di fama transregionale. Nel maggio 1833 venne nominato Primo custode della Biblioteca Vaticana, diretta dal cardinale Della Somaglia, sostituendo nell'incarico il filologo Angelo Mai.[136] Furono anni di grande successo e generale benevolenza nei suoi confronti, anche se non mancarono detrattori e testimonianze poco entusiaste, come quelle del giornalista tedesco Fleck. Convinto che il successo di Mezzofanti fosse, se non del tutto immeritato, per lo meno enfatizzato dall'impressionabilità degli italiani, poco versati nelle lingue e sostanzialmente provinciali, Fleck scrisse comunque:

> È pure stato appellato il moderno Mitridade [...] e veramente quanto a facoltà intellettuali pochi scienziati anche italiani gli vanno innanzi; la sua dottrina [...] pare alle volte superficiale [...] ma nessuno può mettere in dubbio l'attitudine speciale che ha per le lingue, la quale sembra germinare da non so quale senso innato.[137]

Resta evidente la sua capacità di attrarre collaborazioni e opportunità di confronto con coloro che gravitavano attorno a Roma, un *melting pot* reso composito e attivo da una convergenza di fattori. La vivace Roma degli anni Trenta del XIX secolo possedeva una familiarità con la pluralità, di gruppi e confini, che Mezzofanti sperimentò prevalentemente come parte dell'élite cattolica, nel quadro di una visione programmatica dell'interculturalità degli ambienti di Propaganda Fide e dello studio delle lingue. La comunità con cui Mezzofanti interagì si estendeva al di là del mondo cattolico, ed era definita dalla volontà trasversale di compartecipazione alla circolazione del sapere. Roma costituiva uno snodo primario del circuito mediterraneo della conoscenza, plasmato dalla forza centripeta dell'immaginario universalistico, dall'interesse per i resti archeologici della tradizione classica (per quanto ieraticamente incastonati in una sorta di statica modernità alternativa)[138] e

136. Con l'incarico di «formulare giudizi su tradizioni e libri di autori stranieri per l'eventuale concessione o meno dell'*Imprimatur*», Giuseppe Sorge, *Mezzofanti "Romano"*, in *La Benedizione di Babele. Contributi alla storia degli studi orientali e linguistici e delle presenze orientali a Bologna*, a cura di Giorgio Renato Franci, Bologna, Clueb 1991, pp. 159-172, p. 162.

137. Russell, *Vita del Cardinale Giuseppe Mezzofanti*, p. 209.

138. Sulla "Roma oggetto" si veda: Manuel Borutta, *Anti-Catholicism and the Culture War in Risorgimento in Italy*, in *The Risorgimento Revisited: Nationalism and Culture in Nineteenth-Century Italy*, a cura di Silvana Patriarca, Lucy Riall, Basingstoke, Palgrave Macmillan, 2012, pp. 191-213, p. 202.

dalle tensioni politiche che spingevano in direzione dei futuri nazionalismi, con varie declinazioni locali.

Sono tutti elementi che plasmarono le élite cui Mezzofanti apparteneva e che mostrano l'esistenza di un Mediterraneo attraversato, tra XV e XIX secolo, da intellettuali capaci di superare il declino del provincialismo[139] e sviluppare relazioni globali. Essi incarnarono la plasticità dello spazio mediterraneo e di individui come Mezzofanti, interpreti credibili di questa molteplicità.

9. *Un uomo tra le rivoluzioni*

Alle soglie del nuovo decennio Mezzofanti raggiunse l'apice della sua carriera ecclesiastica con la nomina cardinalizia,[140] cui seguirono altre importanti cariche,[141] senza che ciò modificasse le sue frugali abitudini. Entrando nella fase finale della sua vita venne colpito da alcuni lutti, su tutti la morte del nipote Giuseppe e, in seguito, quella dello stesso Gregorio XVI, al quale era ormai legato da vincoli di stima e amicizia. Dopo la morte del pontefice che così spesso lo aveva favorito, Mezzofanti aveva forse in mente di riservarsi un ruolo più defilato. Ma le vicende che riguardarono il nuovo pontefice rimisero in discussione la marginalità politica del cardinale. Il nuovo papa, Giovanni Maria Mastai Ferretti, venne eletto nel conclave del giugno 1846 e assunse il nome di Pio IX. La sua elezione venne accolta positivamente dalla comunità intellettuale

139. *Ibidem.*

140. BCABo, F.S. Mezzofanti, Cart. LXVIII, 37, *Estratto del Concistoro Segreto del 12 febbraio 1838.*

141. Nel febbraio 1838 divenne cardinale diacono della Chiesa di S. Onofrio in Gianicolo. Ricevette inoltre la nomina di Prefetto della Congregazione per la Correzione dei Libri Liturgici della Chiesa Orientale, della Congregazione dell'Indice dei Libri Proibiti, della Congregazione dei Riti e della Congregazione dell'Esame dei Vescovi in Sacra Teologia e Sacri Canoni. A queste nomine si aggiunsero quelle di presidente dell'Ospedale S. Salvatore in Laterano, di visitatore apostolico di S. Giacomo in Augusta, di protettore del Collegio Ecclesiastico del Belgio e di visitatore della Chiesa dei Catecumeni, destinata in particolare a ebrei e musulmani convertiti al cristianesimo. Divenne infine membro della Congregazione de Propaganda Fide e, malgrado l'iniziale intento di Gregorio XVI di nominarlo prefetto, riservandogli un ruolo di maggior spessore, venne destinato all'osservazione delle attività missionarie in Cina e alle mansioni di relatore di ponenze.

liberale,[142] precedentemente osteggiata e condannata da Gregorio XVI nell'enciclica *Mirari Vos* (1832). Inizialmente Pio IX sembrò accondiscendere alla visione liberale che vedeva il pontefice al centro dei processi di riunificazione nazionale, ma con i rovesciamenti delle rivoluzioni del 1848 i termini dell'interlocuzione mutarono profondamente; il papa rinnegò le precedenti aperture liberali, contrapponendosi tenacemente ai tentativi di unificazione. L'insurrezionalismo italiano del '48 (al pari di quel che accadde in altri territori europei) si consumò, come rileva Luigi Mascilli Migliorini, in un clima di frustrazione delle élite per la mancata modernizzazione degli stati[143] e di una diffusa tensione per le privazioni causate dalla crisi agraria del triennio precedente.[144]

Lo Stato Pontificio non era estraneo a questo *mix* di insofferenze e la concessione di una moderata carta costituzionale (14 marzo 1848) fu letta come un segnale incoraggiante. Lo stesso valse per il sostegno militare offerto dal papa all'iniziativa sabauda, finalizzata a ottenere un'espansione territoriale ai danni dell'impero asburgico, sull'onda del successo delle Cinque giornate insurrezionali di Milano. In primavera, tuttavia, le forze asburgiche riuscirono a riguadagnare terreno e Pio IX ritirò il sostegno accordato. Il breve processo riformista di Pio IX, iniziato all'indomani della sua elezione con l'amnistia dei prigionieri politici (1846) aveva contingentemente coinvolto anche la posizione di Mezzofanti. Il 29 dicembre 1847, con la bolla motu proprio *Quando*, Pio IX aveva apportato un piano di modifica dell'ordinamento che conferiva l'incarico al Consiglio dei Ministri in coordinamento con la Consulta di Stato.[145] Con il nuovo consiglio venne istituito un dicastero dell'Istruzione Pubblica, affidato al cardinale prefetto della Congregazione degli Studi. Poiché ricopriva tale carica proprio in quel momento, Mezzofanti si ritrovò ad essere anche ministro dell'Istruzione. Mezzofanti si dedicò diligentemente a questo nuovo incarico. Mise mano soprattutto «agli organici delle cattedre universitarie»[146] e il suo

142. Il nuovo pontefice venne particolarmente elogiato da Vincenzo Gioberti che, nella sua opera-manifesto del neoguelfismo, *Il primato degli italiani* (1844), auspicava l'assunzione di una leadership pontificia per un processo di riunificazione nazionale su base confederale, che riconciliasse la Chiesa con le istanze di modernità della penisola. Cfr. David I. Kertzer, *Religion and Society, 1789-1892*, in *Italy in the Nineteenth Century*, pp. 188-190.

143. Cfr. Mascilli Migliorini, *L'età moderna*, p. 407.

144. *Ibidem*.

145. Cfr. Sorge, *Mezzofanti "Romano"*, p. 165.

146. Ivi, p. 167.

operato ebbe un riscontro positivo,[147] per quanto lo slancio[148] iniziale andò esaurendosi per ragioni di salute, fino a provocarne il ritiro a vita privata in aprile, quando Mezzofanti presentò «spontanea rinuncia»[149] alla carica di prefetto della Congregazione degli Studi e quindi di ministro. Secondo Sorge questa parentesi politica della carriera di Mezzofanti corrisponde a quella che si definirebbe la funzione di un «tecnico»[150] e vi era probabilmente un fattore puramente contingente nel fatto che il prefetto della Congregazione degli Studi, e quindi il ministro, fosse proprio Mezzofanti. Ma, a mio parere, non va trascurato il bilanciamento politico che Pio IX era intenzionato a garantire nel suo progetto prudentemente riformista.

Verosimilmente Mezzofanti incarnava una parziale continuità con il modello conservatore e con quella sfera di influenza stabilita dalla Chiesa sull'intero territorio della penisola, influenza che continuò a essere attiva, del resto, anche dopo la conclusione del processo risorgimentale.[151] Gli eventi successivi, che avrebbero contrapposto nettamente Pio IX al costituzionalismo, al liberalismo e al nazionalismo diffusi sul territorio,[152] si svolsero nel ritorno di un clima di sospetto reciproco tra fazioni, in cui proliferarono (di nuovo) le teorie cospirazioniste. Queste non riguardavano solo i gesuiti – considerati di ostacolo ai progetti di unità nazionale e dunque soggetti ad attacchi ed espulsioni – ma si estesero, in senso anticlericale, a tutto il mondo cattolico.[153] L'anticattolicesimo divenne, come sottolinea Manuel Borutta, un elemento potente, nel quadro di una sorta di «cultural war»,[154] innestata su un conflitto materiale. Si diffuse perciò in epoca pre- e post-risorgimentale una propaganda fondata sull'immagine della Chiesa come apparato verticista,

147. Tanto che egli figurò tra i soli tre ecclesiastici presenti anche nel successivo esecutivo del marzo 1848, insieme al cardinale Antonelli, segretario di Stato, e a Carlo Luigi Morichini, ministro delle Finanze.

148. Si fece promotore di un "Progetto di regolamento" dello stato degli impiegati, perché venisse aumentato loro lo stipendio, di modo da non doverli costringere a più incarichi. Cfr. Sorge, *Mezzofanti "Romano"*, p. 165.

149. «Gazzetta di Roma», 39 (1848). Cfr. Sorge, Sorge, *Mezzofanti "Romano"*, p. 168.

150. Ivi, p. 169.

151. Cfr. Riall, *Il Risorgimento*, p. 127.

152. Cfr. Frank J. Coppa, *Italy: The Church and the Risorgimento*, in *Cambridge History of Christianity, 1815-1914*, a cura di Sheridan Gilley e Brian Stanley, vol. 8, Cambridge, Cambridge University Press, 2006, pp. 233-249, p. 239.

153. Cfr. Borutta, *Anti-Catholicism and the Culture War in Risorgimento in Italy, passim*.

154. *Ibidem*.

manipolatorio[155] e irrimediabilmente reazionario, a cui la Chiesa rispose caratterizzando il Risorgimento come il prodotto di una deliberata cospirazione anticattolica.[156] I successivi e concitati rivolgimenti raggiunsero un Mezzofanti affaticato dall'età e da una pleurite insorta nel gennaio del 1849. Nel febbraio 1849, mentre il suo stato di salute si aggravava, Giuseppe Mazzini, Aurelio Saffi e Carlo Armellini si fecero promotori della Repubblica Romana, costringendo Pio IX a ritirarsi a Gaeta. Il 15 marzo 1849 Mezzofanti morì. La famiglia rifiutò l'offerta del neoministro dell'istruzione Gherardi di un funerale di stato, ma ottenne il permesso di officiare una rapida e modesta cerimonia religiosa. Il 17 marzo Mezzofanti venne così sepolto nella Chiesa di S. Onofrio al Gianicolo, in una Roma mutata e frenetica che andava incontro a una nuova e complessa fase della sua storia.

10. *Emergere, persistere, scomparire*

Un funerale frettoloso e una certa circolarità degli eventi chiudono la storia di Mezzofanti, con un finale che rimanda a considerazioni più ampie sul significato di questa vicenda. Le conclusioni più immediate riguardano il circoscritto impatto della sua biografia sul contesto: Mezzofanti, pur con tutte le sue peculiarità e originalità, potrebbe essere considerato nulla di più che una "nota di colore", un'esperienza tra molte, in un insieme di situazioni localmente definite. La sua, in effetti, può apparire una vicenda di marginalità, di continuativa prossimità a centri di potere, senza mai prendere tuttavia direttamente parte ai processi decisionali dei centri stessi.

Eppure, guardando a quegli stessi contesti localmente situati, si può osservare come la storia di Mezzofanti costituisca, prima di tutto, una storia di emersione. Emersione da un *background* familiare e socioeconomico che sembrava predeterminarne il futuro; emersione da una platea di pari-grado rispetto ai quali riesce a distinguersi, in virtù di talenti del tutto peculiari; emersione dalla concitazione degli eventi grazie ad una capacità di interpretarli e volgerli a proprio vantaggio. Passando da Bologna a Roma,

155. Ivi, p. 206.

156. Cfr. Silvana Patriarca, Lucy Riall, *Introduction: Revisiting the Risorgimento*, in *The Risorgimento Revisited.* p. 10; John Dickie, *Antonio Bresciani and the Sects: Conspiracy Myths in an Intransigent Catholic Response to Risorgimento*, in «Modern Italy», 22/1 (2017), pp. 19-34.

la sua diventa una storia di persistenza, di adattamento, di graduale costruzione di un'immagine pubblica, mediante l'inserimento in una comunità intellettuale che cresce progressivamente in trasversalità. Questa costruzione è il risultato di un eclettismo occupazionale che lo porta a essere poliglotta, traduttore, bibliotecario, accademico, ministro, reinventandosi di volta in volta, in risposta alle circostanze. Mezzofanti ha sempre tenuto presente questo aspetto pragmatico della propria attività, la declinazione pratica di capacità altrimenti astratte. Non godendo di privilegi di nascita doveva, come i suoi maestri gesuiti,[157] lavorare per vivere.[158] La molteplicità di ruoli che riuscì a interpretare è un prodotto della sua abilità nel trovare una propria dimensione nei luoghi della circolazione del sapere e della professionalizzazione degli attori in essa coinvolti. Può essere perciò considerato un lavoratore intellettuale che opera con una certa adattabilità, al mutare delle circostanze. La sua esperienza, pertanto, pur non avendo un peso specifico sul contesto, offre un punto d'osservazione. La sua vicenda consente di recuperare uno sguardo sulle forme e il significato della vita di un intellettuale nella dimensione provinciale dell'Italia preunitaria. Il concetto stesso di provincia è poi mutevole e sfumato, perché soggetto a cambi di assetto e a momentanee centralizzazioni, prodotti dalle tensioni internazionali con cui gli individui dovevano, di volta in volta, confrontarsi. L'inabissarsi della memoria su Mezzofanti è un ulteriore dato da osservare. Superare la "leggenda" e cercare una nuova prospettiva analitica, rimodula l'eccezionalità del personaggio e aiuta a ricontestualizzarlo, conferendo un nuovo significato al "caso Mezzofanti" quale interprete della globalità.

157. La necessità di trovarsi un'occupazione idonea al mantenimento contraddistinse anche l'esperienza degli esuli gesuiti. Viviana Piciulo dedica un'ampia riflessione al tema e definisce gli esiliati, Camaño su tutti, «operai della cultura». Cfr. Piciulo, *I gesuiti americani espulsi*, p. 40.

158. «Questi signori [...] vorrebbero trovare un tesoro al primo colpo di marra; e a noi poverelli conviene contentarci di sostentare la vita sottilmente zappando da mattina a sera», Mezzofanti citato da Cavedoni, *Rimembranze*, p. 18.

2. Fuori dal comune: la costruzione di un mito

1. *Geni e diorami*

Il mito di Giuseppe Mezzofanti si fonda su un enigma: la sua identità di poliglotta.

La sua popolarità, la sua visibilità, la sua presenza in letteratura scientifica è legata a doppio filo al fascino della sfida posta dal suo talento. Scoprire il metodo grazie al quale si diceva fosse in grado di parlare decine di lingue è il denominatore comune che sottende, infatti, alla quasi totalità dell'apparato bibliografico prodottosi nel tempo, generando una complessa grammatica di definizione del personaggio. In questo capitolo si cercherà dunque di esplorare la costruzione storica e socioculturale della leggenda di Mezzofanti, attraverso un'analisi delle categorie usate per descriverlo, dando conto dell'identità costruitasi nel processo di mitizzazione, delle ragioni del suo fulminante successo e dell'altrettanto rapido declino.

La prima considerazione da fare, dunque, riguarda il peso delle parole scelte per raccontare Mezzofanti. Sulla sua figura si è di fatto composto un processo mitopoietico che ha trasformato l'uomo nella sua qualità preminente, ossia nel suo *genio*. In particolare, a consentire l'attribuzione dell'etichetta di genio a Mezzofanti, è il cambio di approccio che si verifica nella critica post-illuminista[1] e che devia il concetto di genio da capacità posseduta dall'individuo a capacità che possiede l'individuo e lo definisce.

1. Sulla trasformazione semantica del concetto di genio, cfr. Simon Schaffer, *Genius in Romantic Natural Philosophy*, in *Romanticism and the Sciences*, a cura di Andrew Cunningham e Nicholas Jardine, Cambridge, Cambridge University Press, 1990, p. 83.

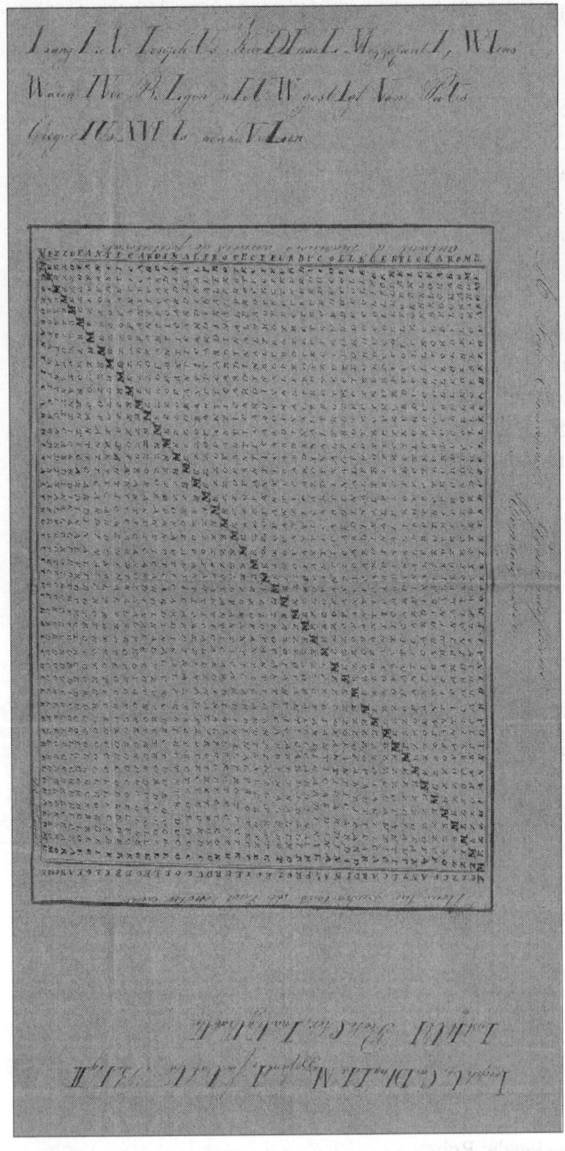

Fig. 2. Tavola Crittografica con il nome di Mezzofanti, BCABo, F.S. Mezzofanti, Cart. VII, 4.1. Foto Biblioteca Comunale dell'Archiginnasio di Bologna.

La sua genialità si configura dunque non come strumento di intervento sulla realtà ma come mezzo di conoscenza e comprensione. Mezzofanti non è il genio della psicopatologia freudiana,[2] incompreso ma con una grande capacità di rielaborazione creativa.[3] Del genio possiede, tuttavia, la forza attrattiva, cui si aggiunge la predisposizione all'apprendimento tipica di un'altra figura intellettuale, quella del saggio.[4] Mezzofanti va così a costituire una sintesi fra i tre tipi di «portenti umani» individuati dallo psicologo Robert J. Sternberg: il saggio, l'intelligente e il genio.[5]

Ma "genio" non è l'unico termine che si incontra nella mitologia del personaggio e si trova spesso sovrapposto ad un più ambiguo concetto di *eccezionale*. Le varie definizioni coniate si possono infatti considerare fluttuazioni semantiche dell'eccezionale, che si trova così ad oscillare tra sfumature diverse – se non proprio opposte – come il meraviglioso e il mostruoso, il solenne e il ridicolo, l'originale e il consueto, il particolare e l'universale. Da ciascuna di queste variazioni dipende una visione che può essere di analisi scientifica o para-scientifica, di celebrazione, di narrativizzazione, di spettacolarizzazione, fino alla sconfessione e delegittimazione del personaggio. L'insieme dei giudizi formulati su Mezzofanti da contemporanei, critici e osservatori, funziona perciò come un diorama che racconta non solo l'individuo ma anche la sua comunità intellettuale d'appartenenza e il modo in cui essa interpretava i suoi rappresentanti più distinti.

2. *Meraviglie e mostri della conoscenza: Mezzofanti e gli archetipi romantici*

Sul tratto di eccezionalità di Mezzofanti si insiste sin dai primi resoconti biografici. Franco Pasti, autore di una delle più recenti e accurate monografie sullo studioso, rileva il persistere di un «impianto agiografico»[6] destinato a replicare sé stesso in una serie di «cataloghi di lingue e di

2. Cfr. Sigmund Freud, *Psicoanalisi del genio*, Roma, Newton Compton, 1981 (1969).

3. Il suo profilo sembrerebbe mostrare i tratti della superdotazione. Cfr. Francisco Alonso-Fernández, *Il talento creativo. Tratti e caratteristiche del genio*, Bari, Dedalo, 2001 (ed. orig. *El talento creador. Rasgos y perfiles del genio*, 1996), p. 18.

4. Alonso-Fernández, *Il talento creativo*, p, 44.

5. Sul tema si veda: Robert J. Sternberg, *Wisdom, Intelligence and Creativity Synthesized*, Cambridge, Cambridge University Press, 2003.

6. Pasti, *Un poliglottta in biblioteca*, p. 30.

aneddoti prodigiosi».[7] Il linguista Thomas Watts sceglie l'eloquente titolo *On the Extraordinary Powers of Cardinal Mezzofanti as a Linguist* per la sua biografia di Mezzofanti (1852).[8] Anche Augustin Manavit descrive la natura straordinaria del Cardinale e parla di "prodigio" che: «ne peut s'expliquer qu'en reconnaissaint en lui un être extraordinaire».[9] Il biografo Charles William Russell – che pure ne realizza un ritratto dettagliato, ricco di fonti e sostanzialmente equilibrato nel controbilanciare le «meravigliose narrazioni»[10] degli estimatori con i dubbi dei detrattori – non può evitare di far ruotare la biografia attorno al concetto di "straordinarietà del dono" capitato a Mezzofanti: «È indubitato che la potenza posseduta dal Mezzofanti di acquistar contezza di lingue era principalmente dono di natura».[11] L'eccezionalità di cui parla Russell è un fatto che l'autore intende tuttavia comprovare scientificamente, indagando sul «metodo di studiare le lingue e il particolare svolgimento dell'intelligenza a cui devesi attribuire il suo straordinario riuscimento siccome poliglotta».[12] Tale straordinarietà risulterà infatti più credibile se ricondotta al rigore, all'ordinarietà e alla metodicità della vita di Mezzofanti, caratteristiche che vengono tuttavia caricate anch'esse di una connotazione "meravigliosa":

> Veramente l'ordinario metodo che ogni giorno teneva, notificatoci dalle stesse lettere scritte al Cavedoni, ne eccita un sentimento di maraviglia [...]. [13]

Questa scelta terminologica – tutta imperniata sui concetti di straordinarietà, meraviglia, tesoro, dono divino o della natura – ricorre anche nella selezione delle fonti dirette. In una testimonianza del poeta e traduttore inglese William Stewart Rose riportata da Russell, si legge infatti:

> Le meraviglie che [...] di Pico della Mirandola, ci vengono narrate, io le riguardai [...] sempre come favolose, finché fui io stesso testimone di tale

7. *Ibidem*.

8. Watts, *On the Extraordinary Powers of Cardinal Mezzofanti as a Linguist*; dello stesso autore si ricordano le recensioni: Id., *On M. Manavit's Life of Cardinal Mezzofanti*, in «Transaction of the Philological Society», 7 (1854), London, pp. 133-150; Id., *On Dr. Russell's, "Life of Cardinal Mezzofanti"*, in «Transaction of the Philological Society», London, 1859, pp. 227-256.

9. Manavit, *Esquisse historique*, p. 154.

10. Russell, *Vita del Cardinale Giuseppe Mezzofanti*, p. 250.

11. Ivi, p. 334.

12. Ivi, p. 316.

13. Ivi, p. 122.

> tesoro di cognizioni che può considerarsi poco meno che straordinario [...]. Il Sig. Mezzofanti di Bologna [...] leggeva venti lingue e ne scriveva diciotto [...]. E la meraviglia fu resa direi anche più maravigliosa dalle [...] notizie [...] che si svariate cognizioni le acquistò tutte in Bologna, da cui [...] non era stato più lontano di 30 miglia.[14]

In questo filone si inserisce la testimonianza di Lord Byron e la sua descrizione fatta dal celebre artista e avventuriero inglese, dopo il loro incontro a Bologna nel 1821:

> In genere non mi piglio coi letterati [...]. Non ne ricordo uno [...] che io abbia desiderato incontrare una seconda volta, tranne forse Mezzofanti, un mostro in materie di lingue, il Briareo di certi aspetti del linguaggio, un poliglotta ambulante e altro ancora, che avrebbe dovuto vivere ai tempi della Torre di Babele, come interprete universale. È un autentico portento, peraltro modesto. L'ho messo alla prova con tutte le lingue di cui sapevo almeno un'imprecazione o un'invocazione agli dei [...] e perbacco! Mi ha stupito persino nel [...] mio inglese![15]

Il giudizio espresso da Byron appone un sigillo alla mitizzazione romantica di Mezzofanti, poiché racchiude tutti i *topoi* descrittivi che compongono la dimensione aneddotica, proiettata dai resoconti dei contemporanei fino al filone biografico della prima metà del Novecento. Nella descrizione di Byron torna innanzitutto il portento, il "prodigio", quale generatore di meraviglia estetica (*wonder*) applicata a ciò che esula dall'ordinario e che evolve in contemplazione intellettuale.[16] Il prodigio che interessa a Byron è erede di quella curiosità per l'anomalia naturale che l'osservazione scientifica della prima età moderna articolava, come evidenziato da Lorraine Daston e Katharine Park, nel ricorrere di aggettivi come "singolare", "non comune" e "straordinario".[17] La curiosità verso il

14. Stewart Rose cit. ivi, pp. 93-94.

15. George B. Byron, *Un vaso d'alabastro illuminato dall'interno. Diari*, Milano, Adelphi, 2018, p. 194.

16. Sul concetto di *wonder* nella ramificazione del linguaggio del sublime fino al suo contatto con la scienza tra XVIII e XIX, si veda (tra gli altri): Kaz Oishi, *The Geneaology of the Scientific Sublime: Glaciers, Mountains and the Alternating Modes of Representation*, in *British Romanticism in the European Perspective: Into the Eurozone*, a cura di Steve Clark e Tristanne Connolly, Basingstoke, Palgrave Macmillan, 2015, pp. 26-44.

17. Cfr. Lorraine Daston e Katharine Park, *Le meraviglie del mondo: mostri, prodigi e fatti strani dal Medioevo all'Illuminismo*, Roma, Carocci, 2000 (ed. orig. *Wonders and the Order of Nature, 1150-1750*, 1998), *passim*.

prodigio si modifica tra la fine del XVIII e le prime decadi del XIX secolo e riguarda non solo gli oggetti ma anche la dimensione interiore del sé. Tale processo rende, nella teorizzazione romantica, la sfera emotivo-intellettuale dell'individuo causa di meraviglia tanto quanto i prodigi naturalistici come «i fossili e le conchiglie».[18]

L'altra espressione significativa adottata da Byron è «Briareo della parola». Il paragone con uno degli Ecatonchiri – esseri giganteschi figli di Urano e Gea, con 50 teste e cento mani, «una delle creature dei tempi primordiali, potenti e imperfetti»[19] – avvicina Mezzofanti a una dimensione mitologica, simbolica, con la stessa *ratio* tramite cui lo si accosta a Pico della Mirandola o al re del Ponto Mitridate, figure archetipiche della rappresentazione della memoria e del poliglottismo. Allo stesso tempo, la metafora colloca Mezzofanti all'interno di un preciso paesaggio, materiale e immateriale: quello delle memorie del mondo classico. Le vestigia di questo spazio esercitano sul viaggiatore dell'età moderna una forza magnetica, perturbante e non priva di contraddizioni e vengono, soprattutto nel corso del XVIII secolo, assolutizzate e sovrapposte in senso astorico alla dimensione storica dell'Italia preunitaria che le ospita. Insieme all'arte rinascimentale e ai paesaggi naturali, le rovine classiche sono infatti oggetto dell'esperienza tradizionale del *Grand Tour* che lo stesso Byron sta compiendo quando incontra Mezzofanti. Il bolognese diviene così una figura viva che popola un panorama simbolico, quello proto-nazionale della penisola[20] come *cabinet* multidimensionale di curiosità. Un'ulteriore chiave di lettura applicabile all'espressione "Briareo della parola" riguarda l'aspetto mostruoso del gigante, introdotto già dal più esplicito "mostro in materia di lingue". Questa connotazione produce uno slittamento verso un'accezione decisamente più gotica. Il "mostro romantico" possiede infatti un'ambivalenza che risulta particolarmente affascinante per la lette-

18. Cfr. George Rousseau, *Curiosity and the Lusus Naturae: The Case of "Proteus" Hill*, in *Curiosity and Wonder. From the Renaissance to the Enlightenment*, a cura di Robert John Weston Evans e Alexander Marr, Aldershot, Ashgate, 2006, p. 243.

19. Roberto Calasso, *Le nozze di Cadmo e Armonia*, Adelphi, Milano, 1998, p. 113.

20. Non va trascurato il parallelo percorso di elaborazione della narrazione proto-unitaria e le implicazioni ideologiche dell'utilizzo del concetto di "genio della lingua" come elemento aggregante e rafforzativo dell'identità nazionale. Sul tema si veda: Paola Gambarota, *Irresistible Signs: The Genius of Language and Italian National Identity*, Toronto, Toronto University Press, 2011.

ratura dell'epoca, come massimamente esemplificato dal *Frankenstein* di Mary Shelley (1818).[21]

Nel romanzo di Shelley l'eccezionalità del genio (da intendersi come categoria strutturale fondante della sperimentazione scientifica romantica[22]) è anche foriera di esperienze orrorifiche, poiché causa di frantumazione dei vincoli morali e delle leggi divine. Anche la molteplicità di lingue può trasmettere un senso di angoscia. In *Frankenstein* vi è, infatti, come fa notare Peter Brooks, una tematizzazione del linguaggio,[23] che a sua volta problematizza la comunicazione e i rischi della sua mancanza, con un implicito «crisscrossing of languages»[24] dai rimandi babelici, che riecheggia le più ampie cornici tematiche dell'opera relative alla storia, alla solitudine e all'alienazione.

Mezzofanti certo non condivide con Viktor Frankenstein l'immersione e la manipolazione degli spazi di confine tra naturale e sovrannaturale,[25] ma non era raro che i contemporanei lo credessero capace di raggiungere un tipo di erudizione non accessibile all'uomo comune. È quanto emerge, per esempio, tra le righe di una lettera in cui il barone Anton von Zach, generale dell'esercito austriaco, gli chiedeva se non intendesse cimentarsi con l'apprendimento del *Krainerisch*,[26] lingua che «nemmeno il diavolo aveva potuto apprendere».[27] Come il prometeico Frankenstein Mezzofanti dispone, per i contemporanei, degli strumenti per esplorare una parte insondabile della conoscenza, complessa, vagamente occulta e quindi preclusa all'individuo medio che non può accedervi se non per il tramite del genio e del suo talento.

21. Il marito della scrittrice, il poeta Percy Bysshe Shelley conobbe Mezzofanti in una visita alla Biblioteca di Bologna nel 1816, accompagnato dallo scrittore francese Stendhal. Cfr. Stendhal, *Roma, Napoli e Firenze. Viaggio in Italia da Milano a Reggio Calabria*, Roma-Bari, Laterza, 1990, p. 96.

22. Sul tema si veda: Schaffer, *Genius in Romantic Natural Philosophy*, pp. 82-100.

23. Cfr. Peter Brooks, *Godlike Science/Unhallowed Arts: Language and Monstrosity in Frankenstein*, in «New Literary History», 9/3 (1978), pp. 591-605, p. 595.

24. *Ibidem*.

25. Cfr. Larry J. Swingle, *Frankenstein's Monster and Its Romantic Relatives: Problems of Knowledge in English Romanticism*, in «Texas Studies in Literature and Language», 15/1 (1973), pp. 51-65.

26. Lingua della Carniola.

27. «[...] langue de la quelle on dit que le diable n'a pu apprendre que le mot de *patsch*», Zach in BCABo, F.S. Mezzofanti, Cart. XX, 11.3. Lettera menzionata anche da Pasti, *Un poliglotta in biblioteca*, p. 22-23.

3. *Teschi scomparsi, circhi e parodie: tra pseudoscienza e spettacolo*

In questo quadro di riposizionamento dell'individuo tra ciò che è inaccessibile e cioè che è indagabile, nonché di riformulazione della relazione tra naturale e sovrannaturale, Mezzofanti si prestava a essere non solo un soggetto narrativo ma anche un oggetto di ricerca. Un fatto di cronaca ne è la dimostrazione: nel 1885 la salma di Mezzofanti venne riesumata[28] per «tacitare la voce secondo cui qualche fanatico aveva sottratto la sua testa per studiarla».[29] Nulla sembrava essere stato trafugato al momento dell'estrazione della cassa con le spoglie ma la vicenda del teschio scomparso mostra il desiderio di disvelare il mito e renderlo comprensibile, attraverso una plausibile spiegazione scientifica.[30] Tale ricerca, tesa alla razionalizzazione, si sviluppò sul terreno di una generale crescita di attenzione che il XIX secolo destina alle pratiche autoptiche e di dissezione,[31] generando la collaterale tradizione di pseudoscienze romantiche, oggi per lo più sconfessate.[32] Queste analisi intentavano, nell'ambito dalle *Naturphilosphie*, un approccio sperimentale alla ricerca finalizzato a ricostruire i fenomeni interiori, inconsci o subconsci (e quindi non direttamente analizzabili) dell'organismo e della natura, attraverso le loro manifestazioni empiriche, tracciabili e sintomatiche.

La ricerca di evidenze scientifiche che emergessero dall'analisi del cranio determina, ad esempio, l'affermazione della craniometria[33] e il successo

28. Cfr. Tommaso Monti, *Estrazione e ricognizione della cassa mortuaria contenente la spoglia mortale dell'Eminentissimo Cardinale Giuseppe Mezzofanti massimo poliglotta del mondo*, Minerbio, Tipografia C. Bevilacqua, 1885, p. 19.

29. Cfr. Pasti, *Un poliglotta in biblioteca*, p. 43.

30. Colin Dickey ha coniato un neologismo per definire il furto di teschi illustri: *cranioklepty*. Tale pratica avrebbe una stretta correlazione con la frenologia e l'intento di localizzare fisicamente il "genio" nella corteccia cerebrale dell'individuo di talento. Cfr. Colin Dickey, *Cranioklepty. Grave Robbing and the Search of Genius*, Denver, Unbridled Books, 2009, p. 49.

31. Su dissezione e autopsia si vedano: Jonathan Sawday, *The Body Emblazoned. Dissection and the Human Body in Renaissance Culture*, London, Routledge, 1995; Michel Foucault, *Nascita della clinica: una archeologia dello sguardo medico*, Torino, Einaudi, 1998 (1969) (ed. orig. *Naissance de la clinique: une archéologie du regard médical.* Paris, 1963); Christian Flaugh, *Operation Freak: Narrative, Identity, and the Spectrum of Body Abilities*, Montreal & Kensigton, MCGill-Queen's University Press, 2012, p. 69.

32. Sulla scomparsa o riformulazione dalle branche ottocentesche della *Naturphilosophie* si veda David Knight, *Romanticism and the Sciences*, in *Romanticism and the Science*, pp. 13-24.

33. Cfr. Flaugh, *Operation Freak*, p. 199.

della frenologia, pseudoscienza che si basava sull'analisi della conformazione cranica per risalire alle funzioni psichiche.[34] La frenologia viene infatti impiegata anche per dimostrare le ragioni scientifiche del poliglottismo di Mezzofanti, il cui segreto, secondo il frenologo Giovanni Antonio Lorenzo Fossati, risiedeva in una precisa caratteristica fisica, ossia il «considerevole sviluppo della bassa regione della fronte».[35] L'origine della diceria sulla scomparsa del teschio sarebbe inoltre documentata da un aneddoto riferito dal politico francese Francisque de Corcelle all'economista inglese Nassau William Senior, secondo il quale Mezzofanti avrebbe accettato l'offerta di un frenologo di acquistarne il cranio per una mostra sugli organi del linguaggio, in cambio di denaro da devolvere ad un'indigente.[36] L'aneddoto confermava la presenza del teschio di Mezzofanti a Roma con il resto dello scheletro; Mezzofanti, ironizza Corcelle, doveva essersi infine stancato di portare sulle spalle una testa che non era sua e doveva aver deciso di riscattare il proprio teschio.[37] Un simile macchiettistico accenno alle spoglie di Mezzofanti si può riscontrare anche nell'opera *L'asino. Sogno* (1857) del livornese Francesco Domenico Guerrazzi. Mezzofanti compare in una parodia del giudizio universale, ridotto a un insieme di ossa frammentate dentro un cappello rosso. Dopo essersi "ricomposto" viene interrogato dagli angeli, in cerca di un interprete per la lingua degli animali, e dichiara di: «aver conosciuto [...] settantotto favelle, e talune di uomini che si potevano dire peggio che bestie, ma in verità poi bestie non erano».[38]

La trasformazione buffonesco-umoristica di Mezzofanti è in linea con un diverso aspetto del "mostro-romantico", una versione dai tratti grotteschi che non nascondeva severi giudizi anticlericali e che molto hanno a che vedere con il successivo oblio a cui andò incontro il Cardinale. Questo tratto trapela anche da più bonarie rappresentazioni, come quella del romanziere

34. Sulle pseudoscienze applicate ai "crani illustri" si veda: Frances Larson, *Teste Mozze. Storie di decapitazioni, reliquie, trofei, souvenir e crani illustri*, Milano, Utet, 2020 (2016) (ed. orig. *Severed. A History of Heads Lost and Heads Found*, trad. it. Luca Fusari, 2014).

35. «Giornale della Reale Accademia di Medicina di Torino», serie 3, vol. 12 anno XXXV, a cura di Carlo Giacomini, Giacomo Gibello, Luigi Olivetti, Carlo Reymond, Torino, Tipografia V. Vercellino, 1872, p. 649.

36. Cfr. *Conversations with M. Thiers, M. Guizot, and Other Distinguished Persons During the Second Empire by the Late Nassau William Senior*, a cura di M.C.M Simpson. vol. II, London, Hurst and Blackett, Publishers, 1878, p. 251.

37. *Ibidem*.

38. Francesco Domenico Guerrazzi, *L'asino. Sogno*, Torino, Tipografia Scolastica di Sebastiano Franco e Figli e Comp., 1857, p. 29.

russo Gogol':[39] «Il nostro amico Mezzofanti è stato fatto anche lui cardinale e va a spasso con le calzette rosse».[40]

Alla descrizione segue un passaggio sui giorni del carnevale a Roma, giorni in cui, stando al detto «Iddio vuol carnevale e non vuole cardinale»,[41] la cittadinanza trasteverina si mostra particolarmente incline alla satira sul papa Gregorio XVI. Mezzofanti, con il suo buffo aspetto di anziano arzillo che si aggira per le strade di Roma in festa, viene così inserito in uno scenario di cui Gogol' enfatizza il burlesco, coerentemente con l'interesse dello scrittore per l'elemento magico-grottesco[42] nella sua dimensione folkloristica.[43] Ciò estende l'insieme delle definizioni del cardinale a un'accezione umoristica e genera un racconto sul personaggio aperto a nuove piste analitiche. Nel 1830 Guglielmo Libri – il già menzionato matematico, collezionista e falsario – incontra il bolognese in un episodio documentato da Russell:

> Egli ai miei occhi era divenuto una specie di eroe da leggenda o da romanzo [...]. D'altra parte il partito liberale [...] spargeva voci di lui tutt'altro che buone; tra le quali una [...] che incessantemente era ripetuta, essere il celebrato Bibliotecario di Bologna, una specie di pappagallo, dotato si [...], ma non essere in ultimo che un prodigio di memoria, sfornito d'intelligenza che le andasse di pari.[44]

Un simile parere venne espresso anche da uno studente tedesco di filologia, in una testimonianza riportata da Michael Erard nella sua recente monografia sui poliglotti celebri: «There is something about him that reminds me of a parrot – he does not seem to abound in ideas».[45]

L'esistenza di giudizi poco lusinghieri, quando non apertamente parodistici, su Mezzofanti mostra come la benevolenza indotta dalla fascinazione romantica non fosse unanime. L'idea di Mezzofanti quale personaggio mediocre – che ripete senza conoscere, che riproietta senza

39. Sull'incontro tra Mezzofanti e Gogol' si veda: Piero Cazzola, *A proposito dei rapporti fra il Cardinale Mezzofanti e il mondo russo dell'800*, in «Spicilegio moderno», 8 (1977), pp. 22-35.

40. Nikolaj V. Gogol', *Dall'Italia. Autobiografia attraverso le lettere*, Voland, Roma, 1995, p. 49.

41. *Ibidem*.

42. Cfr. Giacoma Strano, *Gogol'. Ironia, polemica, parodia (1830-1836)*, Soveria Mannelli, Rubbettino, 2004, p. 33.

43. Cfr. ivi, p. 55.

44. Russell, *Vita del Cardinale Giuseppe Mezzofanti*, pp. 156-157.

45. Erard, *Babel No More*, p. 5.

elaborare, dalle capacità mimetiche ma non creative – è di gran lunga meno generosa dei paragoni con Mitridate, ma non incoerente con la medesima tradizione. Tra la fine del XVIII e i primi decenni del XIX secolo l'interesse per l'inusuale si associa infatti a quella che Barbara Benedict definisce una dimensione di «performing curiosity»,[46] fondamento di un'attività di esibizione dell'alterità in Europa con radici medievali e rinascimentali. Assecondando la crescente domanda di un intrattenimento capace di offrire al pubblico uno spazio di sospensione di incredulità,[47] la *Naturphilosophie* diventa materia di esibizione: un «popular spectacle».[48] Si affermano dunque tradizioni, come quella circense, pubblicizzate come esperienze tramite cui il pubblico entrava in contatto con l'aspetto inconoscibile della natura,[49] che poteva essere dominato da una tipologia di individuo, uno «uniquely talented man»[50] in possesso di un «hazardous power»[51] e di una notevole capacità di manipolare la realtà. Di uno dei primi circhi della storia moderna, quello dell'inglese Philip Astley, Benedict ricorda, ad esempio, le attrazioni legate agli animali. Con i loro tratti e comportamenti umanizzati dall'addestramento, a imitazione caricaturale delle «skills of learned "professors"»,[52] essi incarnavano il potere dell'uomo di dominare e riprodurre la natura,[53] trasformando la ricerca della meraviglia in ammirazione per abilità particolari.[54] Tra questi animali, figurava anche un "wonderful pig"[55] perfettamente versato in tutte le lingue,[56] allegoria farsesca del poliglottismo. Il linguaggio satirico e irriverente attraverso cui si compie la metamorfosi dell'animale in uomo, consente una speculare operazione, nel caso di Mezzofanti non priva di polemica politica, che trasforma l'uomo in animale. È possibile

46. Cfr. Barbara B. Benedict: *Curiosity: a Cultural History of Early Modern Inquiry*, Chicago-London, The University of Chicago Press, 2001, pp. 202-222.

47. *Ibidem*.

48. Ivi, p. 206.

49. *Ibidem*.

50. *Ibidem*.

51. *Ibidem*.

52. Ivi, p. 208.

53. *Ibidem*.

54. *Ibidem*.

55. *Ibidem*.

56. Il *wonderful pig*, noto anche come "*pig of knowledge*" costituiva un numero molto in voga negli show di XVIII-XIX secolo. Cfr. Jane Spencer, *Writing About Animals in the Age of Revolution*, Oxford, Oxford University Press, 2020, p. 180.

che lo stesso Mezzofanti abbia compiuto tale operazione metaforica, in chiave sottilmente auto-ironica o del tutto inconscia, con la descrizione dell'uccello delle quattrocento lingue o mimo poliglotta[57] nella *Dissertazione* sui sistemi di scrittura del Messico precoloniale. La descrizione fa pensare quasi ad un autoritratto, come se Mezzofanti, nel riferire del mimo poliglotta, dalle sembianze modeste ma dalle capacità imitative portentose, si stesse riferendo a se stesso.

La trasformazione nel modesto pappagallo sottrae tuttavia all'uomo la sua qualità preminente: il pensiero. Ed ecco che si scivola nella satira che genera una competizione sul piano dell'assurdo e che finisce per far sfumare il confine tra talento e bizzarria.[58] In questo nuovo *corpus* di rappresentazioni, in cui rientrano le testimonianze di Libri e di Gogol', di Corcelle e di Guerrazzi, è possibile individuare lo stesso registro delle mirabolanti *Avventure del Barone di Münchhausen* di Rudolph Erich Raspe (1785). Il Barone è un esempio particolarmente calzante per comprendere il lessico di ricezione che ha accompagnato e descritto il personaggio Mezzofanti. Munchausen asserisce infatti di aver imparato non meno di «novecentonovantanove idiomi diversi»[59] e di poter scrivere un trattato su come «insegnare un metodo che serva a ficcare nella mente degli allievi una dozzina di lingue per volta: il francese, lo spagnolo, il greco, l'ebraico, il cherokee ecc».[60] È dunque uno tra i massimi esempi di caratterizzazione dei profili "straordinari", "inverosimili", "assurdi", in cui l'iperbole viene esasperata fino a scadere nella farsa e quindi nel disvelamento dell'illusione, corrodendo la meraviglia per mutarla in scetticismo[61] nei confronti del personaggio e della sua intrinseca natura di baro, di "illusionista", di bluff.

4. *Un diverso tipo di* freak*: tra reificazione e personificazione*

I motivi per cui si scriveva a Mezzofanti erano, generalizzando, essenzialmente due: scambio intellettuale e intrattenimento. Mezzofanti godeva

57. BCABo, F.S. Mezzofanti, Cart. IV, 2, Giuseppe Mezzofanti, *Dissertazione*, 1814.
58. Cfr. Benedict, *Curiosity*, p. 209.
59. Cfr. Rudolph Erich Raspe, *Il barone di Münchausen*, Milano, De Agostini, 2019 (1988), p. 128.
60. *Ibidem*.
61. Cfr. Sarah Tindal Kareem, *Eighteenth-Century Fiction & the Reinvention of Wonder*, Oxford, Oxford University Press, 2014, p. 173.

di una certa credibilità professionale, era noto a livello internazionale ai massimi vertici ecclesiastici, a funzionari, dignitari e membri delle casate regnanti, dai Bragança di Brasile ai Romanov di Russia.[62]

Non era raro che gli venissero affidati incarichi ufficiali di interpretariato e traduzione, così come era frequente che gli si inoltrassero richieste più informali di intermediazione o di consulenza linguistica, filologica, bibliotecaria e antiquaria. Basti citare testimonianze come quella dell'egittologo Ippolito Rosellini che, nel presentargli un visitatore anglofono che si stava cimentando nello studio dell'arabo e dell'ebraico, scriveva: «È a lei che lo raccomando, come all'oceano (e parlando d'arabo non sarà sconveniente questa frase) di questo genere di sapere».[63]

Esisteva una cerchia di eruditi e personaggi dell'alta società che nutrivano rispetto per lo spessore intellettuale di Mezzofanti. Ma la sua vera popolarità, locale e sovralocale, si costruisce sulla curiosità verso il poliglottismo.[64] L'*entertainment* costituisce perciò una parte importante degli incontri tra Mezzofanti e i suoi visitatori, per i quali il poliglotta rappresentava insieme la *performance* e il *performer* al quale si chiedeva di intrattenere dimostrando la fondatezza delle voci sul suo talento. Gli ospiti e i corrispondenti erano soliti testarne l'abilità, chiedendogli esplicitamente quante lingue conoscesse: «La dimanda [...] che sottopongo [...] è la seguente: quante lingue precisamente sa?»[65] e quali fossero:

> Bramerei a questa occasione di sapere [...] quali sono queste lingue; [...] e se fra queste Ella possiede anche la Cinese o forse anche la Giapponese?[66]

62. Il fondo conserva una lettera di auguri redatta a nome dell'imperatore Pedro II Bragança da Antônio Paulino Limpo de Abreu, futuro primo ministro. BCABo, F.S. Mezzofanti, Car. XIX, 2.1; Rio de Janeiro, 19 febbraio 1848; una dell'imperatrice Teresa Cristina Maria Beatrice, BCABo F.S.Mezzofanti, Cart. XX, 6.4, Rio de Janeiro, dicembre 1848, e due lettere da parte di due funzionari governativi: BCABo, F.S. Mezzofanti, Cart. XVIII, 12.2 Pedro de Araujo Lima; BCABo, F.S.Mezzofanti, Cart.LII, 52.26 Moutinho, ambasciatore, febbraio 1838. Sui Romanov: «L'Imperatore Nicolò di Russia fa manifesto il desiderio di conoscere Mezzofanti», Russell, *Vita del Cardinale Giuseppe Mezzofanti*, p. 388.

63. BCABo, F.S. Mezzofanti, Cart. XIX, 7.2, Ippolito Rosellini, Pisa, 22 febbraio 1828.

64. La centralità dei quesiti sul poliglottismo di Mezzofanti viene evidenziata anche da Pasti. Cfr. Pasti, *Un poliglotta in Biblioteca*, pp. 38-39.

65. BCAB0, F.S. Mezzofanti, Cart. XIX, 2, 2. Ercole Pigmei, Roma.

66. Lettera dell'orientalista austriaco Cavaliere Joseph Hager. Cfr. BCABo F.S. Mezzofanti, Cart. XVII, 8.1, Jospeh Hager, 1818.

Alle volte gli facevano pervenire richieste di autografi[67] o altro materiale da collezionare,[68] da conservare come *souvenir* dell'incontro. Queste evidenze servivano anche a conferire maggior prestigio a luoghi e occasioni, come nel caso di una decorazione affrescata per l'abbazia di Nonantola, per cui il sacerdote Luigi Pederzini aveva richiesto la collaborazione di Mezzofanti, essendo l'affresco composto da un'iscrizione del *Miserere nobis* tradotta in diverse lingue.[69] La dinamica performativa si riproduceva anche durante eventi istituzionali, come la Festa delle Lingue che si teneva a cadenza annuale al Collegio Urbano di Propaganda Fide a Roma. Per l'occasione, gli allievi si esibivano recitando componimenti in prosa o in versi nella propria lingua madre. Russell assistette alla Festa nel 1843 e descrisse il Cardinale come il vero protagonista dell'evento:

> Per la prima volta fui testimonio di quello che in seguito ho più volte mirato, dico la quasi inconcepibile versatilità della sua sorprendente potenza e il dono che aveva di far passaggio da una lingua in un'altra colla rapidità del pensiero.[70]

Mezzofanti possedeva il curriculum ideale per "sponsorizzare" la Festa e il suo significato: un *reenactment* universalistico cattolico[71] che metteva in scena «il superamento della babelica separazione delle lingue».[72] L'associazione tra Mezzofanti e la simbologia universalistica della Torre di Babele e della dispersione delle lingue, è un altro importante tassello nella costruzione della leggenda Mezzofanti.[73] Il mito di Babele non è poi l'unico a comparire nelle fonti; c'è anche un incontro con quello di Atlantide. In una lettera del 1841 l'architetto e archeologo maltese Giorgio

67. Sul tema del collezionismo ottocentesco di autografi si veda: *Collezionare autografi. La raccolta di Giuseppe Campori*, a cura di Matteo Al Kalak e Elena Fumagalli, Firenze, Olschki, 2022.

68. BCABo, F.S. Mezzofanti, Cart. XVII, 12: richiesta (in francese) di inviare un saggio di parole in «lingue non europee», Costantinopoli. [firma illeggibile].

69. Ivi, Cart. LV, 8.8, Luigi Pederzini, 1834.

70. Russell, *Vita del Cardinale Giuseppe Mezzofanti*, pp. 414-419.

71. Jean-Loup Amselle, *Connessioni. Antropologia dell'universalità delle culture*, Torino, Bollati Boringhieri, 2000 (ed. orig. *Branchements: anthropologie de l'universalité des cultures*, 2001), pp. 56-57.

72. Guido Abbattista, *Umanità in mostra. Esposizioni etniche e invenzioni esotiche in Italia (1880-1940)*, Trieste, Edizioni Università di Trieste, 2013, p. 207.

73. Come già notato da Russell Byron, parafrasando un verso di John Donne (*Satyre III*, 1693) aveva definito Mezzofanti l'interprete universale che avrebbe potuto abitare il tempo di Babele.

Grognet de Vassé informa Mezzofanti delle sue convinzioni circa la posizione del continente scomparso, localizzato nell'odierna Malta, cercando di incuriosirlo proprio a partire dalla questione linguistica.[74] Il contesto di questi scambi è quello della collaborazione tra intellettuali nella ricerca di spazi di riconciliazione tra passato mitico e presente e che determinerà, in seguito, un più specifico inserimento delle evidenze archeologiche in una cornice politicizzata, funzionale alla retorica del discorso sulla nazione.[75]

Mezzofanti si trova perciò, in questo suo ruolo di *performer*, associato a ciò che viene percepito come intrigante, enigmatico, insolito, anche e soprattutto a un livello amatoriale della ricerca linguistica, filologica o antiquaria.[76] Percepito come individuo fuori dal comune, Mezzofanti era considerato una fonte enciclopedica di conoscenze su tutto ciò che veniva a sua volta considerato fuori dal comune. Angelo Maria Ricci, erudito dell'Università di Napoli vicino a Gioacchino Murat, definisce per esempio Mezzofanti «il poliglotta d'Europa»[77] e gli invia una lettera con la trascrizione di due testi (o forse due diverse versioni del medesimo testo) in caratteri non latini, pregandolo di «voler dare uno sguardo [...] e fornirgli l'indicazione delle lingue a cui appartengono e il loro senso e dettato».[78] Diventando una celebrità,[79] da un lato

74. «Per provare che la odierna nostra lingua [...] sia un vero [...] resto della lingua atlantica [...] la più antica che si conosca nel nostro globo», BCABo, F.S. Mezzofanti, Cart. XXXVIII, 45, Giorgio Grognet de Vassé, La Valletta, 7 ottobre 1841.

75. Sulla correlazione tra la costruzione della narrazione nazionalista, imperialista e colonialista e lo sviluppo dell'archeologia si vedano: Bruce Trigger, *Romanticism, Nationalism, and Archeology*, in *Nationalism, Politics, an the Practice of Archaeology*, a cura di Philip L. Kohl, Clare Fawcett, Cambridge, Cambridge Universiy Press, 1996, pp. 263-279; Id., *Alternative Archaeologies: Nationalist, Colonialist, Imperialist*, in «Man», 19/3 (1984), pp. 335-370; Philip L. Kohl, *Nationalism And Archaeology: on the Construction of Nations and the Reconstruction of the Remote Past*, in «Annual Review of Anthropology», 7 (1998), pp. 223-246.

76. L'importanza di una dimensione pragmatica per Mezzofanti è stata sottolineata anche da Pasti. Cfr. Pasti, *Un poliglotta in biblioteca*, p. 38.

77. BCABo F.S. Mezzofanti, Cart. XIX, 5 Angelo Maria Ricci.

78. *Ibidem*.

79. Benché gli studi sociologici sulle celebrità riguardino frequentemente personalità del mondo delle arti del XX e XXI secolo e la loro relazione con i media, forse non è un'operazione anacronistica applicare a Mezzofanti, come individuo del XIX secolo, la categoria di "celebrità" nella sua accezione sociologica, compatibilmente con il suo inserimento nel quadro storico di analisi dei processi moderni di oggettificazione e celebrazione. Si vedano sul tema: Simon Morgan, *Historicising Celebrity*, in «Celebrity Studies», 1/3

Mezzofanti viene trasformato nella personificazione della sua qualità più riconosciuta e dall'altro la qualità stessa dell'individuo viene così cristallizzata e ritualizzata da subire una sorta di reificazione. Ne deriva un appiattimento monodimensionale della sua figura pubblica, ridotta, col suo poliglottismo, a soggetto meraviglioso. Si tratta di un processo a sua volta interno a quella deviazione dell'attenzione dall'oggetto inanimato al sé dell'individuo, tipica della stagione romantica, fino al punto in cui lo stesso sé viene riconvertito in oggetto inanimato: «turns the live into the static and vice versa».[80]

Tale meccanismo possiede la stessa matrice di fenomeni quali le etno-esposizioni di esseri umani. Guido Abbattista, nel suo *Umanità in mostra* (2013) individua due distinte forme di etno-esposizioni. La prima è quella che pertiene all'esibizione della difformità fisica o della provenienza esogena come caratteri di intrattenimento, propria dei *freak show* vittoriani.[81]

In essi l'esposizione assumeva caratteristiche catartiche per il pubblico, chiamato a confrontarsi con un set di «stravaganze, imperfezioni, errori della natura»,[82] che Foucault descrive, nella loro accezione ottocentesca, come deviazioni dalla reale mostruosità: quella rappresentata dalla natura stessa.[83] La seconda forma di etno-esposizione è quella «umana otto-novecentesca [...], legata al dato etnologico, alla condizione di "alterità" etno-antropologica»,[84] propria dei cosiddetti zoo umani. Questi corrispondono ad una diversa spettacolarizzazione,[85] interpretabile come il riflesso di una più esplicita impostazione colonialista e predatoria.

(2010), pp. 366-368; Adrian D. Wesolowki, *Beyond the Celebrity History: Towards the Consolidation of Fame Studies*, in «Celebrity Studies», 11/2 (2020), pp. 189-204. Mezzofanti potrebbe rientrare in quella categoria che Chris Rojek definisce *achieved celebrity* (coloro che conquistano una riconoscibilità in virtù di peculiari caratteristiche, indipendentemente dal *background* di origine) ma anche in quella di *attributed celebrity* (conquista di una fama che coincide con l'essere di per sé una celebrità). Si veda: Chris Rojek, *Celebrity*, London, Reaktion Books, 2001, *passim*.

80. Cfr. Benedict, *Curiosity*, p. 209.

81. Cfr. Abbattista, *Umanità in mostra*, p. 61.

82. Michel Foucault, *Gli anormali. Corso al Collège de France (1974-1975)*, Milano, Feltrinelli, 2004 (2000) (ed. orig. *Les Anormaux. Cours au Collège de France 1974-1975*, 1999), p. 72.

83. *Ibidem*.

84. Abbattista, *Umanità in mostra*, p. 61.

85. Cfr. ivi, p. 80.

Entrambe le forme costituiscono fenomeni essenzialmente sovrapponibili nel corso dell'Ottocento,[86] scaturiti dalle interazioni globali della prima età moderna[87] e da un incontro con l'alterità che veniva pensato in termini di asimmetrie politiche.

Se è vero che sulle conoscenze di Mezzofanti si produce una spettacolarizzazione, allora forse non è improprio parlare nel suo caso di creazione di un diverso tipo di *freak*, la cui peculiarità non è fisica ma intellettuale,[88] una difformità emblematica di una curiosità ottocentesca multiforme[89] e che comprende tutte le categorie sin qui analizzate, come un ideale punto di sutura tra il fossile e il mostro,[90] tra il genio intellettuale e il fenomeno di spettacolo.

5. *Il "problema Babele": limbo letterario, oblio storiografico e riscoperta*

«Quando me ne andrò non lascerò vestigio alcuno di quello che so».[91] Con queste parole Mezzofanti sembra preconizzare il destino a cui andrà incontro il suo lascito intellettuale. In effetti il decadimento dell'interesse nei suoi confronti è relativamente rapido. La produzione monografica che copre i decenni immediatamente successivi alla sua morte (1849) raccoglie la narrazione che si è fatta di Mezzofanti in vita, raggiungendo un livello di dettaglio e accuratezza che riduce al minimo i vuoti di documentazio-

86. Cfr. ivi, p. 62.

87. *Ibidem*.

88. Sul tema della relazione tra linguistica, abilità intellettuali e caratteristiche fisiche del *freak* si veda l'analisi della creatura bicefala protagonista di *Les têtes a Papineau*, satira sociopolitica del romanziere canadese Jacques Godbout. Cfr. Flaugh, *Operation Freak*, pp. 115-116.

89. L'interesse per Mezzofanti come "profilo eccentrico" e del suo talento come più performativo che scientifico ben rappresentano la solidità di quel meccanismo di intersezione tra attività scientifica (e para-scientifica), di spettacolarizzazione e di collezione che si consolida nel corso nel XIX secolo, popolando anche la narrativa di protagonisti bizzarri, a effetti, originali che riflettono l'entusiasmo per questo tipo di circuito. Sul tema si veda: Victoria Carroll, *Science and Eccentricity: Collecting, Writing and Performings Science for Early Nineteeth-Century Audience*, London, Routledge, 2016 (2008).

90. Il riferimento a mostri e fossili è tratto da Foucault. Cfr. Michael Foucault, *Le parole e le cose. Un'archeologia delle scienze umane*, Milano, BUR, 1988 (1966) (ed. orig. *Les mots et les choses*, 1966), *passim*.

91. Mezzofanti, citato da Russell, *Vita del Cardinale Giuseppe Mezzofanti*, p. 257.

ne.[92] Al tempo stesso, queste biografie appaiono spesso contraddistinte da un atteggiamento apologetico e riabilitante rispetto alle critiche anticattoliche mosse a Mezzofanti. Si consegna così l'esperienza al mito ma al contempo la si intrappola in esso, confinando il resto dell'analisi in uno spazio piuttosto residuale della storia locale della Bologna preunitaria. Su questo confinamento incidono, a mio parere, almeno quattro diversi fattori. Il primo è la volatilità dell'elaborazione scientifica prodotta dal cardinale: Mezzofanti non pubblica, né stabilisce dei vettori di trasmissione duraturi; non crea una cerchia di allievi attorno a sé e non sembra particolarmente interessato ad assicurarsi che il suo sapere venga tramandato oltre lo spazio di una o due generazioni:

> Io seguito in Bologna il mio solito tenore, e non ne sono scontento non credendomi capace di alzarmi a voli più arditi. La vita oscura sembra la più adatta a me.[93]

Il suo caso riecheggia quello del francese Nicolas-Claude Fabri de Peiresc che, nel XVII secolo, sviluppa un modello di erudizione con diramazioni in tutto il bacino del Mediterraneo, incarnando il profilo dell'umanista europeo della sua epoca e rimanendo tuttavia spesso all'ombra di altre figure.[94] Sia Peiresc che Mezzofanti non danno alle stampe i propri lavori e subiscono lo "snobismo" della critica. Mezzofanti non possedeva la medesima originalità di Peiresc, ma i due condividono una stessa visione della conoscenza come impresa collettiva di privati, destinata ad occupare l'esistenza del singolo e del suo circuito più prossimo, senza necessariamente

92. Seguendo lo stato dell'arte accuratamente ricostruito da Franco Pasti si segnalano, tra i biografi maggiori, oltre ai già citati Stolz, Watts, Manavit, Russell e Cavedoni: Cesare Guasti, *Il Cardinale Mezzofanti*, in «Archivio Storico Italiano», n.s., 2/1 (1855), pp. 220-226; Vincenzo Mignani, *Cenno biografico del Cardinale Giuseppe Mezzofanti, bolognese, con l'elenco di tutte le lingue e dialetti dal medesimo parlati*, Bologna, Soc. Tip. Dei Compositori, 1871; Johann Chrysostomus Mitterrutzner, *Joseph Kardinal Mezzofanti der grosse Polyglott. Eine Lebensskizze*, Brixen, Wegen, 1885; Luigi Magnani, *Brevi cenni intorno alla vita e agli scritti del Card. Giuseppe Mezzofanti aggiuntivi alcuni versi inediti di lui e un ricordo di quanto fu detto e scritto per la solenne commemorazione del sommo poliglotta fattasi nella ricorrenza del 50° anniversario della morte*, Bologna, Tipografia Pontificia Mareggiani, 1899. Cfr. Pasti, *Un poliglotta in biblioteca*, pp. 30-40.

93. Mezzofanti in una lettera inviata a Marescalchi, in Russell, *Vita del Cardinale Giuseppe Mezzofanti*, p. 55.

94. Sull'analisi del profilo di Peiresc si veda: Peter Miller, *Peiresc's Europe: Learning and virtue in the seventeenth century*, New Heaven-London, Yale University Press, 2000.

trascenderli.[95] Gli "eredi" diretti di Mezzofanti, che si possono rintracciare per lo più nell'ambito religioso e degli studi glottologici, costituiscono perciò una categoria piuttosto aleatoria, poiché la consistenza dei contatti[96] non è tale da far pensare a Mezzofanti come mentore "di peso" nella formazione delle generazioni successive. Nel complesso, è più opportuno parlare di una sua compartecipazione alla creazione di una stagione di dibattito intellettuale. A ciò si lega il secondo fattore che determina il lungo anonimato di Mezzofanti, ossia la fine della prassi performativa-dimostrativa del talento: una volta scomparso l'individuo e rendendosi impossibile la verifica diretta del suo talento, la sua intera storia perde una parte importante di attrattività, poiché il fenomeno in sé non è più interrogabile né riproducibile. Se non ci sono più testimonianze dirette della «ragion pratica»[97] del suo talento e se Mezzofanti non può più dare prova di se stesso, perde il proprio spazio memoriale.

Il terzo fattore di influenza è invece di natura politica: Mezzofanti muore a Roma nel 1849, mentre è in corso un processo di destabilizzazione del quadro politico-amministrativo in cui un funzionario governativo, quale Mezzofanti era nella fase finale della sua vita, non poteva non essere coinvolto. Come già rilevato da Libri, l'anticlericalismo giocò un ruolo importante nell'estromissione di Mezzofanti dal novero degli intellettuali della penisola che potevano essere funzionali alla costruzione del discorso risorgimentale e, soprattutto, alla trasformazione di Roma in un terreno politicamente contendibile che non rappresentasse più il cuore del dominio universalistico cattolico, ma il centro della rinascita nazionale laica. Non solo Mezzofanti era vicino ad alcuni dei bersagli favoriti della propaganda, come i gesuiti, caricaturalmente dipinti come figure oscure, inquietanti e deviate rispetto alle naturali inclinazioni umane,[98] con un fitto apparato metaforico che insiste sui canoni del mostruoso; ma il suo profilo era interessato anche da quello stesso discorso estetizzante "orientalista" descritto da Manuel Borutta (2012) e che riguardava, per

95. *Ibidem*.

96. Con l'eccezione forse del Vicario Apostolico in Cina Ludovico Besi e di Ippolito Rosellini.

97. Cavedoni, citato in Pasti, *Un poliglotta in biblioteca*, p. 38.

98. «Jesuits appeared as sinister, tall and thin [...] In general, the clerical way of life was represented as innatural», Manuel Borutta, *Anti-Catholicism and the Culture War*, in *The Risorgimento Rivisited: Nationalism and Culture in Nineteenth-Century Italy*, a cura di Silvia Patriarca e Lucy Riall, London, Palgrave Macmillan, 2014, pp. 191-213, p. 200.

estensione, Roma e l'Italia intera.[99] Gli autori che avevano inventato il lessico per descrivere Mezzofanti – i viaggiatori come Byron, ad esempio – erano gli stessi che avevano descritto Roma con categorie esotizzanti.[100] Il discorso sfociava perciò in una polarizzazione che contrapponeva la Roma pontificia, immobile, "orientale" dei papi alla Roma laica, moderna e "occidentale"[101] dei liberali. È possibile che, in un quadro del genere, una certa visione di Mezzofanti quale esponente di una Chiesa dipinta come una sorta di monarchia orientale possa essere filtrata nella narrazione, scavalcando anche le più consce intenzioni dei suoi detrattori. Tutto ciò che Mezzofanti rappresentava – la causa cattolica universalista – non era perciò più funzionale alla narrazione risorgimentale e dunque venne dismesso.

Un quarto e ultimo fattore probabilmente intercorso è di natura forse più prosaica e riguarda l'eredità materiale, oltre che spirituale, di Mezzofanti. «Un principe della Chiesa senza principato»,[102] così venne definito. In altre parole, un *outsider* che non disponeva dei mezzi sufficienti ad assicurarsi un'impronta duratura nel tempo. Ciò rendeva l'ascesa di Mezzofanti un evento destinato a non mettere radici più profonde. Il suo lascito testamentario[103] ebbe come principali beneficiari i nipoti, in particolare Gaetano Minarelli che trattò la vendita del patrimonio librario dello zio alla Biblioteca Universitaria,[104] nonché la cessione del *corpus* di manoscritti e lettere alla Biblioteca Comunale dell'Archiginnasio nel 1858,[105] *corpus* che oggi compone il Fondo Speciale Mezzofanti e che costituisce il principale bacino di raccolta di fonti sul cardinale.

Marginalizzato dalla storiografia, Mezzofanti sopravvisse, in seguito, in un limbo creato dalla narrativa novecentesca. Il suo ricordo rimase tra le pieghe di uno spazio che non richiedeva attendibilità delle fonti e che già dal XIX secolo aveva iniziato a prestare una particolare attenzione alle

99. Cfr. ivi, p. 201.
100. Cfr. ivi, p. 202.
101. Cfr. ivi, p. 203.
102. Sorge, *Mezzofanti "Romano"*, p. 168.
103. BCABo, F.S. Mezzofanti, Cart. LXVIII, 50, 13 gennaio 1848.
104. Si vedano i documenti sulla compravendita in: BCABo, F.S. Mezzofanti, Cart. LXVII, 46.
105. La compravendita gestita da Minarelli e da Luigi Frati si concluse con l'acquisizione dell'intero fondo al prezzo di 200 scudi romani. Cfr. Pasti, *Un poliglotta in biblioteca*, pp. 162-163.

anomalie umane.[106] Mezzofanti è così un nome che si incontra casualmente nel flusso allucinatorio del *Finnegans's Wake* di James Joyce (1939);[107] o il termine di paragone che descrive il genio bibliotecario Jakob Mendel, protagonista del racconto di Stefan Zweig, *Mendel dei libri* (1929).[108] Si realizza così un ritorno a quella dimensione fantastica in cui si era costruito il suo mito, a partire da quella prima "fatidica" descrizione di Byron. Un nuovo interesse scientifico inizia a riconfigurarsi nella prima metà del Novecento e perdura fino alla fine degli anni Sessanta, dando origine a una seconda generazione di biografi, soprattutto tra gli autori di storia locale.[109] Questi aggiungono dettagli e particolari ai resoconti della prima generazione, aprendo contestualmente la strada ad un processo di riesame filologico del caso studio, che verrà poi condotto più approfonditamente da quella che possiamo definire la terza generazione di studiosi, attivi soprattutto partire dagli anni Ottanta e Novanta.[110]

106. Leslie Fiedler, *Freaks. Miti e immagini dell'Io segreto*, Milano, Il Saggiatore, 2009 (ed orig., *Freaks: Myths and Images of the Secret Self*, 1978), p. 268.

107. «Whence. Quick lunch by our left, wheel, to where. Long Livius Lane, mid Mezzofanti Mall», James Joyce, *Finnegan's Wake*, London, Penguin, 2000 (1976) (ed. orig. 1939), p. 260.

108. «Jakob Mendel era tuttavia, nella sua perfezione unica, un fenomeno non meno rilevante di quella di Napoleone per le fisionomie, di Mezzofanti per le lingue, di Lasker per le aperture negli scacchi, di Busoni per la musica», Stefan Zweig, *Mendel dei libri*, Milano, Garzanti, 2022 (2016) (ed. orig. *Buchmendel*, 1928), p. 23.

109. Tra i maggiori si ricordano: Vincenzo Maria Pellegrini, *Il cardinale Giuseppe Mezzofanti. L'uomo che parlava 114 lingue*, La Valletta, Edizioni L'Isola, 1934; Mario De Camillis, *Il Cardinale Giuseppe Mezzofanti principe dei poliglotti*, Roma, Tipografia Lucci, 1937; Giuseppe Ricciotti, *Il Cardinale Poliglotta*, in «Ecclesia», 9 (1949), p. 460; Luciano Meluzzi, *Il Cardinale Giuseppe Gaspare Mezzofanti poliglotta e bibliotecario*, Bologna, Tip. Vighi e Rizzoli, 1963. Cfr. Pasti, *Un poliglotta in biblioteca*, pp. 40-42 (cfr. Pasti, *Un poliglotta in Biblioteca*, pp. 39-40).

110. Antesignani di questa nuova generazione si possono considerare i linguisti Teza e Tagliavini, attivi fra la seconda metà dell'Ottocento e l'inizio del Novecento. Pasti cita: Emilio Teza, *Saggi inediti di lingue americane*, Pisa, Nistri, 1868; Carlo Tagliavini, *Discorso sulla lingua Valacca del Cardinal Giuseppe Mezzofanti*; Id., *La lingua degli Indi Luiseño*, in «Bollettino dell'Archiginnasio», s. 2, 31 (1926), pp. 5-55. Id., *Notizie intorno ad alcuni manoscritti sconosciuti del Card. Mezzofanti esistenti a New York*, in «Comune di Bologna», 17 (1929); Id., *Panorama di storia della filologia germanica*, Bologna, Pàtron, 1968 (cfr. Pasti, *Un poliglotta in Biblioteca*, pp. 42-43.) Nel novero figurano: Nina Kauchtschischwili, *Il cardinale Giuseppe Mezzofanti e il mondo culturale russo dell'800*, in *Studi in onore di Arturo Cronia*, Padova, Università degli Studi di Padova, 1967, pp. 261-278; Piero Cazzola, *I corrispondenti russi del Cardinale Mezzofanti*, in «Il Carrobbio», 3 (1977), pp. 131-148;

La monografia di Franco Pasti (2006) funge da raccordo tra questa stagione di contributi e quella successiva.[111] Questa nuova serie di scritti è accompagnata da un cambio di paradigma, parzialmente emerso già negli anni Sessanta. Non ci si concentra più esclusivamente sulle vicende biografiche o sull'enigma del poliglottismo, preferendo l'analisi storiografica del Fondo, con approcci per lo più linguistici e di storia locale, cui si affiancano nuove prospettive analitiche. Con due tendenze evidenti: l'allargamento del fronte di ricerca a materiali diversi da quelli genericamente definiti "orientalisti" (ad esempio, con il recupero dei contributi americanisti) e il riposizionamento di Mezzofanti in una più estesa rete di relazioni sociali. Se è raro che Mezzofanti sia il solo protagonista al centro questi studi, diventa perlomeno più frequente l'utilizzo del suo Fondo documentale.[112] A partire dai primi anni

Id., *A proposito dei rapporti fra il Cardinal Mezzofanti e il mondo culturale russo dell'800*, in «Spicilegio Moderno», 8 (1977), pp.22-35; Id., *Testi russi della libreria Mezzofanti alla Biblioteca Universitaria*, in «Il Carrobbio», 6 (1980), pp. 89-103; Maria Pia Cesaretti, *La corrispondenza di Ippolito Rosellini al Cardinale Giuseppe Mezzofanti*, in «Atti e Memorie della Deputazione di Storia Patria per le Province di Romagna», 35 (1984), pp. 195-209; Gabriella Uluhogian, *Studenti armeni a Bologna nella cerchia del Mezzofanti*, in «Il Carrobbio», 14 (1988), pp. 323-331; Laura Laurencich Minelli, *Cardinal Giuseppe Mezzofanti. Scholar of American Indian Languages: His Studies and His Manuscripts*, in «European Review of Native American Studies», 4/2 (1990), pp. 27-30. Una ricca sequenza di studi dedicati a Mezzofanti si colloca nella raccolta di contributi *La Benedizione di Babele. Contributi alla storia degli studi orientali e linguistici e delle presenze orientali a Bologna*, a cura di Giorgio Renato Franci, Bologna, Clueb, 1991. Tra gli autori: Andreina Albanese, *Indagine preliminare sul materiale cinese e di argomento sinologico del Fondo Mezzofanti della Biblioteca Universitaria di Bologna*, pp. 173-197; Piero Cazzola, *I corrispondenti russi del poliglotta Mezzofanti*, pp. 119-136; Laura Laurencich Minelli, *Il cardinale Mezzofanti americanista*, pp. 151-157; Sorge, *Mezzofanti "Romano"*; Gabriella Uluhogian, *Il card. Mezzofanti tra armeno e armeni*, pp. 137-150 (per questo elenco cfr. Pasti, *Un poliglotta in Biblioteca*, pp. 43-44).

111. Si segnalano: Marchetti, *L'americanismo e la cultura dei gesuiti espulsi in Italia*, *passim*; Maria Carmela Betrò, *Tra Bologna e Pisa. Una lettera inedita del Cardinale Mezzofanti a Ippolito Rosellini*, in *Aegyptiaca et Coptica. Studi in onore di Sergio Pernigotti*, a cura di Paola Buzi, Daniela Picchi e Marco Zecchi, Oxford, BAR publishing, 2011, pp. 21-26; Raúl Francisco Sebastián Solanes, *De la crisis total a la restauración. El cardenal Mezzofanti y la Biblioteca Real del Real Colegio de Espania en Bologna*, in «Boletín de la Real Academia de la Historia», 212/2 (2016), pp. 377-399; Simone Marchesani, *The Church in Bologna and Giuseppe Mezzofanti, Professor and Librarian: New Papers*, in «TECA», n.s., 10/2 (2020), pp. 9-30. Bruno Simili, *Caratteri, bozze di stampa e «animi cortesi». Le lettere tra Giuseppe Mezzofanti e Giambattista Bodoni*, in «L'informazione bibliografica», 29/3 (2003), pp. 293-298.

112. Si tratta di contributi che centralizzano il Fondo e le relazioni internazionali ivi rappresentate più che il personaggio di Mezzofanti: Ernest J. Burrus, *Research Opportu-*

2000 Mezzofanti torna ad essere materia di studio della linguistica[113] e delle neuroscienze, con particolare attenzione al multilinguismo. Il tema torna a interessare anche curiosi e ricercatori freelance, dando origine ad una produzione che, partendo da un'analisi documentaria del Fondo, ha incoraggiato la riscoperta del personaggio e ne ha determinato un ritorno di popolarità: su tutti, vale la pena ricordare i due volumi di Michael Erard.[114] Anche sul web si registra una crescita di interesse amatoriale: ai portali di *free translation* e *reference* individuati da Pasti già nel 2006,[115] si uniscono articoli su blog[116] e sulle versioni online dei quotidiani nazionali e internazionali,[117] forum e ca-

nites in Italian Archives and Manuscript Collections for Students of Hispanic American History, in «The Hispanic American Historical Review», 39/3 (1959), pp. 429-463; Id., *Hispanic Americana in the Manuscripts in Bologna, Italy*, in «Manuscripta», 3 (1959), pp-131-147; Eulalia Guzmán, *Manuscritos sobre Mexico en Archivos de Italia*, Ciudad de Mexico, Sociedad Mexicana de Geografia y Estadistica, 1964; María Teresa Cacho, *Manuscritos Hispánicos de las biblioteca de Parma y Bolonia*, Kassel, Reichenberger, 2009. Alcuni di questi contributi indagano inoltre le tracce documentarie di altri intellettuali con cui Mezzofanti aveva avuto contatti. Tra questi: Lisbeth Haas, *Pablo Tac, Indigenous Scholar: Writing of Luiseño Language and Colonial History. 1840*, Berkley-Los Angeles, University of California Press, 2011; Piciulo, *I gesuiti americani espulsi*; Ead., *Joaquín Camaño e il network di un grande collaboratore*.

113. Diego Ardoino, *Qualche considerazione sulla personalità e il poliglottismo del cardinale Giuseppe Mezzofanti*, in *Relazioni trans(n)azionali. L'Italia(no) punto di partenza e approdo di lingue e culture diverse. Italipolis. Collana di studi italianistici. Vol. 6*, a cura di Marta Kaliska e Diego Ardoino, Warszawa, Wydawnictwo DiG, 2022, pp. 157-171.

114. Erard, *Babel No More*; Id., *The Polyglot of Bologna*, in «The Public Domain Review», 2012: https://publicdomainreview.org/essay/the-polyglot-of-bologna (ultima consultazione 29/05/24). Ha curato inoltre un intervento per *Talk at Google:* https://www.youtube.com/watch?v=KmzgB7PomUA (ultima consultazione 29/05/24); riferimenti al poliglottismo di Mezzofanti si riscontrano anche in studi relativi ad altri poliglotti del XIX secolo, di cui si indaga l'iperpoliglottismo in relazione alle relazioni internazionali. Si veda ad esempio: *Polyglot From the Far Side of the Moon: The Life and Works of Solomon Caesar Malan (1812-1894)*, a cura di Lauren F. Pfister, Abingdon-New York, Routledge, 2022.

115. Cfr. Pasti, *Un poliglotta in biblioteca*. p. 44.

116. A Mezzofanti è intitolato il blog sull'apprendimento rapido delle lingue: *The Mezzofanti Guild. Language Learning Made Simple*: https://www.mezzoguild.com/ (ultimo accesso 29/05/24). Se ne fa menzione anche su varie piattaforme come *Languagehat*: http://languagehat.com/mezzofantis-languages/ (ultimo accesso 29/05/24); e *Wonders & Marvels*: Colin Dickey, *The Twice-Bought Head of Cardinal Mezzofanti*, in «Wonders & Marvels», novembre 2009, https://www.wondersandmarvels.com/2009/11/the-twice-bought-head-of-cardinal-mezzofanti.html (ultimo accesso 29/05/24).

117. Mezzofanti è menzionato in un "botta e risposta" sulla rubrica di Marco Tarquinio e Raffaele Romanelli su «L'Avvenire.it», Marco Tarquinio, *Un «Interprete Uni-*

nali *youtube* sull'apprendimento delle lingue.[118] Mezzofanti fa la sua ricomparsa in opere di narrativa e gli vengono dedicati eventi e dibattiti pubblici.[119] In questo proliferare di materiale, permane tuttavia un residuo tenace di quello che definirei un "problema Babele": non è ancora totalmente compiuto infatti quel processo di separazione di Mezzofanti dall'immaginario che gli è stato cucito addosso e che spesso ne deforma il valore storiografico.

6. *Come sopravvivere al proprio mito*

In questo capitolo si è tentato di evidenziare la duttilità dello schema semantico che è al centro del processo mitizzante su Mezzofanti e di dimo-

versale», figlio del Popolo e della Chiesa. Dimenticato, in «L'Avvenire.it», 5 ottobre 2016, https://www.avvenire.it/opinioni/pagine/un-interprete-universale-figlio-del-popolo-e-della-chiesa-dimenticato (ultima consultazione 29/05/24). Id., Raffaele Romanelli, *«Mezzofanti non è dimenticato». Molto bene, leggeremo...*, in «L'Avvenire.it», 7 ottobre 2016, https://www.avvenire.it/opinioni/pagine/mezzofanti-non-e-dimenticato (ultima consultazione: 29/05/24). Il giornalista Gabriele Romagnoli gli ha dedicato di recente un articolo sulla rubrica "La prima cosa bella" quale esempio di «superamento della frontiera umana». Cfr. Gabriele Romagnoli, *La prima cosa bella*, in «Rep: Repubblica», 15 agosto 2019, https://www.repubblica.it/rubriche/2019/08/15/news/la_prima_cosa_bella_di_giovedi_15_agosto_2019-300794834/ (ultima consultazione 29/05/24). Si segnalano anche l'articolo di Enrico Pitzianti, *Poliglotti per Niente*, in «Esquire», 06 settembre 2018, https://www.esquire.com/it/cultura/a22942808/poliglotti-per-niente/ (ultima consultazione 29/05/24); e LinkPop, *Vuoi imparare tante lingue? Prendi esempio dal Cardinale Mezzofanti, il prodigio assoluto*, in «Linkiesta», settembre 2019, https://www.linkiesta.it/2019/09/cardinale-mezzofanti-lingue/ (ultima consultazione 29/05/24). Cfr. inoltre Xan Rice *The Man Who Speaks 32 Languages-and Counting*, in «New Statesman», 3 agosto 2015, https://www.newstatesman.com/long-reads/2015/08/man-who-speaks-32-languages-and-counting#:~:text=Ikonomou%20works%20from%2021%20of,Old%20Church%20Slavic%20to%20Sogdian (ultima consultazione 29/05/24); Judith Thurman, *The Mistery of People Who Speak Dozens of Languages: What Can Hyperpolyglots Teach the Rest of Us*, in «The New Yorker», 3 settembre 2018, https://www.newyorker.com/magazine/2018/09/03/the-mystery-of-people-who-speak-dozens-of-languages (ultima consultazione 29/05/24). Luke Coppen, *The Cardinal Who Won a Cursing Contest, allegedly*, in «The Pillar», 4 ottobre 2022, https://www.pillarcatholic.com/p/the-cardinal-who-won-a-cursing-contest-allegedly (ultima consultazione: 18/10/2024).

118. Canale Youtube *Mezzofanti Guild*, https://www.youtube.com/channel/UCRCPQvTs96frBB8X5eGVE4w (ultima consultazione 29/05/2024).

119. Mezzofanti è protagonista di uno dei racconti della *Trilogia romana* di Roberto De Mattei (Chieti, Solfanelli, 2018) e del *reading* teatrale *L'uomo di Babele*, a cura di Gabriele Marchesini nell'ambito della rassegna estiva *Zambe*, Bologna, 12 luglio 2018.

strare come la stratificazione di un preciso linguaggio – fatto di allegorie, cliché e formule retoriche di derivazione romantica – abbia condizionato, a lungo e profondamente, la possibilità di condurre ricerche che prescindessero dall'enigma linguistico. Tuttavia, una volta scomposta questa grammatica, in modo da rinunciare all'«abusato catalogo di metafore, paragoni, iperboli, personificazioni»,[120] la storia del Mezzofanti *polytropos* mostra di poter fornire ancora nuove lenti analitiche.

Mezzofanti ha rappresentato agli occhi dei contemporanei un soggetto ideale da plasmare in una cultura costantemente alla ricerca di un eccezionale da esplorare e raccontare. È una definizione calzante, dunque, quella coniata da Libri, di "personaggio da leggenda o da romanzo". Se consideriamo poi il romanzo ottocentesco come un dispositivo che è insieme di superamento e di incontro tra piani apparentemente opposti, allora il concetto di Mezzofanti come "uomo da romanzo" può dischiudere nuovi significati. Se il romanzo può essere anche uno strumento per immaginare uno spazio differente di relazione locale/globale, allora il Mezzofanti "personaggio da romanzo" diventa anche esempio di un'intersezione tra questi stessi piani: un rappresentante locale[121] di uno spirito collettivo proto-nazionale italiano (raccontato insieme ai paesaggi, al territorio e alla produzione artistica) ma anche dello spirito universalista cattolico.

Il suo mito non risulterà più, in questo modo, un costrutto astratto ed essenzialmente improduttivo, ma il cuore di un particolare racconto sul mondo che cerca di conciliare piani opposti.

120. Pasti, *Un poliglotta in biblioteca*, p. 25.

121. Robert Turnbull, *The Genius of Italy: Being Sketches of Italian Life, Literature and Religion*, London, David Bogue, 1849, p. 140.

3. Oltre l'eccezione: il Fondo Mezzofanti tra connessione e disconnessione

1. *Una riconversione metodologica?*

Giuseppe Mezzofanti è stato un uomo *eccezionale*. Ma questa eccezionalità può non vuol dire molto, di per sé. Per superare una certa marginalità e acquisire un più profondo valore storiografico, il suo caso deve essere problematizzato. Al centro di questo capitolo c'è dunque una proposta di analisi che verte sulla possibilità di ripensare l'eccezionalità di Mezzofanti, mettendola in relazione alla comunità intellettuale di cui il poliglotta faceva parte, nel quadro della penisola italiana preunitaria. Per fare questo è necessario, prima di tutto, introdurre alcune considerazioni sull'uso dell'eccezionalità stessa, in quanto categoria dell'analisi storica. In *Nondimanco* (2018) Carlo Ginzburg[1] sistematizza gli esiti di una lunga e densa indagine sul legame tra regola ed eccezione che attraversa tutto il percorso della sua celebre «via alla microstoria».[2] Partendo dalla nozione di «eccezionale normale»[3] postulata da Edoardo Grendi e da alcune considerazioni sulla «tensione»[4] politica tra norma ed eccezione, Ginzburg discute dell'interesse investigativo storico per il *caso*, inteso come uno spazio ambivalente che contempla «da un lato la generalizzazione, dall'altro la tensione tra norme

1. Carlo Ginzburg, *Nondimanco. Machiavelli, Pascal*, Milano, Adelphi, 2018.

2. Cfr. Carlo Ginzburg, *Il caso, i casi*, in «Doppiozero», 12 aprile 2019, https://www.doppiozero.com/materiali/il-caso-i-casi. L'articolo è una trascrizione della *lectio magistralis* tenuta da Ginzburg al Dipartimento di Filosofia dell'Università degli studi di Milano, 3 aprile 2019 (ultima consultazione 29/05/24).

3. Cfr. Edoardo Grendi, *Microanalisi e storia-sociale*.

4. Ginzburg, *Nondimanco*, p. 30.

Fig. 3a-b. Fettuccia con trascrizione in lingua araba di un amuleto, BCABo, F.S. Mezzofanti, Cart. VIII, 6.18. Foto Biblioteca Comunale dell'Archiginnasio di Bologna.

ed anomalie».[5] Secondo Ginzburg un caso implica «una serie, una comparazione, una generalizzazione implicita, anche se si tratta di un'anomalia»,[6] la cui ricchezza storiografica risiede però nella capacità di superare la norma, poiché quest'ultima «non può prevedere tutte le anomalie, mentre ogni anomalia per definizione implica la norma».[7] È possibile dunque ripensare metodologicamente proprio in questi termini l'eccezionalità di Mezzofanti, ossia come un fattore "in deroga alla norma", superando così i limiti informativi della *petite histoire* basata sull'aneddoto, per esplorare le potenzialità dell'anomalia come dispositivo critico.

Analogamente, anche il Fondo Speciale Giuseppe Mezzofanti, custodito nella Biblioteca Comunale dell'Archiginnasio di Bologna e principale fonte documentaria di questo lavoro, può essere soggetto a un ripensamento metodologico. La natura "tortuosa" del Fondo, coi suoi avvitamenti, i suoi grovigli, i suoi vicoli ciechi, costituisce indubbiamente un tratto intrigante, in grado di evocare un'idea di potenzialità vasta, nascosta, piena di risvolti insospettati. Eppure, questi vanno superati per riscoprine la logica costituiva interna. Attraverso un'analisi del tema delle reti intellettuali sarà così possibile tracciare un quadro organico che metta in relazione i documenti del Fondo, interpretandolo come prodotto di un'azione comunitaria di sedimentazione della conoscenza e non più come un "labirinto",[8] inserendo l'indagine nel più ampio filone sugli studi dei *network* intellettuali, per provare a raccontare Mezzofanti attraverso la sua partecipazione alla circolazione della conoscenza.

2. *Il potenziale delle anomalie: Mezzofanti tra microstoria e storia globale*

Nel racconto umoristico *Lord Brummel o Del non farsi notare*, contenuto nella raccolta *Vite degli uomini illustri*, Achille Campanile scrive: «"Guarda, guarda come non si nota!" E tutti se l'additavano bisbigliando: "È straordinario, non si nota affatto"».[9] Il paradosso è utilissimo ad esprimere il senso dell'anomalia. Questa non è mai un'entità monolitica, ma è sempre il risultato

5. Cfr. Ginzburg, *Il caso, i casi*, *passim*.
6. *Ibidem*.
7. *Ibidem*.
8. Già Michael Erard associava l'immagine del labirinto a Mezzofanti. Cfr. Erard, *Babel no more*, *passim*.
9. Achille Campanile, *Vite degli uomini illustri*, Milano, BUR, 2018 (1979), p. 116.

di un rapporto di reciproca influenza con il contesto entro il quale si sviluppa[10] ed è il fulcro della ricerca e della narrazione microstorica.[11] Come nota Francesca Trivellato, l'attrazione antropologica per le atipicità e le idiosincrasie documentarie[12] ha spesso influito sull'approccio alla ricerca, focalizzato sul valore dell'esperienza del singolo e sulla parallela volontà di generalizzare domande sulle strutture universali,[13] che inglobassero e insieme prescindessero dal caso esaminato. Sempre Trivellato rileva che, oltre alla scelta di peculiari fonti primarie e all'approccio sincronico[14] la ricerca microstorica tende a optare per l'analisi di soggetti maschi, bianchi, europei, prevalentemente legati alla dimensione rurale e *lower class*, che consentano di osservare, attraverso la loro esperienza, una molteplicità di fenomeni.[15] I protagonisti della letteratura microstorica riflettono infatti le ambizioni analitiche della prospettiva di riconciliare individuale e sociale; come ricorda Jacques Revel la microstoria seleziona come suo campo d'indagine un individuale che non è affatto in contraddizione con il sociale[16] ma che consente, attraverso la ricostruzione biografica del singolo o del gruppo,[17] di sbrogliare la «matassa delle relazioni»[18] in cui il caso stesso si sviluppa. Se considerata dunque come caso microstorico, la vicenda di Mezzofanti presenta un continuo dialogo tra tipicità e atipicità. Se ci si rifà al profilo dei tipi microstorici tracciato da Trivellato, Mezzofanti aderisce a buona parte dei canoni, compreso quello legato alla provenienza familiare *lower class*, benché il suo percorso lo porterà poi a inserirsi nelle élite locali. Allo stesso tempo, la vasta popolarità di Mezzofanti, controbilanciata dal suo (per lo più trascurabile) impatto intellettuale nella società di contemporanei, contribuisce a creargli attorno una sorta di bolla storiografica che limita l'applicazione della sola prospettiva micro-

10. Cfr. Jacques Revel, *Microanalisi e costruzione del sociale* (trad. it Marco Battistoni), in «Quaderni storici», 86/2 (1994), pp. 549-575.

11. Cfr. Carlo Ginzburg, *Microstoria: due o tre cose che so di lei*, in «Quaderni Storici», 29, 86/2 (1994), pp. 511-539.

12. «Inspired by anthropological rather than sociological models, Italian microhistorians were drawn to idiosyncratic figures and phenomena rather than to ordinary people and consistent patterns», Trivellato, *Is There a Future for Italian Microhistory*, p. II.

13. Cfr. Giovanni Levi (2011), cit. in Trivellato, *Is There a Future for Italian Microhistory*, p. III.

14. Trivellato, *Is There a Future for Italian Microhistory*, p. III.

15. *Ibidem*.

16. Revel, *Microanalisi e costruzione del sociale*, p. 555.

17. *Ibidem*.

18. *Ibidem*.

storica. Mezzofanti mostra infatti contemporaneamente tratti di continuità e discontinuità rispetto alla sua dimensione locale, al suo substrato intellettuale di riferimento e all'andamento della circolazione di idee testimoniato dal Fondo documentario. Si presenta quindi allo stesso tempo come eccezionale, nel suo emergere in quanto celebrità, e come normale nel suo rappresentare e tipizzare tratti della comunità cui appartiene,[19] incarnando così pienamente l'eccezionale-normale di Grendi, inteso come normale discontinuità[20] che non rappresenta l'universale ma è in esso compreso.

Il tema della rappresentatività universale dei soggetti scelti per l'analisi microstorica e, in senso più ampio, dei rapporti di scala tra "micro" e "macro" è del resto sempre stato centrale per la critica.[21] La scelta della microstoria di prestare attenzione a ciò che si distanzia dalla norma si traduce nella scoperta di singolarità che superano la contrapposizione, reale o apparente, di micro e macro, mostrando come il "micro" influenzi e venga influenzato dal "macro".[22] Questa dialettica è alla base del potere di connessione che caratterizza la microstoria ed è attorno al senso di questa connessione che si organizza la riflessione sulle possibilità di incontro tra la microstoria e la storia globale, che all'esplorazione delle connessioni stesse è fortemente radicata. Guardando all'inizio della sistematizzazione del concetto di *connected histories* di Sanjay Subrahmanyam[23] e della connessione come strumento di indagine della pluralità,[24] il percorso della *global history*, intesa come «forma

19. Come sottolineato da Matti Peltonen, l'eccezionale-normale della microstoria può essere letto alla maniera suggerita da Ginzburg, ossia quale "indizio-spia" di strutture profonde, sotterranee; o può identificarsi con la "deviazione significativa" dell'approccio marginale di Michel De Certeau; o ancora può intendersi come "il dettaglio significativo" dell'analisi periferica di Walter Benjamin. Cfr. Matti Peltonen, *Clues, Margins, and Monads: The Micro-Macro Link in Historical Research*, in «History and Theory», 40/3 (2001), pp. 347-359, p. 356.

20. Cfr. Christian G. De Vito, *History without Scale: The Micro-Spacial Perspective*, in «Past & Present», 242/14 (2019), pp. 349-372, p. 362.

21. Cfr. *Giochi di scala. La microstoria alla prova dell'esperienza*, a cura di Jacques Revel, Roma, Viella, 2006, *passim*.

22. Cfr. Revel, *Microanalisi e costruzione del sociale*, p. 566.

23. Cfr. Sanjay Subrahmanyam, *Connected Histories: Notes towards a Reconfiguration of Early Modern Eurasia*, in «Modern Asian Studies», 3/3 (1997), pp. 735-762.

24. La storia globale tratta le relazioni mondiali che emergono dall'intensificazione dei viaggi transcontinentali nel XVI secolo. Le successive sollecitazioni metodologiche, soprattutto novecentesche, provenienti da posizioni di rottura, come la stessa microstoria, la "storia dal basso" dei *subaltern studies* e della critica marxista e la visione post-coloniale, mettono in discussione l'ottica eurocentrica imponendo un ripensamento dei rapporti tra

di analisi storica nella quale fenomeni, eventi e processi vengono inquadrati in contesti globali»[25] si può considerare ancora in evoluzione, anche per quel che riguarda il dialogo con altri approcci disciplinari.[26] Per quanto riguarda le possibilità di intersezione tra microstoria e storia globale,[27] è in corso un vasto e articolato dibattito che si è costruito attorno alla contrapposizione-ricomposizione delle scale analitiche micro e macro, viste sommariamente come proprie l'una della microstoria e l'altra della storia globale.[28] Partendo da un esame del dibattito sull'intreccio di microstoria e storia globale, dunque, anche il caso Mezzofanti può veder crescere il suo potenziale informativo. Se adottare uno sguardo microstorico implica ristabilire la pertinenza allo scenario "macro" degli eventi e dei fenomeni in cui si definisce la sua esperienza "micro", l'inserimento dell'approccio globale accresce le domande sul significato del suo Fondo documentario, così ricco di testimonianze che raccontano di un'articolata rete di connessione.

3. *Agenti della connessione: i soggetti della microstoria intellettuale globale*

Gli eccezionali-normali della *global microhistory*[29] sono spesso degli «unusually cosmopolitan individuals»[30] che colpiscono non solo per la loro

le regioni del mondo. Cfr. Conrad, *Storia Globale*, pp. 35-42. Per una lettura della *global history* si vedano (tra gli altri): Dominic Sachsenmaier, *Global Perspectives on Global History: Theories and Approaches in a Connected World*, Cambridge, Cambridge University Press, 2011; *Mondi Connessi. La Storia oltre l'Eurocentrismo (secoli XVI-XVIII)*, a cura di Giuseppe Marcocci, Sanjay Subrahamanyam, Roma, Carocci, 2014; Sebastian Conrad, *What is Global History?* Princeton-Oxford, Princeton University Press, 2016.

25. Conrad, *Storia Globale*, p. 18.

26. Levi ha definito il rischio di labilità della *global history* paragonandola ad una bandiera sotto cui si pongono troppe navi. Cfr. Giovanni Levi, *Frail Frontiers?*, in «Past & Present», 242/14 (2019), pp. 15-49, p. 49.

27. Cfr. Jan de Vries, *Playing with scale: The Global and the Micro, the Macro and the Nano*, in «Past & Present», 242/14 (2019), pp. 24-35.

28. Come scrive Jan de Vries l'uso della microstoria può agire come un deterrente all'oscuramento dell'*agency* individuale, prodotto dall'allargamento di scala dell'osservazione globale. Di contro questa la convergenza rischia comunque di disperdere, la dimensione diacronica che caratterizza i processi storici e che potrebbe sfuggire all'analisi combinata. Cfr. de Vries, *Playing with Scale*, pp. 28-31.

29. Tonio Andrade, *A Chinese Farmer, Two African Boys and a Warlord: Toward a Global Microhistory*, in «Journal of World History», 21/4 (2010), pp. 573-591.

30. de Vries, *Playing with Scale*, p. 28.

capacità di riconciliare il globale con il locale, ma anche per l'implicito *appeal* narrativo della loro dimensione umana, vero e proprio elemento vivificante dell'indagine storiografica.[31] Le loro biografie sono quelle che Trivellato definisce «microstorie a proiezione globale»[32] e possono avere al centro individui o reti di individui,[33] le cui strategie vengono indagate per cogliere strutture profonde basate sulle connessioni. La connessione rappresenta solitamente, come scrive Roland Wenzlhuemer, un'unità di base[34] dell'indagine storica, che procede osservando quei soggetti che creano attivamente le connessioni, nonché il modo in cui le connessioni stesse agiscono nei soggetti che le costruiscono.[35] La connessione, che può rappresentare di per sé un concetto astratto, tende ad agganciarsi a quello altrettanto nebuloso di rete,[36] inteso come dispiegamento fisico e metaforico del meccanismo di relazione. In diverse accezioni fare storia globale significa indagare la connessione quale componente basilare delle reti infrastrutturali, sociali, politiche e culturali che si dispiegano su scala locale e sovra-locale. L'interesse verso il globale quale categoria di analisi ha causato una svolta[37] significativa anche per la ricostruzione della genesi dei sistemi di pensiero, delle idee e delle reti intellettuali entro cui le stesse idee si sviluppano. Secondo Samuel Moyn e Andrew Sartori esistono diversi modelli di indagine appli-

31. Tra gli esempi di microstorie globali narrativizzate si veda: Jonathan D. Spence, *L'enigma di Hu*, Milano, Adelphi, 1992 (ed. orig. *The Question of Hu*, 1988, trad. it. Mara Caira).

32. Francesca Trivellato, *Microstoria, storia del mondo e storia globale*, in *Microstoria*, p. 127.

33. Si vedano, ad esempio, Natalie Zemon Davis, *La doppia vita di Leone l'Africano*, Bari-Roma, Laterza, 2008 (ed. orig. *Trickster Travelers*, 2006, trad. it. Maria Gregorio); Linda Colley, *The Ordeal of Elizabeth Marsh. How a Remarkble Woman Crossed Seas and Empires to Become Part of World History*, London, Harper Perennial, 2007. James H. Sweet, *Domingo Álvares, African Healing, and the Intellectual History of the Atlantic World*, Chapel Hill, The University of North Carolina Press, 2011. Tra le biografie genealogiche o di gruppo si vedano, ad esempio, Emma Rothschild in *The Inner's Life of Empire. An Eighteenth-Century History*, Princeton-Oxford, Princeton University Press, 2011.

34. Roland Wenzlhuemer, *Doing Global History: An Introduction in 6 Concepts*, London, Bloomsbury, 2019, *passim*.

35. *Ibidem*.

36. Cfr. Conrad, *Storia Globale*, p. 88.

37. Sull'*international turn* (e sulla *global turn* conseguente) si veda, tra gli altri, David Armitage, *The International Turn in Intellectual History*, in *Rethinking Modern European Intellectual History*, a cura di Darrin M. McMahon, Samuel Moyn, New York-Oxford, Oxford University Press, 2013, pp. 232-251.

cabili nella *global intellectual history*, che prevedono l'uso di casi specifici per studiare un percorso di concettualizzazione[38] o scambio delle idee[39] e che evidenziano i punti di connessione.[40] Secondo Frederick Cooper l'approccio più produttivo è quello basato sull'osservazione dei profili degli intellettuali stessi, sugli intermediari, all'interno dei «multiple frameworks»[41] definiti dalle dimensioni locali e sovralocali, ricomprendendo anche i limiti dei percorsi.[42] Guardando dunque agli approcci che si focalizzano sull'interpretazione dell'attività degli intermediari nei circuiti globali di trasmissione della conoscenza,[43] si nota come essi tendano a prediligere figure estremamente peculiari di linguisti, traduttori, interpreti, che frequentano gli spazi di confine, materiale e immateriale: sono i cosiddetti *go-betweens*.[44] Questi vengono considerati i traghettatori effettivi del sapere, ricostruito attraverso le forme del loro *networking*.[45]

4. *Abbattere i feticci: la disconnessione nel caso Mezzofanti*

I protagonisti delle *global lives* sono dunque soggetti che producono connettività, spesso da posizioni di marginalità, affrontando la riformulazione continua dei propri spazi tra locale e globale, anche nell'attraversamento fisico dei confini. Siano essi avventurieri, missionari, commercianti, militari, intellettuali, mediatori culturali e linguistici, traduttori e che vivano queste condizioni contemporaneamente o alternativamente, i loro profili sembrano essere accomunati dall'immersione nell'alterità, da cui poi riemergono come negoziatori di multidimensionalità. È sempre tuttavia necessario, per evitare assolutizzazioni, tenere presente le specificità locali di questi profili globa-

38. Cfr. Samuel Moyn, Andrew Sartori, *Approaches to Global Intellectual History*, in Samuel Moyn, Andrew Sartori, *Global Intellectual History*, New York, Columbia University Press, 2013, pp. 3-30, p. 13.

39. Cfr. ivi, p. 24.

40. *Ibidem.*

41. Cfr. Frederick Cooper, *How Global Do We Want Our Intellectual History to Be*, in *Global Intellectual History*, pp. 283-294, p. 286.

42. *Ibidem.*

43. Cfr. Moyn, Sartori, *Approaches to Global Intellectual History*, p. 5.

44. Cfr. ivi, p. 9.

45. Cfr. ivi, p. 13.

li[46] e ricomprendere anche quegli eccezionali-normali anomali rispetto alle tipizzazioni prodottesi.

In questo, Mezzofanti può costituire un esempio interessante. Anche una volta assunto che il suo caso possa costituire un'anomalia compatibile con l'analisi microstorica, Mezzofanti continua infatti a eludere la norma. Le incongruenze ricorrono se si cerca di far aderire Mezzofanti alla categoria degli *unusually cosmopolitan individuals* essendo il suo un cosmopolitismo *sui generis*. Ma c'è di più: non solo Mezzofanti non vive esperienze di attraversamento di crocevia transnazionali, ma la sua intera "mitografia" di individuo della globalità si costruisce proprio a partire dall'assenza di questo specifico elemento. Il suo caso costituisce quindi una doppia anomalia, in un panorama di casi già di per sé anomali. Occorre perciò guardare a queste contraddizioni rispetto dell'idealtipo. Un aspetto che va precisato è che, per quanto possa apparire raro, il caso Mezzofanti non è certo un *unicum*. Benché il suo non si possa considerare un profilo anonimo, non si discosta troppo dalle vite dei «non-illustrious men»[47] dell'Atlantico di Codignola, rimanendo una figura liminale, tra straordinarietà e ordinarietà; né d'altro canto Mezzofanti è un *unicum* per la sua assenza di mobilità in uno scenario globale. Con la sua monografia *Global Entanglements of a Man Who Never Traveled* (2018) Dominic Sachsenmaier tratta infatti il caso dell'intellettuale cinese del XVII secolo Zhu Zongyuan.[48] Idealmente accomunati dall'essere esponenti di una comunità cattolica sempre più globalmente diffusa, allievi di maestri gesuiti stranieri, nati da nuclei familiari di provincia con un basso livello d'istruzione, ma anche rappresentanti di un'élite locale fortemente radicata e al contempo capace di mediare uno spazio con comunità allogene, Mezzofanti e Zhu sono ovviamente divisi dalle frontiere diacroniche e geografiche, oltre che dalle rispettive specificità. I loro casi non possono essere confrontati se non da un punto di vista strettamente metodologico. Attento a non stressare eccessivamente l'applicazione della categoria di globale[49] e riconoscendo di contro la preminenza del piano locale, Sachsenmaier indaga

46. Cfr. John-Paul A. Ghobrial, *The Secret Life of Elias of Babylon and the Use of Global in Microhistory*, in «Past & Present», 222/1 (2014) pp. 51-93, p. 56.

47. Cfr. Codignola, *Blurred Nationalities*, pp. 216-222.

48. Dominic Sachsenmaier, *Global Entanglements of a Men Who Never Traveled: A Seventeenth-Century Chinese Christian and His Conflicted Worlds*, New York, Columbia University Press, 2018.

49. Saschsenmaier, *Global Entanglements*, p. 10.

su un individuo che matura (pur senza viaggiare) dei contatti translocali[50] all'interno di un universo culturale tutt'altro che solipsistico[51] e ciò riafferma l'importanza di considerare il locale come un piano di molteplicità, al pari del globale, in cui l'assenza o l'interruzione di contatti coesiste al fianco delle connessioni. Dopotutto, come sottolinea Jeremy Adelman, per produrre un'efficace storia globale occorre misurarsi anche con le disgregazioni, oltre che con le aggregazioni,[52] con le divisioni, oltre che con le commistioni e guardare ai ripiegamenti, oltre che alle tensioni verso l'altro. Ciò rende, sostiene Christian G. De Vito, l'eccezionale-normale microscopico la componente che può evidenziare le «normal discontinuities, contradictions and fragmentations of history fabric»[53] e rifuggire così il rischio paventato da Ghobrial e ribadito da Sebastian Conrad[54] di appiattire ogni biografia in una visione monodimensionale della globalità. Intendendo l'assenza di mobilità di Mezzofanti, in particolare, come una forma di disconnessione o, più propriamente, come un generatore di connessioni alternative, è possibile dare sostanza all'invito di Conrad a non feticizzare[55] le categorie privilegiate dell'analisi globale, in particolare quella della mobilità, troppo spesso considerata alla stregua di un marchio distintivo[56] interamente sovrapponibile alla stessa *global history*.

Se letta dunque come una forma di disconnessione e rifocalizzazione sulla dimensione locale, l'assenza di mobilità in Mezzofanti può fornire lo spunto per esplorare nuove componenti della connessione, basate sulla ricerca intellettuale, sulla curiosità, sui mezzi che possono ovviare alla mancanza di esperienza diretta. La microstoria globale si costituisce, dunque, anche a partire da questo: dalla visione delle disconnessioni come complementari e non opposte alle connessioni. È questo a innescare una dinamica di compensazione e contro-bilanciamento dei rischi, sottolineati da De Vito, di semplificazione eccessiva indotta dai modelli di macroanalisi.[57] Ed è questo meccanismo, dunque, che attiva il potere delle ano-

50. Cfr. ivi, p. 17.
51. Cfr. ivi, p. 5.
52. Cfr. Jeremy Adelman, *What is global history now?*, 2017, https://aeon.co/essays/is-global-history-still-possible-or-has-it-had-its-moment (ultima consultazione 29/05/24), *passim*.
53. De Vito, *History without Scale*, p. 362.
54. Cfr. Conrad, *What is Global History?*, pp. 225-226.
55. *Ibidem*.
56. *Ibidem*.
57. Cfr. De Vito, *History without Scale*, p. 362.

malie micro-globali, rappresentate da Mezzofanti e altri soggetti simili: il metterne in circolo i significati, cosicché nella giustapposizione di locale e globale e nel continuo diluirsi di entrambi, i due piani non smettano mai di intersecarsi. Il caso studio non perde così spessore, poiché mantiene la funzione base di suscitare interrogativi.

5. *Come alberi genealogici: dagli* ego-network *alle comunità epistemiche*

Nel saggio del 2005 *Storia della globalizzazione*, Jürgen Osterhammel e Niels P. Petersson propongono la costruzione di una storia globale dal «basso»[58] e l'adozione del concetto di *rete*, quale modello descrittivo della dimensione spaziale dell'interazione nei circuiti di scambi commerciali, dei trasporti e delle comunicazioni. La rete diventa così un paradigma adeguato a rappresentare anche la trasmissione delle idee: lavorando sull'osservazione di nuclei identitari, interazioni, espansioni e contrazioni, è possibile dunque tracciare e scandagliare gli *intellectual networks*.[59] Su questo convergono numerosi studi di storia globale che propongono una lettura della produzione intellettuale come fenomeno di compartecipazione globale policentrico.

L'analisi dei carteggi consente di sintonizzarsi con le singolarità e richiede un continuo bilanciamento di prospettive, siano esse, come ricorda Marina Dossena, pragmatiche, lessicali o morfosintattiche.[60] Di norma si cerca di limitare l'impatto della «dispersione atomizzata»[61] di contenuto che contraddistingue gran parte delle fonti, affidandosi ai carteggi dei «personaggi che possono fregiarsi, a vario titolo, dello stigma

58. Jürgen Osterhammel, Niels P. Petersson, *Storia della Globalizzazione. Dimensioni, processi epoche*, Bologna, il Mulino, 2005 (ed. orig. *Geschichte der Globalisierung. Dimensionen, Prozesse, Epochen*, 2003, trad. it. Furio Ferraresi), p. 21.

59. Si veda: *Transnational Intellectual Networks: Forms of Academic Knowledge and the Search of Identities*, a cura di Christopher Charle, Jürgen Schriewer, Peter Wagner, Frankfurt am Main, Campus Verlag, 2004.

60. Cfr. Marina Dossena, *The Study of Correspondance: Theoretical and Methodological Issues*, in *Letter Writing in Late Modern Europe*, a cura di Ead., Gabriella Del Lungo Camiciotti, Amsterdam-Philadelphia, John Benjamins Publishing Company, 2012, pp. 13-30, p. 27.

61. *La scrittura epistolare dell'Ottocento. Nuovi sondaggi sulle lettere del CEOD*, a cura di Giuseppe Antonelli, Massimo Palermo, Danilo Poggiogalli, Lucia Raffaelli, Ravenna, Giorgio Pozzi Editore, 2009, p. 7.

di eccezionalità».[62] Questo vale particolarmente nel recupero degli *ego-network*,[63] percorsi analitici che esplorano una rete dalla prospettiva di un singolo soggetto. Come rileva Rachel Midura, la commistione di «emic and etic»[64] che si riscontra negli *ego-network* permette di osservare tanto la soggettività del caso studiato, quanto la lettura dei suoi rapporti intellettuali. Focalizzandosi sull'azione individuale essi permettono l'accesso a una dimensione multipla e collettiva dell'agire. Osservando epistolari come quello nel Fondo Mezzofanti è possibile, perciò, cogliere le caratteristiche della cerchia intellettuale di riferimento, quella «epistemic-community»[65] data dall'insieme di singolarità accomunate da codici condivisi che generano conoscenza.[66] Partire dalle comunità epistemiche riflesse nei fondi archivistici vuol dire perciò poter riconoscere e situare "alberi genealogici" che possano testimoniare la circolazione globale delle idee e l'origine multipla della produzione di conoscenza.

Una delle forme più rilevanti di comunità epistemica indagabile è certamente quella della "Repubblica delle lettere",[67] alla cui edificazione comparteciparono sin dal XVI secolo diversi profili di eruditi.[68] Nel corso dei secoli XVII e XVIII la Repubblica fu contraddistinta, in particolare, dall'«instaurarsi di una vasta e densa rete di scambi epistolari»,[69] attraverso cui venne promosso lo sviluppo di un cosmopolitismo, dapprima largamente accettato e, in seguito, eroso dai nazionalismi post-rivoluzionari. L'impatto dell'Illuminismo settecentesco rappresentò il canto del

62. *Ibidem.*

63. Si veda sul tema: René Sigrist, *Scientific Networks and Frontiers in the Golden Age of Academies (1700-1830): An Essay with New Data*, in *Networking Across Borders and Frontier. Demarcation and Connectedness in European Culture and Society*, a cura di Jürgen Barkhoff, Helmut Eberhart, Frankfurt am Main, Peter Lang, 2009, pp. 35-66, p. 12; Paul McLean, *Culture in Networks*, Cambridge, Polity Press, 2017.

64. Cfr. Rachel Midura, *Conceptualizing Knowledge Networks. Agents and Patterns of "Flow"*, in *Empires of Knowledge. Scientific Networks in the Early Modern World*, a cura di Paula Findlen, New York, Routledge, 2019, pp. 373-377, *passim.*

65. Haas, Peter M., *Epistemic Communities, Constructivism, and International Enviromental Process*, New York, Routledge, 2016, p. 7.

66. *Ibidem.*

67. Per una panoramica: Marco Fumaroli, *La Repubblica delle Lettere*, Milano, Adelphi, 2018 (2015) (ed. orig. *La République des Lettres*, 2015, trad. it. Laura Frausin Guarino).

68. Cfr. Hans Bots, Françoise Waquet, *La Repubblica delle lettere*, Bologna, il Mulino, 2005 (ed. orig. *La République des Lettres*, trad. it. Roberta Ferrara, 1997), pp. 63-65.

69. Ivi, p. 77.

cigno per questa esperienza di collaborazione culturale, che andò quindi riversandosi in nuove forme di diffusione del sapere. I valori e le aspirazioni maturate, ad ogni modo, non furono affatto spazzati via, tanto che gli intellettuali del XIX e del XX secolo possono essere considerati «i diretti e legittimi eredi dei cittadini della Repubblica delle lettere»,[70] da cui riprendono prospettive e contraddizioni.[71]

Il collasso della Repubblica delle Lettere (o, più propriamente la sua metamorfosi) non dissolse la volontà di comunicazione. Al contrario, in alcuni dei centri nevralgici della Repubblica, come la penisola italiana, si assistette al perdurare dei network di circolazione della conoscenza, veicolata tramite gli stessi strumenti dell'esperienza precedente (lettere, periodici, pellegrinaggi, soggiorni) all'interno della stessa tipologia di luoghi preposti alla condivisione, come università, accademie, circoli e spazi di incontro privati.[72] Se da una parte, infine, sarebbe inappropriato descrivere la Repubblica e le sue propaggini solo come un'intersezione più o meno dinamica di reti individuali, è pur vero che l'immagine di tale intersezione resta una componente importante per comprendere il funzionamento del network stesso.

L'analisi dei network della Repubblica può focalizzarsi su un singolo, nelle vesti di ideatore e costruttore della propria rete. Un solido esempio in letteratura è rappresentato dagli studi di Peter Miller sul già menzionato Peiresc (1580-1637). L'analisi di Miller su Peiresc ha il pregio di mettere in comunicazione l'archivio documentario personale di Peiresc (il suo arsenale,[73] come lo definisce Miller, di strumenti memoriali di raccordo e orientamento del sapere, custodito nei vari depositi archivistici francesi) con la storiografia dello spazio mediterraneo, presentando quest'ultimo

70. Ivi, p. 84.

71. A dispetto dell'autorappresentazione universalistica, la Repubblica si è sempre costituita come spazio gerarchizzato, europeista ed escludente, con un'organizzazione verticistica dei rapporti tra centri e periferie (cfr. ivi, p. 97). Ciononostante le comunità intellettuali, totalmente o parzialmente escluse dal circuito della Repubblica eurocentrica, hanno dato vita a una propria produzione critica, esercitando un'influenza spesso niente affatto trascurabile sugli europei. Riconoscendo tali comunità come parte del flusso di produzione di cultura globale è possibile ripensare la Repubblica stessa come un più autentico «kaleidoscope of people, books, and objects in motions», Anthony Grafton, *Worlds Made by Words: Scholarship and Community in the Modern West*, Cambridge MA, Harvard University Press, 2009, p. 18.

72. Questo stesso *frame* viene individuato anche da Piciulo nella comunità dei gesuiti americani esiliati. Cfr. Piciulo, *I gesuiti americani espulsi in Italia e Joaquín Camaño.*

73. Cfr. Peter Miller, *Peiresc's Mediterranean World*, Cambridge MA, Harvard University Press, 2015, p. 15.

come una vera e propria regione mobile cartacea.[74] Lo studio di Miller rappresenta chiaramente un modello per un'analisi del Fondo Mezzofanti, pur considerando il diverso arco cronologico, il distinto peso intellettuale e la mutata geografia di contatti che divide Peiresc da Mezzofanti. Un ulteriore modello da impiegare è quello della ricostruzione e narrazione delle comunità intellettuali di ispirazione cosmopolita tramite mappatura della rete di contatti, che definisce i circuiti di interscambio epistolare come vettori della Repubblica costruita sui nuclei-contributi dei singoli. Ne è un chiaro esempio lo studio d'équipe del progetto *Mapping the Republic of Letters*[75] della Stanford University che elabora ricostruzioni della circolazione di individui, oggetti e idee (con focus su XVII e XVIII secolo) partendo dalle tracce dalla comunicazione e della produzione intellettuale, al fine di identificare la trasmissione del sapere, precedente la fondazione delle istituzioni moderne preposte. Una mappatura del circuito epistolare di Mezzofanti e la ricostruzione del suo *ego-network* può dunque illuminare il personaggio e definirne più chiaramente il contributo intellettuale nella comunità epistemica.

6. Passepartout*: il Fondo Mezzofanti come piattaforma analitica*

Come già accennato in precedenza, la Biblioteca Comunale dell'Archiginnasio di Bologna conserva oggi una cospicua raccolta di manoscritti ed epistole: il Fondo Speciale Giuseppe Mezzofanti. La prima iniziativa di perpetuare la memoria dell'attività del Cardinale riguardò la conservazione dei suoi libri e si deve a Liborio Veggetti, assistente di Mezzofanti alla Biblioteca della Pontificia Università e, in seguito, suo successore alla carica di Bibliotecario. Veggetti fece intitolare a Mezzofanti l'Aula manoscritti della Biblioteca bolognese e promosse, nel 1857, l'acquisizione, da parte del pontefice Pio IX, della libreria privata del suo maestro, in seguito

74. L'opera di Miller parte dall'analisi del circuito postale che rende possibile la circolazione del sapere di Peiresc, per rilevare le caratteristiche della mobilità degli individui e delle comunità, da Marsiglia a Genova, dal Cairo a Damasco. Cfr. Miller, *Peiresc's Mediterranean World*, *passim*.

75. *Mapping the Republic of Letters*, http://republicofletters.stanford.edu/ (ultima consultazione 29/05/24).

acquisita dalla stessa Biblioteca Universitaria.[76] La raccolta dei documenti personali di Mezzofanti, il cui recupero era cominciato per iniziativa del nipote Gaetano Minarelli, si concluse con la vendita al Municipio, della collezione dei manoscritti e del carteggio, da destinare a una pubblica consultazione nella Biblioteca Comunale.[77] Il Fondo, depositato alla Biblioteca Comunale dell'Archiginnasio[78] è oggi costituito da un'imponente mole di materiale,[79] comprensiva di documenti autografi o destinati a Mezzofanti (tra cui vocabolari, frasari, glossari, grammatiche, componimenti in versi, attestati, stampe, disegni e litografie, notizie di contabilità, appunti di carattere storico, linguistico, artistico, letterario, archeologico, giuridico, filologico, nonché numerose miscellanee e note varie) ma anche di carte anonime o attribuibili ad altri autori, riguardanti una variegata serie di

76. Per una ricostruzione dettagliata della trattativa si veda: Pasti, *Un poliglotta in biblioteca*, pp. 152-163.

77. La compravendita riguardò venti faldoni di documenti, comprensivi di «prose, poesie, scritti vari e carteggi di 2.500 lettere», ceduti con la mediazione di Giuseppe Bianconi e di Luigi Frati, responsabile presso la Biblioteca Comunale. Nel 1908 vennero acquistate 1.800 lettere da Guido Sanguinetti e, nello stesso anno, 16 raccolte di carteggi e manoscritti da Anna Sedazzi Manzoni. Il bibliotecario Albano Sorbelli registrò le donazioni del 1909, 1912, 1930 e nel 1931 annunciò la conclusione del lavoro di ricostruzione dei documenti· Un'ultima acquisizione venne portata a termine nel 1978, realizzata da Renzo Ricci· e riguardante 42 lettere autografe di Mezzofanti. Dati tratti dalla pagina web della Biblioteca Comunale dell'Archiginnasio relativa al Fondo Speciale Mezzofanti, http://badigit.comune.bologna.it/fondi/dettaglio.asp?lettera=224 (dati aggiornati al 2015, ultima consultazione 29/05/24).

78. Sigla: ITBO0304FA216.

79. Il Fondo è oggi costituito da 80 buste o cartelle, di cui 43 relative alla raccolta epistolare del Cardinale. Ciascuna busta è suddivisa in più fascicoli, recanti sul frontespizio, per i manoscritti, il numero del documento, l'anno di stesura (quando espressamente indicato o quando è possibile risalirvi), la lingua in cui il testo è redatto, l'indicazione di materiale poligrafo o l'identità di autori diversi dal Cardinale (quando specificato o ricostruibile) e una breve descrizione del contenuto del manoscritto. Per la corrispondenza, il frontespizio del fascicolo indica il nome del mittente della lettera, l'anno di spedizione e la lingua in cui è scritta l'epistola. L'elenco dei corrispondenti presente nell'inventario cartaceo è disposto in ordine alfabetico e riporta nome e cognome dei mittenti, professione (quando nota), numero delle lettere, lingua in cui sono state redatte, data e luogo di stesura (quando indicati). Non sono purtroppo presenti note esplicative che riportino, anche solo brevemente, il contenuto delle lettere. A partire dal cartone XXII si conservano invece le lettere di cui Mezzofanti è mittente, in massima parte copie autografe trascritte. Il materiale si presenta in buono e ottimo stato di conservazione; raramente si riscontra la presenza di documenti illeggibili, ma è frequente il livello dispersione e decontestualizzazione dei manoscritti. L'elenco completo dei manoscritti consultabili è contenuto negli inventari I, 1-30 (per le buste 66-80) e V, 1-299 (buste 1-80).

argomenti. La morfologia dell'archivio, soprattutto rispetto ai documenti riconosciuti come autografi di Mezzofanti, dipende evidentemente da quel progressivo agglutinarsi del materiale attorno alla questione linguistica, così che la classificazione si presenta come un dispiegamento di dati, organizzati conformemente ad una curiosità linguistica e di distribuzione geografica. Il modello adottato ha una sua organicità, benché spesso non sia del tutto compatibile con intenti analitici diversi dallo stabilire le competenze del Mezzofanti linguista e poliglotta, con il rischio di incorrere in classificazioni fuorvianti.

Le 6 buste "Manoscritti sulle lingue" (o più propriamente "Manoscritti *in* lingue varie") contengono materiale ascrivibile ad almeno cinquanta idiomi, tra antichi e moderni, inserendo nel computo anche i dialetti. Non mancano i frasari, i dizionari, le regole grammaticali, l'analisi fonetica, morfologica e sintattica delle lingue; scarseggiano invece i riferimenti bibliografici, le riflessioni di carattere filologico-linguistico e glottologico. Spesso, quelli che apparentemente potrebbero presentarsi come "studi sulla lingua", sono preghiere e componimenti poetici con traduzioni allegate, non sufficientemente consistenti per stabilire in che misura essi rivelino il grado di conoscenza effettivo della lingua affrontata.[80] Per quanto riguarda invece il carteggio, questo costituisce la traccia dei contributi che alimentano, come centinaia di rivoli, il flusso delle conoscenze di Mezzofanti, consentendo di definire un orientamento di base sulle direzioni dei suoi interessi, curiosità e iniziative. A differenza del *corpus* dei manoscritti, il carteggio è naturalmente meno costretto nella predeterminazione, talvolta strumentale, del criterio organizzativo linguistico. L'insieme delle lettere segue un percorso più fluido e questo è fondamentale per riconnettere Mezzofanti alla produzione intellettuale propriamente detta. Il carteggio mostra spesso scambi su tematiche specifiche, ma anche quando presenta tracce di comunicazioni solo sporadiche o prive di agganci lineari, le lettere possono contenere informazioni preziose. In generale, esse illuminano teorie di personaggi, spesso non di primissimo piano nel panorama intellettuale letterario e linguistico, ma che rendono comunque il senso della densità del coro di voci partecipanti all'attività collettiva di costruzione del sapere. Resta ad ogni modo alto il numero di lettere non chiaramente riconducibili ai nodi della rete intellettuale, corpuscoli indipendenti e dunque avulsi dalle strutture

80. Elenchi in BCABo, F.S. Mezzofanti, Cart. LXVI, 24.

profonde del Fondo, che spiccano spesso per la loro originalità, ma che risultano anche più sfuggenti rispetto alla ricostruzione del network. Nel complesso, un adeguato bilanciamento dei due rami del Fondo consente di risalire ad un'immagine ben delineata di chi fosse Mezzofanti, entro quale circuito operasse e con che motivazione, ma permane la difficoltà ad inquadrare numerosi episodi, questioni e particolari che continuano a mostrarsi sfuggenti.

Tre fattori critici, in particolare, condizionano l'analisi del Fondo. Il primo è la compresenza di numerosissime fonti in lingue diverse che renderebbe necessario, per raggiungere l'obiettivo di una lettura realmente multipla e inclusiva, di un lavoro plurale.[81] Il secondo è legato alla presenza di documenti non direttamente riconducibili a Mezzofanti: il Fondo è punteggiato infatti di carte il cui approdo al Fondo stesso resta tutt'ora oscuro. Si tratta di elementi che agiscono come buchi neri dal punto di vista della logica interna che si cerca di far emergere e che creano delle discontinuità nella ricostruzione. Occasionalmente, tuttavia, essi possono anche svelare percorsi esplorativi inaspettati, diventando pozzi che testimoniano la vastità di campo su cui si dispiegava la comunità in cui Mezzofanti era integrato. Il terzo fattore è legato alla scarsità di fonti ego-narrative: l'assenza di fonti diaristiche, di una dimensione solipsistico-monologica e la sporadicità dell'auto-rappresentazione restringono notevolmente lo spazio delle *self-narratives*[82] indagabili.

Ciò rende necessario adottare una prospettiva il più possibile elastica, per trovare strade alternative attraverso cui includere la dimensione dell'io. La voce di Mezzofanti riaffiora, in ogni caso, in modi inattesi. È il caso, ad esempio delle dissertazioni di analisi filologica, in cui Mezzofanti inserisce osservazioni che molto rivelano del suo punto di vista, che per essere indagato necessita di un'analisi sulle varie unità a partire dai vari fattori storici che ne hanno influenzato la formazione.

Un'operazione di recupero del Fondo, più di prospettiva, era iniziata già con gli articoli di Giovanni Gentile G. Marchetti sulla relazione tra Mezzofanti e i gesuiti americani (2001) e proseguita con la monografia

81. Similmente all'approccio adottato nell'opera collettanea curata da Franci, *La benedizione di Babele*, *passim*.

82. Claudia Ulbrich, Kaspar von Greyerz, Lorenz Heiligensetzer, *Introduction*, in *Mapping the "I"-Research of Self Narratives in Germany and Switzerland*, a cura di Claudia Ulbrich, Kaspar von Greyerz, Lorenz Heiligensetzer, Leiden-Boston, Brill, 2015, p. 6.

di Franco Pasti (2006) e con gli studi di Viviana Silvia Piciulo che considera ancor più esplicitamente Mezzofanti come parte di un network[83] relazionale, in veste di collaboratore-comprimario del gesuita argentino Joaquín Camaño,[84] al centro delle sue analisi. Questo studio muove da un cambio di focus rispetto alla produzione degli autori citati, centralizzando Mezzofanti anziché i gesuiti suoi maestri o "colleghi". La comunità a cui appartiene Mezzofanti non coincide con quella di Camaño, pur essendone fortemente influenzata, ed è contemporaneamente organica alle specificità locali e indipendente da essa, eterogenea dal punto di vista della partecipazione e piuttosto fluida nello spaziare tra diversi poli della società. Questo fa si che Mezzofanti assuma, anche in forza di un maggiore grado di popolarità e di una più chiara solidità della posizione sociale, un ruolo all'interno della comunità diverso da quella dei maestri gesuiti, proponendosi di fatto come un custode-facilitatore, capace di fare da garante per quella stessa comunità dei maestri gesuiti che lo avevano educato.[85] La rete di cui fa parte è contigua a quella dei gesuiti ma tende anche a superarla, nell'ambito della creazione di una nuova comunità epistemica. Tale comunità è, nello specifico, interessata a riposizionarsi nella costruzione del discorso pubblico pre-risorgimentale italiano e nel più ampio quadro europeo, ma deve anche fare sintesi con i precedenti approcci cosmopoliti-transregionali, che vengono dalle relazioni transcontinentali della Chiesa e che riguardano gli stessi gesuiti ma anche altri gruppi intellettuali.

Si potrebbe dunque definire il Fondo come un insieme di reti convergenti o, più propriamente, come una piattaforma. Essa è comprensiva di vari network, alle volte totalmente indipendenti persino dallo stesso Mezzofanti, ma anche di produzioni di carattere più istituzionale, costituendo in questo senso una struttura mobile multifocale, più culturale che sociale, ma coerente con il proprio tempo, che supera la geografia episto-

83. Piciulo, *I gesuiti americani espulsi in Italia*, p. 172.

84. Cfr. Piciulo, *Joaquín Camaño e il network di un grande collaboratore*; Id., *I gesuiti americani e espulsi in Italia e Joaquín Camaño*; Id, *El Heredero de un Gran Imperio Joaquín Camaño Hacia Fines del Siglo XVIII*, in «Eikasia. Revista de Filosofía», 81 (2018), pp. 505-554.

85. Sui gesuiti espulsi come "intermediatori culturali" si veda: Maurizio Fabbri, *La Compagnia di Gesù dopo il 1767. Gli esuli ispanoamericani ed il mondo culturale italiano*, in *Bologna e il Mondo Nuovo*, a cura di Laura Laurencich Minelli, Casalecchio di Reno, Grafis, 1992, pp. 45-48; Cfr. Piciulo, *I gesuiti americani espulsi in Italia*, p. 292.

lare settecentesca come tramite della conoscenza, e precede la formazione dei circuiti istituzionali nazionali come cornice di regolamentazione dei contenuti intellettuali.

Sarebbe, infine, un'operazione impropria presentare il Fondo Mezzofanti come idoneo a procedimenti modellizzanti e onnicomprensivi. Tuttavia, esso può prestarsi a delle riflessioni sulla sua natura stessa di fonte.[86] Esso mostra dei caratteri di trasversalità dei contenuti, di permeabilità a più piani analitici applicabili e di intellegibilità dei sistemi di comunicazione riflessi che lo rendono una piattaforma viva,[87] un bacino di raccolta di informazioni che raccontano, prima di tutto, della costruzione del progetto intellettuale dei soggetti che emergono dai documenti all'interno delle comunità epistemiche. Il Fondo rispecchia la natura di Mezzofanti, con la sua capacità di accumulare materiale informativo da conservare e ritrasmettere, seguendo l'andamento multidirezionale della circolazione globale del sapere, che è a sua volta la cornice, il contesto[88] del processo in cui si muove la comunità d'appartenenza, composta da un insieme multi-situato di individui, informazioni ed istanze. Mantenendo un rapporto di complementarità con Mezzofanti, il Fondo fornisce il racconto di come una singolarità localmente situata possa relazionarsi alla globalità che sottende gli scambi extra-locali, mediante l'inserimento in circuiti di co-protagonisti presso cui acquisire prestigio e riconoscibilità, spendibili a livello locale e trans-locale. Questo può suggerire, quindi, una più ampia possibilità di guardare alle fonti che mostrino le medesime caratteristiche di trasversalità, permeabilità, intellegibilità del Fondo come a spazi in cui si materializza di fatto l'incontro tra microstoria, storia globale e storia intellettuale, ponendosi come strumenti che vivificano la discussione metodologica sul futuro di questa intersezione.

86. Su fonti e produzione di globalità si veda: Patrick Manning, *Navigating World History: Historians Create a Global Past*, Basingstoke, Palgrave MacMillan, 2003.

87. L'accezione è quella di un recupero il più possibile completo degli archivi, senza cadere in manipolazioni narrative. Si veda sul tema: Arlette Farge, *The Allure of Archive. Foreward by Natalie Zemon Davis*, New Haven, Yale University Press, 2013 (ed. orig. *La Goûte de l'Archive*, 1989).

88. Cfr. De Vito, *History without Scale*, pp. 328-372.

7. *La fine dei paradossi*

La chiave microstorica intellettuale globale apre dunque a una visione risignificante dell'eccezionalità di Mezzofanti, presentandolo come un caso studio che contiene simultaneamente la norma delle interazioni nella comunità intellettuale di riferimento e una sua declinazione anomala e peculiare, permettendo di esplorare tanto il linguaggio della frammentazione quanto quello della connessione. La storia di Mezzofanti è attraversata da elementi curiosi, dissonanti e talvolta paradossali, riflessi nel suo Fondo documentario.

Questo, lungi dall'essere un mero affastellamento casuale di contenuti, può fornire invece un utile spunto di riflessione sull'analisi dei network degli individui che si muovono su una piattaforma interconnessa globale, sperimentando una socialità scandita da un alacre lavoro intellettuale collettivo. Il Fondo costituisce perciò uno strumento per visualizzare lo spazio intellettuale di cui Mezzofanti fa parte, non solo come centro di emanazione delle idee, ma anche come centro di raccolta delle idee. Una lettura che consente di riscoprire infine lo stesso Mezzofanti, da più prospettive.

4. Atlante dei dispacci globali: esplorare una piattaforma transregionale

1. *Lettere mobili*

Frontiere, confini, dogane, traversate, missioni, esplorazioni. Per essere il carteggio di un uomo molto sedentario, quello di Mezzofanti si presenta come una raccolta profondamente innervata dagli aspetti materiali e simbolici della mobilità.[1] Al suo interno è possibile tracciare un itinerario composto dalle relazioni transnazionali di Mezzofanti, sospinte da questioni religiose, diplomatiche e culturali. L'analisi che si svilupperà in questo capitolo non pretende di essere onnicomprensiva di tutte le diramazioni (cronologiche, geografiche e concettuali) dell'epistolario, né costituisce un tentativo di condensare in pochi episodi la cronistoria degli incontri di Mezzofanti; né, tanto meno, si pone l'obiettivo di essere esaustiva rispetto alle vaste e articolate implicazioni legate alla mobilità della prima età contemporanea. L'obiettivo è, piuttosto, offrire un saggio di ciò che il Fondo presenta, partendo da alcuni casi emblematici che mostrino la relazione tra Mezzofanti e il contesto di sviluppo delle vicende narrate. In questo quadro, sono essenzialmente due i macro-fenomeni riscontrati, entrambi sollecitati dall'espandersi delle connessioni sovralocali intellettuali e materiali: il potenziamento dell'attività transcontinentale della Chiesa cattolica e l'espansione dei fenomeni "proto-turistici" moderni, nell'ambito di una più ampia predisposizione al viaggio internazionale. È importante sottolineare, ad ogni modo, che la maggior parte dei

1. Per una categorizzazione degli studi sulla mobilità si veda: Stephen Greenblatt, *A Mobility Studies Manifesto*, in *Cultural Mobility: A Manifesto*, a cura di Stephen Greenblatt *et al.*, Cambridge, Cambridge University Press, 2010, p. 250.

contatti su base translocale[2] e transregionale di Mezzofanti riguardano prevalentemente soggetti membri della sua stessa comunità, per lo più originari della penisola o più genericamente europei che inviano lettere a Mezzofanti dalle regioni continentali ed extra-europee in cui si trovano, riproducendo e moltiplicando la propria parzialità di vedute sul contesto descritto, mentre i casi di contatti diretti extra-europei del bolognese sono decisamente più rari. Si tratterà, quindi, di ricostruire, attraverso il profilo degli attori che lo compongono, il modo in cui Mezzofanti gestiva un proprio circuito di "dispacci globali" in un contesto locale, tra dimensione laica e religiosa, istituzionale e informale, per comprendere-quali forme di alterità arrivassero al Cardinale per essere poi elaborate collettivamente.

2. *Pirati, patenti e promotori: aspetti materiali e relazionali del viaggio transregionale*

> [Il] Parsis Inglese, signore Manakjì Cursetjì stabilitosi a Bombay nell'Indostan [...] brama vivamente di fare quivi la sua corte al primo e più valoroso Poliglotta del Mondo.[3]

Il Fondo Mezzofanti trabocca di notizie simili a questa. Nello specifico, l'autore di questa lettera, il geografo ed esploratore svedese Jacob Gråberg (1776-1847), scrive da Firenze a Mezzofanti per metterlo in comunicazione con un viaggiatore dal sub-continente indiano, a proposito del quale già l'anno precedente, il segretario del Royal Literary Fund, Octavian Blewitt (1810-1844), aveva scritto da Londra a Mezzofanti:

> My dear Lord Cardinal, will you allow me to introduce to your Eminence, Mr. Manackje Cursedjee, an Indian gentlemen who came [...] to this country from Bombay [...] I have the highest confidence Manackje Cursedjee will be able to converse with your Eminence in the different dialects of India.[4]

2. L'uso del termine si riferisce qui al recupero di una precisa dimensione spaziale nella microstoria espresso da Christian G. De Vito. Cfr. Christian G. De Vito, *Verso una microstoria translocale*.

3. BCABo, F.S. Mezzofanti, Cart. XVII, 5.10, Jacob Gråberg von Hemsö, Firenze, 12 febbraio 1842.

4. BCABo, F.S. Mezzofanti, Cart.XV, 7.17, Octavian Blewit, London, 29 novembre 1841.

Il viaggiatore in questione era probabilmente Manockjee Cursetjee intellettuale riformatore[5] che incontrò infine Mezzofanti, come testimoniato da una lettera inviata dallo stesso al Cardinale nel febbraio 1842, in cui esprime il proprio desiderio di conoscerlo,[6] avendone sentito molto parlare in Europa e in India.[7] Sono moltissimi i contatti che si sviluppano con questo tipo di "triangolazioni", dall'archeologo Giuseppe Tambroni[8] che presenta il consigliere e viaggiatore statunitense Bradish,[9] all'avvocato Sarchi che raccomanda a Mezzofanti il capitano inglese Grindlay, conoscitore del sanscrito[10] e viaggiatore nelle Indie Orientali. Queste interazioni testimoniano il processo di progressiva globalizzazione dei contatti in età moderna, permettendo di definire lo spazio interregionale del viaggio e i meccanismi di creazione di quei network che si sviluppano attorno al viaggio stesso. L'espansione delle reti che sostengono i viaggi internazionali moderni si può considerare una conseguenza del potenziamento di quello che, come nota Anthony Pagden, è un lungo processo di incorporazione di territori – in particolare Cina, Africa e India – nell'immaginario europeo[11] e della sua mobilità che si genera in età premoderna. La compresenza di tre macroregioni (Europeo-Cristiana, Est-Asiatica e Islamica[12]) che si mostrano interdipendenti nel corso della seconda metà del XVIII secolo, è il retroterra su cui, come sottolinea Cemil Aydin, si innestano le successive dinamiche ottocentesche.[13] Queste verranno fortemente condizionate an-

5. Cfr. Jesse S. Palsetia, *The Parsis of India. Preservation of Identity in Bombay City*, Leiden, Brill, 2001, p. 150.

6. BCABo, F.S. Mezzofanti, Cart. XVIII, 2.5, Manockjee Cursetjee, 18 febbraio 1842.

7. «Manockjee Cursedjee [...] has heard so much of his Eminence's extraordinary acquisition of languages», *ibidem*.

8. Fratello della grecista Clotilde. BCABo, F.S. Mezzofanti, Cart. XX, 3. 4, Giuseppe Tambroni, 2 luglio 1822.

9. Si tratta probabilmente del *congressman* Luther Bradish (1783-1863). Si veda: Andrew Oliver Jr., *American Travelers on the Nile. Early U.S. Visitors to Egypt (1774-1839)*, al-Qāhira, The American University in Cairo Press, 2014, pp. 78-82.

10. BCABo, F.S. Mezzofanti, Cart. XIX, 8.25, Sarchi, Parigi, 6 ottobre 1818.

11. Cfr. Anthony Pagden, *European Encounters with the New World: From Renaissance to Romanticism*, New Heaven-London, Yale University Press, 1998 (1993), p. 12.

12. Cfr. Cemil Aydin, *Regions and Empires in Political History*, in *An Emerging Modern World. 1750-*1870, a cura di Sebastian Conrad, Jürgen Osterhammel, Cambridge MA-London, Harvard University Press-C.H. Beck Verlag, 2018, p. 44.

13. L'Europa del XVIII è così caratterizzata: «the identity [...] relied on shared networks of printed books and intellectual circuits, althought Christianity remained as an important cultural identity». Questa impostazione regola una buona parte delle relazioni con gli

che dall'emersione della regione Latino-Americana[14] e dalla frantumazione delle precedenti unità di dominio anglo-iberiche dello spazio atlantico, con le numerose e variegate ripercussioni globali che ciò produsse.

Come evidenzia Sebastian Conrad, la somma di consistenti fattori di discontinuità[15] politico-territoriale, economico-commerciale e tecnologico-infrastrutturale, che si producono a partire dagli anni Trenta del XIX secolo, determinano il graduale sopravanzare di un *frame* più compiutamente globale, sorretto da una espansa mobilità, volontaria e involontaria, cruciale per quella che Christopher Bayly ha definito «la persistenza della globalizzazione arcaica».[16] La mobilità emersa all'epoca dell'incontro tra Mezzofanti e Cursetjee si intensifica particolarmente nella seconda metà del secolo, quando il potenziamento delle reti infrastrutturali, dato dalla rivoluzione dei trasporti,[17] diventa decisivo nel sostenere la divisione globale del lavoro.[18] Ciò determina anche la crescita di disuguaglianze economiche che favoriscono, per lo più, specifici gruppi a cui è consentito un più agile transito delle frontiere.[19] Da molti di essi emergono figure di viaggiatori, ben raccontati dal Fondo. I soggetti che stabiliscono contatti con Mezzofanti si muovono

individui provenienti da altre macroregioni, entro un quadro di conflittualità tra modelli imperiali continentali e regionali. Cfr. Aydin, *Regions and Empires in Political History*, pp. 45, 57.

14. Ivi, p. 73.

15. «The expansion of European empires and the associated extension of trade networks and growth of capitalist forms of organization, and finally [...] revolutions in technology and communications infrastructure», Sebastian Conrad, *A Cultural History of Global Transformation*, in *An Emerging Modern World. 1750-1870*, a cura di Sebastian Conrad e Jürgen, Osterhammel, Cambridge MA-London, Harvard University Press-C.H. Beck Verlag, 2018, p. 431.

16. Christopher Alan Bayly, *La nascita del mondo moderno (1780-1914)*, Torino, Einaudi, 2004 (ed. orig. *The birth of the modern world*, 2004), p. 279. Con l'espressione Bayly indica la continuità con cui meccanismi di relazione della età moderna vengono replicati nel corso del XIX secolo e costituendo la premessa alla «globalizzazione protomoderna», Bayly, *La nascita del mondo moderno*, p. 25; p. 277.

17. Cfr. Osterhammel, *The Transformation of the World. A Global History of the Nineteenth-Century*, Princeton and Oxford, Princeton University Press, 2014 (ed. orig. *Die Verwandlung der Welt*, 2009), p. 729.

18. Cfr. Bayly, *La nascita del mondo* moderno, p. 144.

19. La classe mercantile-industriale europea e nordamericana e, occasionalmente, alcuni gruppi come «i parsi di Bombay, o i greci, i maltesi e i cristiani maroniti di Alessandria, Beirut e Istanbul, gli spagnoli metropolitani, i portoghesi e gli inglesi di Rio o di Valparaíso», Bayly, *La nascita del mondo* moderno, p. 146. A tali gruppi è frequentemente consentito un più agevole transito delle frontiere, in virtù del godimento di speciali diritti di salvaguardia. Cfr. Conrad, *A Cultural History of Global Transformation*, p. 431.

lungo reti infrastrutturali mercantili, portuali, carovaniere, in cui si afferma il ruolo indispensabile di coordinamento e trasmissione, esercitato dai membri di complessi relazionali: «close-knit networks of couriers and middlemen»[20] che diventano fondamentali per la "manutenzione dello snodo".

Le traversate erano infatti attività rischiose, contraddistinte da incertezza e instabilità, nonostante la presenza di garanti e facilitatori. In questo, il Fondo costituisce una fonte microstorica precisa sulla morfologia dei viaggi transregionali nei suoi aspetti più pragmatici. È quanto emerge, ad esempio, da alcune lettere relative alla comunità armena (in particolare dei padri Mechitaristi di San Lazzaro a Venezia) già analizzate da Gabriella Uluhogian,[21] la quale sottolinea la vivacità cosmopolita degli attori che interagiscono con Mezzofanti, il quale da parte sua si porrà spesso come protettore e intercessore per i mechitaristi. Della comunità faceva parte anche il medico di Istanbul Pasquale Mehub.[22] In una delle lettere inviate da Mehub a Mezzofanti si legge:

> Sono partito da Venezia [...] pe' Costantinopoli. Giunti felicemente in 13 giorni all'Isola di Zante [...] abbiamo saputo che le già note turbolenze della grecia avevano fatto tali progressi da non poter più proseguire il nostro viaggio. Motivo per cui siamo stati costretti a soggiornare in quella Isola [...] Ma vedendo che le cose crescevano di giorno in giorno, che il mare [...] era occupato da ladri e pirati oltre le numerose navi da guerra [...] abbiamo creduto bene [...] di ritornare a Venezia. [...][23]

A questa fa seguito, alcuni mesi dopo, un aggiornamento:

> E ben vero che nella presente stagione anche il viaggiare per terra non è un divertimento massimo da Vienna a Odessa, ma se non altro posso dire che per parte di pirati è sicura la mia vita. Dimani partirò senz'altro per Trieste onde alla diligenza per andare a Vienna. [...] Indi riprenderò a Dio piacendo il mio viaggio per Odessa ove mi imbarcherò per Costantinopoli.[24]

Non mancano perciò le informazioni indirette sui tempi e i mezzi dei viaggi, sulle condizioni geopolitiche dei territori attraversati (come in questo caso, in cui si rileva la crescente tensione nel Mediterraneo attorno alla

20. Ivi, p. 435.
21. Uluhogian, *Studenti armeni a Bologna nella cerchia del Mezzofanti*, *passim*.
22. *Ibidem*.
23. BCABo, F.S. Mezzofanti, Cart. XLIV, Pasquale Mehub, Venezia, 11 agosto 1821.
24. Ivi, Cart. XLIV, Pasquale Mehub, Venezia, 29 novembre 1821.

questione dell'indipendentismo greco[25]). Come sottolinea anche Uluhogian emerge chiaramente il senso di precarietà generale che caratterizza i viaggi di frontiera.[26] Di tenore simile sono le lettere degli allievi di Propaganda Fide inviati in missione evangelizzatrice in Cina, come quella di Paolo Lieu, da cui traspare l'intreccio di attori politici, fattori economico-burocratici e di sicurezza generale, che concorrono nel determinare la buona o la cattiva riuscita di una lunga traversata:

> Il padre Massa Renato, avendo ottenuto una lettera di raccomandazione dal governatore di Malta al Bascià d'Egitto, nella quale si esprimeva che lui e i suoi compagni, i quali andavano in Cina per fare la missione, non avendo molto danaro, si raccomandava alla volontà del Bascià per agevolazione del passaggio d'Alessandria [...]. Gli fu concesso dal Bascià il passaggio gratis, che fu un risparmio per ogni uno di noi di 12 lire sterline. [...] Nei mari di Cina da Hong Kong fino a Xan-he sono moltissimi corsali e noi per grazia di Dio non li abbiamo incontrati mentre gli altri non li scansano quasi mai.[27]

Il Fondo conserva dunque un *collage* di memorie della connessione informale che sostiene la rete dei viaggiatori. Tali memorie possono sostanziarsi nelle comunicazioni o nei residui materiali del viaggio, come una patente rilasciata per il trasporto e il commercio di pellicce dalla Russia all'Italia[28] o un testo in ebraico scritto a garanzia di un cittadino ottomano, derubato lungo il viaggio da Hebron a Istanbul.[29] Mezzofanti e i suoi corrispondenti si alternano, quindi, nella funzione di raccordo e garanzia del funzionamento della rete stessa, attraverso raccomandazioni, consigli, patrocini, attestazione di credenziali, riportate per caldeggiare la presentazione di un viaggiatore o agevolarne il percorso, cementando relazioni e stabilendo connessioni geografiche vaste, al di là delle stesse reti infrastrutturali.

25. Mascilli Migliorini, *L'età moderna*, p. 349-352.

26. Cfr. Uluhogian, *Studenti armeni a Bologna nella cerchia del Mezzofanti*, *passim*.

27. BCABo, F.S. Mezzofanti, Cart. XVII, 13.16, Paolo Lieu, 2 ottobre 1844.

28. Ivi, Cart. VIII, 6.8, *Documento in lingua russa, rilasciato per ordine dell'imperatrice Caterina delle Russie dalla Dogana Postale di Pietroburgo ad un italiano, Giuseppe Farazzi per il trasporto in Italia di una partita di pellicce*, 24 luglio 1764.

29. Ivi, Cart. VIII, 6.10, *Un'invocazione di beneficienza, scritto in lingua ebraica, per favore di un viaggiatore, derubato dai Turchi nel viaggio da Hebron (Palestina) a Costantinopoli.*

3. Souvenirs *cosmopoliti: trasformazione del tour culturale-intellettuale*

Le storie recuperate dal Fondo Mezzofanti catturano la trasformazione del viaggio e, in particolare, il mutare della cornice concettuale del viaggio pedagogico-ricreativo per eccellenza: il *Grand Tour*.

Nelle prime decadi del XIX secolo va estinguendosi, infatti, quella che era stata la solida tradizione seicentesca e settecentesca legata al percorso formativo per giovani adulti euroamericani, aristocratici o alto-borghesi, affiancati da attori di diversa estrazione che partecipavano in forme diversificate, collaterali e parallele, alle nuove varianti del viaggio elitario d'intrattenimento e formazione, con elementi sempre più marcatamente consumistici. Maturata in ambienti francesi e inglesi seicenteschi,[30] l'espressione *Grand Tour* indica un fenomeno non definibile in termini rigidamente univoci.[31] Sempre contraddistinto da una tensione tra pluridirezionalità cosmopolita e costruzione identitaria nazionale, il *Grand Tour* assume una declinazione particolare tra i "viaggiatori romantici" (per lo più artisti e avventurieri) che, nei primi decenni del XIX secolo, tracciano un proprio percorso di elaborazione, dei significati allegorici e materiali del viaggio e degli spazi attraversati. Un'elaborazione che si traduce prevalentemente sul piano emotivo-contemplativo e molto meno su quello della comunicazione etica di contenuti informativi al pubblico,[32] in discontinuità con i modelli del «voyageur «sérieux»[33]

30. Cfr. Gilles Bertrand, *Le Grand Tour: une expression problématique pour désigner les pratiques du voyage des élites en Europe à l'époque moderne?*, https://www.crlv.org/conference/le-grand-tour-une-expression-probl%C3%A9matique-pour-d%C3%A9signer-les-pratiques-du-voyage-des (ultima consultazione 29/05/ 2024).

31. Per Gilles Bertrand il *Grand Tour* si strutturava all'interno di un processo mediante cui l'Europa organizzava l'esplorazione moderna dell'identità politica e culturale, propria e delle altre regioni «l'Europe s'explore elle-même avant de le faire pour le monde», Bertrand, *Le Grand Tour: une expression problématique*, *passim*. Autori come Jean Boutier considerano il *Grand Tour* un'istituzione eterogenea europea, prodotta dalla cultura dell'*Ancien Régime* e finalizzata a definire una prassi di estensione dell'educazione dei giovani nobili in senso cosmopolita, benché frequentemente finisse con l'assumere tratti più marcatamente legati al discorso sulla nazione. Cfr. Jean Boutier, *Le Grand Tour: une pratique d'éducation des noblesse européennes (XVIe-XVIIIe siècles). Le voyage a l'époque moderne*, in «Cahiers de l'Association des Historiens modernistes des Universites», 27 (2004), pp. 1-20, pp. 4-18.

32. Sul tema si veda: Dominique Poulot, *Les origines d'un modèle touristique: les médiation du Grand Tour hier et aujourd'hui*, in «Ethnologies», 38/1-2 (2016), pp. 47-59.

33. Cfr. ivi, p. 52.

delle generazioni precedenti, per i quali la legittimità del racconto risiedeva nella «connoisseurship»[34] e nel ruolo sociale del viaggatore come riferimento per definire e comunicare i modelli culturali della *middle-class*.[35] Va così tratteggiandosi il profilo del "cittadino del mondo" di inizio XIX secolo, che eredita ed estende i connotati del cosmopolita illuminista del XVIII secolo ma dialogando anche con gli orizzonti nazionali.[36] Tale estensione di significato e di forme riplasma la figura del viaggiatore-narratore "affidabile",[37] sviluppatosi nel corso del Seicento e del Settencento Europeo. Si affermano nuove tipologie, come quella del cosmopolita errabondo, osservato nella sua capacità di mediazione con l'alterità e di rielaborazione della fascinazione che da essa deriva,[38] un modello incarnato da figure come quella di Lord Byron.

Erratico, talentuoso, orgoglio nazionale per molti inglesi,[39] ma anche imprevedibile e ripudiato vagabondo, pronto ad avvicinarsi con pieno spirito cosmopolita a rivendicazioni estranee agli interessi patri, Byron compare nel Fondo, tra le notizie e i giudizi più disparati sulla sua condotta, giudicata da molti scandalosa.[40] Dopo averlo incontrato, Mezzofanti gli resta affezionato e si informa della sua situazione, quando il poeta inglese

34. *Ibidem.*

35. Sul tema si veda: Vittor Ivo Comparato, *Viaggiatori inglesi in Italia tra Sei e Settecento: la formazione di un modello interpretativo*, in «Quaderni Storici», 42/3 (1979), pp. 850-886, p. 870.

36. Cfr. Julia Kristeva e il concetto di cosmopolita come alter ego dell'uomo della nazione (1988), cit. in Esther Wohlgemut, *Romantic Cosmopolitanism*, London, Palgrave Macmillan, 2009, p. 95.

37. Sul tema del dibattito sull'affidabilità dei resoconto di viaggio si veda l'analisi della figura dei "philosphical travelers" (con riferimento al mondo americano) di Jorge Cañizares-Esguerra, *How to Write the History of New World*, Stanford, Stanford University Press, 2011, pp. 13-21.

38. Sull'emergere dei modelli cosmopoliti di età moderna si veda, tra gli altri, Margaret C. Jacob, *Strangers Nowhere in the World: The Rise of Cosmopolitanism in Early Modern Europe*, Philadelphia, University of Pennsylvania Press, 2006.

39. Per l'artista inglese il viaggio è occasione di sperimentazione, per testare le strategie di riconciliazione, in senso artistico e ideale, delle suggestioni che derivano dall'incontro con l'alterità (in particolare quella periferica europea) e che può mettere alla prova tanto le codifiche identitarie cosmopolite illuministe, quanto quelle nazionali romantiche: Cfr. Wohlgemut, *Romantic Cosmopolitanism*, p. 104; p. 101; Katarina Gephardt, *The Idea of Europe in British Travel Narratives. 1789-1914*, New York, Routledge, 2016 (2014).

40. BCABo, F.S. Mezzofanti, Cart. XVI, 9.6 Eliza Damiani; ivi, Cart. LXIII, 36, 1817, Joseph Woods, 1817.

venne coinvolto come simpatizzante nella causa insurrezionalista carbonara e nel fallimento dei moti del 1820-1821.[41]

Il Fondo conserva, parallelamente, anche la traccia indiretta del *tour* di un altro importante letterato inglese, Charles Dickens, di cui è il musicologo scozzese George Furquhar Graham a parlare a Mezzofanti.[42] La presenza nel Fondo dei due letterati, entrambi esponenti tradizionali del *tour* (in quanto uomini inglesi di condizione agiata),[43] riflette indirettamente la metamorfosi dello stesso *Grand Tour* che passa dal cosmopolitismo di provocatoria ricomposizione politica delle periferie d'Europa di Byron, alla formula identitaria liberale nazionale, alla base di un'impostazione eurocentrica e gentrificata,[44] tipica della stagione vittoriana raccontata da Dickens. Seppur ancora lontana dall'essere considerata «mass travel»,[45] la ritualizzazione delle tappe genera un indotto economico e sociale, ridefinisce il rapporto tra viaggiatori e locali e stabilisce modalità di fruizione alternative.[46] In questo panorama, la fama della penisola come meta "esotica" persiste[47] e l'Italia continua ad essere un polo attrattivo d'eccezione. Il successo di pubblico, scaturito da un'italofilia[48] di derivazione rinascimentale, vede la memoria estetico-letteraria delle vestigia classiche anticipare e, talvolta soverchiare, la stessa esperienza reale della visita.[49] Lo spazio

41. Ivi, Cart. XIX, 4.11, Francesco Rangone, 1819; ivi, Cart. LVII, 11, Francesco Rangone, 1822.

42. «This letter will be presented by Charles Dickens Esquire, one of the most celebrated of modern English authors», BCABo, F.S. Mezzofanti, Cart. XVII, 5.19, George Graham, 1844.

43. Cfr. Eric Zuelow, *A History of Modern Tourism*, London-New York, Palgrave, 2016, p. 16.

44. Edoardo Grendi, *Dal Grand Tour a «La Passione Mediterranea»*, in «Quaderni Storici», 34/100 (1999), pp. 121-133, *passim*.

45. Cfr. Zuelow, *A History of Modern Tourism*, p. 16.

46. Secondo Bertrand ciò che trasforma il *Grand Tour* in turismo è l'apertura (agevolata dalla riduzione del costo dei trasporti) alla middle class. Gilles Bertrand, *Le Grand Tour Revisité. Pour une Archéologie du tourisme: le voyage des français en Italie, milieu XVII*[e] *siècle-début XIX*[e] *siècle*, Roma, École française de Rome, 2016 (2008), p. 424.

47. Sul tema si vedano: Attilio Brilli, *Il viaggio in Italia. Storia di una grande tradizione culturale*, Bologna, il Mulino, 2006; Cesare De Seta, *L'Italia nello specchio del Grand Tour*, Milano, Rizzoli, 2014.

48. Cfr. Rosemary Sweet, Gerrit Verhoeven, Sarah Goldsmith, *Introduction*, in *Beyond the Grand Tour*, New York, Routledge, 2017, p. 4.

49. Sul tema dell'integrazione delle vestigia classiche nelle rappresentazioni del *Grand Tour* si veda: Maeve O'Dwyer, *Antiquity and the Grand Tour Portrait: Rethinking*

mediterraneo tutto e l'Italia, in particolare, costituiscono così il teatro di una «cultura del gusto»[50] di spirito settecentesco, più profonda della stessa «versione cronachista e bozzettistica del viaggio in sé»[51] che si tramanda, e che appare in dissolvenza di fronte alla crescente eterogeneità ottocentesca dell'attività di viaggio e delle identità degli stessi viaggiatori. Per Mezzofanti questo significa un'espansione geografica del proprio circuito relazionale, all'interno di un contesto in cui il suo è un ruolo peculiare che tiene insieme la figura del *corriere*,[52] del *cicerone* e del soggetto del *ritratto mitologico*.[53] Contemporaneamente, tale circuito va sostanziandosi in uno scambio basato sul *souvenir* pittoresco.[54] Il poliglottismo "performativo" di Mezzofanti non di rado ha la meglio sul puro confronto intellettuale e finisce con l'assorbire del tutto l'incontro, ridotto ad un episodio il cui valore risiede nell'apprezzamento sociale, come mostrano le numerose richieste di trascrivere parole in lingue, secondo una precisa adesione alle mode orientaliste in voga, o per fornire qualcosa di materiale e duraturo che testimoni l'incontro stesso.

4. *Universi da contestualizzare: tensioni e ricomposizioni nella struttura cattolica globale*

Le interazioni di Mezzofanti dipendono in gran parte dal suo inserimento nella comunità cattolica che è quella in cui, stante la sovrapposizione di diversi segmenti dell'élite culturale, tende a riconoscersi maggiormente. La Chiesa appare, dalla seconda metà del Settecento attraversata da fenomeni di costante ricalibrazione, tra pulsioni moderatamente riformiste, ipotesi di consolidamento conservatore post-tridentino e necessi-

the Significance of Pompeo Batoni's Use of Classical Sculpture 1753-1762, in *Antiquity and Enlightenment Culture: New Approaches and Perspectives*, a cura di Felicity Loughlin, Alexander Johnston, Leiden, Brill, 2020, pp. 83-103.

50. Grendi, *Dal Grand Tour a «La Passione Mediterranea»*, pp. 123-124, *passim*.

51. *Ibidem*.

52. Cfr. Brilli, *Il viaggio in Italia*, p. 267.

53. Cfr. María Martín de Vidales García, *Il viaggio nel Grand Tour in Italia: l'arte del ritratto mitologico*, in *La città, il viaggio, il turismo. Percezione, produzione e trasformazione*, a cura di Gemma Belli, Francesca Capano, Maria Ines Pascariello, Napoli, CIRICE, 2017, pp. 2061-2066.

54. Cfr. Poulot, *Les origines d'un modèle touristique*, p. 52.

tà di mediazione con le forze secolari.[55] Già dal pontificato del cardinale bolognese Prospero Lambertini, eletto papa col nome di Benedetto XIV (1675-1758), si cerca un rimodellamento delle relazioni transnazionali, orientato per lo più a un conservatorismo eurocentrico[56] che vede il soglio pontificio come fulcro della composita realtà globale cattolica.[57] In questo contesto, un aspetto rilevante è certamente rappresentato dall'attività di evangelizzazione, da sempre terreno di conflitto con quei poteri secolari europei globalmente diffusi.[58] L'azione missionaria si trovava spesso al centro di tensioni causate dall'irrigidimento indotto dal riformismo conservatore. In alcuni frangenti, le istanze di cambiamento provenienti dalle missioni venivano patrocinate dai missionari gesuiti che si dimostravano, per ragioni filosofico-dottrinali, più tolleranti nelle relazioni con il clero indigeno e verso pratiche cultuali locali e liturgiche esterne alla Chiesa.[59] La tendenza all'*accomodatio*[60] gesuita costituiva la base di un'azione di

55. Sul tema si vedano, tra gli altri, Daniele Menozzi, *La Chiesa Cattolica e la Secolarizzazione*, Torino, Einaudi, 1993; Marina Caffiero, *Religione e Modernità in Italia: secoli XVII-XIX*, Pisa-Roma, Istituti Editoriali e Poligrafici Internazionali, 2000.

56. Cfr. Maria Teresa Fattori, *Lambertini's Treatises and the Cultural Project of Benedict XIV: Two Sides of the Same Policy*, in *Benedict XIV and the Enlightenment: Art, Science and Spirituality*, a cura di Rebecca Messbarger, Christopher M.S. Johns, Philip Gavitt, Buffalo, University of Toronto Press, 2016, pp. 255-275, p. 267.

57. Su questa fase di rinnovamento della strategia controriformista, cfr. Stephanie Kirk, *Benedict XIV and the New World Convent Reform*, in *Benedict XIV and the Enlightenment*, p. 75; Mario Rosa, *The Catholic Aufklärung in Italy*, in *A Companion to the Catholic Enlightenment in Europe*, a cura di Ulrich L. Lehner, Michael O'Neill Printy, Leiden, Brill, 2010, pp. 215-250, p. 227; Ronnie Po-chia Hsia, *The World of Catholic Renewal, 1540-1770*, Cambridge, Cambridge University Press, 2005 (1998).

58. La promozione delle missioni da parte di Lambertini causò spesso contrasti con le monarchie europee e le rispettive attività politico-economiche. Cfr. Christopher M.S. Johns, *Introduction: The Scholar's Pope: Benedict XIV and the Catholic Enlightenment*, in *Benedict XIV and the Enlightenment*, p. 13; Cfr. Maria Pia Donato, *Reorder and Restore: Benedict XIV, the Index, and the Holy Office*, in *Benedict XIV and the Enlightenment*, pp. 227-252, p. 241.

59. Come il confucianesimo in Cina o il rito malabarico in India. Cfr. Van Kley, *Reform Catholicism*, p. 110.

60. Sul tema dell'*accomodatio* si vedano (tra gli altri): Michela Catto, Guido Mongini, *Missioni e Globalizzazioni: L'adattamento come identità della Compagnia di Gesù*, in *Evangelizzazione e globalizzazione: le missioni gesuitiche nell'età moderna tra storia e storiografia*, a cura di Michela Catto, Guido Mongini, Silvia Mostaccio, Roma, Società Dante Alighieri, 2010, pp. 1-16; Stefania Tutino, *Jesuit Accomodation, Dissimulation, Mental Reservation*, in *The Oxford Handbook of the Jesuits*, pp. 216-241.

glocalization[61] implicitamente allineata all'universalismo cattolico ma recepita con diffidenza e ostilità in molti ambienti cattolici riformisti. Ne derivarono controversie e risoluzioni[62] che si allacciarono naturalmente allo spirito di anti-gesuitismo che l'Ordine fronteggiava dalla sua fondazione e che crebbero nei decenni successivi,[63] fino allo scioglimento della Compagnia nel 1773. Nella fase di confinamento dell'Ordine, la Congregazione de Propaganda Fide, «dicastero della Curia pontificia, responsabile della giurisdizione di tutti i territori di missione della Chiesa»,[64] venne affidata al Cardinale Stefano Borgia (1731-1804).[65] I rapporti tra l'Ordine e la Congregazione erano sempre stati connotati, come rileva Giovanni Pizzorusso, da un'ambiguità conflittuale[66] di fondo: malgrado le distinte attribuzioni formali[67] e le frequenti, ben documentate occasioni di interazione collaborativa, i due poteri si ponevano essenzialmente come «alternativi nel mondo missionario».[68] Momenti di attrito si riproposero anche all'inizio

61. Catto, Mostaccio, *Missioni e Globalizzazioni*, p. 14.

62. Le controversie che ne derivarono portarono all'emanazione dei decreti di soppressione dei riti cinese e malabarico (rispettivamente nel 1742 e nel 1744). Sul tema della controversia sui riti cinesi e malabarico si veda (tra gli altri): Michela Catto, *Superstizione, monoteismo e unità della Chiesa: Benedetto XIV e la condanna dei riti cinesi*, in *Storia, medicina e diritto nei trattati di Prospero Lambertini-Benedetto XIV*, a cura di Maria Teresa Fattori, Roma, Edizioni di Storia e Letteratura, 2013, pp. 97-108; Sabina Pavone, *Tra Roma e il Malabar: il dibattito intorno all'amministrazione dei sacramenti ai paria (secc. XVII-XVIII)*, in «Cristianesimo nella storia», 3/1 (2010), pp. 647-680; Paolo Aranha, *The Social and Physical Spaces of the Malabar Rites Controversy*, in *Space and Conversion in Global Perspective*, a cura di Giuseppe Marcocci, Wietse de Boer, Aliocha Maldavsky, Ilaria Pavan, Leiden, Brill, 2015, pp. 214-232.

63. Sul tema: Pavone, *Anti-Jesuitism in a Global Perspective*, pp. 833-854.

64. Pizzorusso, *I duellanti*, p. 59.

65. Cfr. ivi, p. 60.

66. Cfr. Giovanni Pizzorusso, *Il papa rosso e il papa nero: alle origini della conflittualità tra la Congregazione de Propaganda Fide e la Compagnia di Gesù (XVII secolo)*, in «Ricerche di storia sociale e religiosa», 85-86 (2014), pp. 115-139.

67. La Congregazione svolgeva un ruolo pragmatico di organizzazione logistica delle missioni rispetto alla cui definizione, tuttavia, si era trovata spesso in competizione con altri apparati, pontifici, di altre confessioni o legati alle autorità secolari coloniali. Cfr. Giovanni Pizzorusso, *La Congrégation De Propaganda Fide à Rome. Centre d'accumulation et de production de «savoirs missionaires» (XVIIe-début XIXe siècle)*, in *Mission D'Évangélisation et circulation des savoirs XVIe-XIXe siècle*, a cura di Charlotte de Castelnau-l'Estoile, Marie-Lucie Copete, Aliocha Maldavsky, Ines G. Županov, Madrid, Collection de la Casa de Velàzquez, 2011, pp. 25-40.

68. Pizzorusso, *I duellanti*, p. 60.

del XIX secolo, con l'intensificarsi delle iniziative per la ricostituzione della Compagnia, in seguito ristabilita ufficialmente da Pio VII nel 1814. I rapporti tra i due organismi si avviarono verso una maggiore definizione e distensione per i decenni successivi, sotto il pontificato di Gregorio XVI (1765-1846) che fu, in particolare, all'insegna di un deciso potenziamento dell'attività missionaria e della riaffermazione del primato della Chiesa di Roma. Lo scenario cambiò ancora nella seconda metà del secolo, quando si assistette al rinvigorimento delle polemiche verso i gesuiti, co-bersaglio delle critiche anticattoliche espresse all'indirizzo di Giovanni Mastai Ferretti, Pio IX (1792-1878).[69]

Tanto la Congregazione quanto la Compagnia continuarono a testimoniare congiuntamente la complessità dell'attività missionaria, in un Ottocento attraversato da una sostanziale difesa dell'ortodossia controriformista che però, come ricorda Pizzorusso, non deve far venire meno la consapevolezza del peso delle relazioni globali,[70] da cui derivò una ricca produzione transregionale di conoscenza. Mezzofanti fu un osservatore diretto di queste forme di competizione, interpretazione e interazione e, talvolta, di integrazione. La sua corrispondenza costituisce infatti una sintesi vivida delle dinamiche della Chiesa, soprattutto prima dei rivolgimenti del 1848. Le lettere trattate nei prossimi paragrafi, appartengono a una fase storica in cui il confine tra l'universalismo delle Chiesa e l'adozione dei modelli nazionali da parte delle Chiese stesse, attive nella seconda metà del secolo[71] e poi di nuovo in contrazione,[72] non è ancora netto. Questo consente alle istituzioni cattoliche di approntare e ridisegnare continuamente una propria strategia della narrazione globale salvifica,[73] nel più ampio quadro della stagione delle religioni sentite come strutture globali.[74]

69. Cfr. Pavone, *Anti-Jesuitism*, pp. 840-843.

70. Cfr. Pizzorusso, *La Congrégation De Propaganda Fide à Rome, passim.*

71. Sul tema si veda: *Il Papato e le Chiese Locali. The Papacy and the Local Churches Studies*, a cura di Péter Tusor, Matteo Sanfilippo, Viterbo, Sette Città, 2014.

72. Si veda: Roberto Regoli, *Tramonto delle Chiese "Nazionali" e Nuovo Giorno del Papato? La Lunga Epoca dei Cambiamenti*, in *Il Papato e le Chiese Locali*, pp. 379-406.

73. Per un'elaborazione del concetto di "Global Salvific Catholicism" di veda: Luke Clossey, *Salvation and Globalization in the Early Jesuit Mission*, Cambridge-New York, Cambridge University Press, 2008, pp. 238-258.

74. Si veda, sul tema delle religioni imperiali: Bayly, *La nascita del mondo moderno*, pp. 410-435.

5. *Messaggi dalla diaspora: contatti con i gesuiti*

Il carteggio Mezzofanti conserva una documentazione diffusa sulla vita dei gesuiti, per lo più provenienti dalle terre della Corona spagnola e riparati in Emilia-Romagna dopo l'espulsione e in massima parte riferibile agli anni bolognesi del cardinale.

Già oggetto di dettagliate indagini,[75] questa sezione del carteggio mostra le strategie di adattamento degli esuli alla nuova realtà locale,[76] attraverso l'integrazione di personaggi autoctoni[77] come parte del superamento del trauma dello sradicamento e come opportunità di inserimento attivo nella vita cittadina.[78] Come sottolinea Piciulo, l'aspetto (spesso trascurato dalla critica) della natura di migranti[79] dei membri dell'Ordine ne ridefinì la «rete sociale»[80] convertendola in una «catena migratoria»[81] che agiva secondo meccanismi di solidarietà nella rigenerazione del tessuto sociale danneggiato;[82] un aspetto che il Fondo Mezzofanti contribuisce a recuperare da diverse angolazioni.

Lo scambio tra Mezzofanti e la comunità di ex-gesuiti riguarda prevalentemente il confronto intellettuale e l'aggiornamento scientifico, come nel caso delle comunicazioni intercorse con il messicano Ignacio Clavijero, fratello minore del più noto storico Francisco Javier (1731-1787) che, essendo in possesso di materiali bibliografici sulla storia del Messico li aveva prestati a Mezzofanti e ne chiedeva la restituzione con una lettera del 1819;[83] o l'argentino Joaquín Camaño, oggetto dell'analisi di Piciulo che trascrive

75. Tra cui quelle di Giovanni Gentile G. Marchetti (2010) e di Viviana Silvia Piciulo (2014).

76. Per una panoramica sull'inserimento dei gesuiti nelle realtà locali d'accoglienza emiliano-romagnole si vedano: Marchetti, *L'americanismo e la cultura dei gesuiti espulsi in Italia. Il Cardinale Mezzofanti Americanista*; Guasti, *L'esilio italiano dei gesuiti spagnoli*; Id., *I gesuiti spagnoli espulsi e le élites italiane di fine Settecento*; Piciulo, *I gesuiti americani espulsi in Italia*; Id., *Joaquín Camaño e il network di un grande collaboratore*; *La presenza in Italia dei gesuiti iberici espulsi.*

77. Cfr. Piciulo, *Joaquín Camaño e il network di un grande collaboratore, passim.*; Marchetti, *L'americanismo e la cultura dei gesuiti espulsi in Italia, passim.*

78. *Ibidem.*

79. *Ibidem.*

80. Piciulo, *Joaquín Camaño e il network di un grande collaboratore*, p. 121.

81. Cfr. *ibidem.*

82. *Ibidem.*

83. BCABo, F.S. Mezzofanti, Cart. XVI, 7.11, Ignacio Clavijero, Bologna, 1819.

appunto la corrispondenza tra i due eruditi,[84] riguardante la trasmissione di informazioni linguistiche sulla lingua chiquita[85] ma anche sul greco antico e su alcuni passaggi in ebraico. Piciulo fa notare, inoltre, quanto l'interscambio coinvolga collateralmente e spesso sul piano pratico anche altri gesuiti esiliati. È il caso del cileno Juan Ignacio Molina[86] che inoltra a Mezzofanti una richiesta di intercessione per conto di un allievo italiano in cerca di occupazione.[87] Di tenore simile è una lettera dello spagnolo Manuel Lubelza che presenta a Mezzofanti un amico italiano precettore, desideroso di incontrarlo.[88] Mezzofanti ha contatti anche con il messicano Joaquín Uría,[89] di cui è presente una minuta (in copia trascritta forse dallo stesso Mezzofanti) relativa a questioni di natura finanziaria per il sovvenzionamento dei gesuiti e indirizzata all'accademico messicano Basilio Joseph Arrillaga.[90] Alla lettera, risalente al 1824 e quindi successiva alla rifondazione della Compagnia, è unita una lista (anonima) di nomi di gesuiti messicani.[91]

Le testimonianze riguardano anche gesuiti non provenienti dai domini spagnoli, come lo svedese Lorenzo Ignazio Thjulen,[92] il gesuita italiano Antonio Bresciani[93] e il bibliotecario italiano Angelo Mai[94] che

84. Cfr, Piciulo, *I gesuiti americani espulsi in Italia, passim.*

85. BCABo, F.S. Mezzofanti, Cart. IV, 1; XVI, 1; Cart. XVI, I; Cart. XXIII, *Sulla lingua chiquita.*

86. Sui rapporti tra Molina e Mezzofanti si veda: Laurencich Minelli, *Il cardinale Mezzofanti Americanista*; Piciulo, *Joaquín Camaño e il network di un grande collaboratore, passim.*

87. Corrispondenza Molina-Mezzofanti: BCABo, F.S. Mezzofanti, Cart. XLV, 1815; XVI, 7, 1819; Cart. LII, 8, 1818. Si veda anche Piciulo, *I gesuiti americani espulsi.*

88. Corrispondenza Lubelza-Mezzofanti: BCABo, F.S. Mezzofanti: Cart. XVII, 14.8; Lubelza, Savignano, 1812; Cart. XIX, 8.17, Lubelza, Savignano, 1824; Cart. XXI, 2, 26., Mezzofanti.

89. Corrispondenza Uría-Mezzofanti: BCABo, F.S. Mezzofanti, Cart XX, II, 1.24, 1824.

90. Cfr. Burrus, *Hispanic Americana in the Manuscripts of Bologna.*

91. Si vedano: Guzmán, *Manuscritos sobre México en archivos de Italia*; Burrus, *Hispanic Americana in the Manuscripts of Bologna*; Cacho, *Manuscritos Hispánicos de las bibliotecas de Parma y Bolonia*; Piciulo, *Joaquín Camaño e il network di un grande collaboratore, passim.*

92. Cfr. Pasti, *Un poliglotta in biblioteca, passim.*

93. Bresciani mise in contatto Russell con Minarelli per la collaborazione che avrebbe portato alla stesura della biografia di Mezzofanti. Corrispondenza Bresciani, BCABo, F.S. Mezzofanti, Cart. XXVIII, 14, 1856.

94. Per la corrispondenza Thuljen-Mezzofanti e Mai-Mezzofanti: BCABo, F.S. Mezzofanti, Cart. XVIII, 1.14; XLI, 1835.

Mezzofanti sostituirà alla guida della Biblioteca Vaticana, nonché ecclesiastici vicini all'ambiente gesuita che avevano condiviso la formazione con Mezzofanti, diventando parte della medesima rete. È il caso del teologo cubano Manuel Echeverría (1774-1845) menzionato nella copia della lettera di Urìa, quale possibile intermediario locale per una corrispondenza tra Città del Messico e Cadice.

Echeverría, amico di Mezzofanti, che aveva frequentato a Bologna in gioventù, gli scrive[95] da L'Avana diversi anni dopo la sua partenza, a seguito del viaggio a Roma dei nipoti, congratulandosi per la nomina a cardinale e proponendogli l'invio di alcune carte geografiche col tramite di uno dei nipoti residente a Parigi.[96] In una lettera piena di annotazioni pittoresche su Roma e Bologna inviata al nipote, Echeverría parla poi anche dello stesso Mezzofanti in toni entusiastici:

> Manuel mi estimado sobrino [...] me alegro que hayas conocido y tratado à mi antiguo y docto condiscipulo D.n Josè Mezzofanti, cuya estencion en el conocimento de idiomas no conosce superioridad en todo el ambito de la tierra [...].[97]

Un altro personaggio legato al mondo gesuita di cui il Fondo fornisce un importante apporto informativo[98] è senz'altro Joaquín Muñoz (1777-1847).[99] Bibliofilo ed erudito spagnolo dal profilo intellettuale molto vicino a quello di Mezzofanti, fu custode di diverse opere di gesuiti esiliati, riguardanti la storiografia e l'architettura preispanica[100] ma anche le cronache delle traversie affrontate durante la diaspora.[101]

Con il ripristino dell'Ordine si assiste dunque a una rinnovata stabilità per i gesuiti che tuttavia continuano, dato il permanere del clima polemico nei loro confronti, a ricorrere a protettori che ne agevolino la posizione

95. Si veda: Russell, *Vita del Cardinale Giuseppe Mezzofanti*, p. 397.

96. «Aunque en los treinta y seis años cumplidos de nuestra reciproca separacion jamas je dejado de hacer en toda oportunidad tiernos recuerdos de la persona de V. Eª [...] Con motivo del viaje de mis sobrinos D. Francisco y D. Manuel Pedroso se han abiertos comunicaciones conducentes el efecto [...] Aqui todo llega tarde, y por esta causa no serà estraña mi demora en la congratulacion debida [...] à la Santa Romana Sede que ha logrado de acercarse los talentos y virtudes de V. Eª para su protecion en la calamidad de nuestra epoca [...]», BCABo, F.S Mezzofanti, Cart. XVI, 11.1, 2, Echeverría.

97. *Ibidem*.

98. Corrispondenza Muñoz-Mezzofanti, ivi, Cart. XVIII, 8.16; LI, 55, 6.

99. Si veda: David García Cueto, *Joaquín Muñoz, un erudito y bibliófilo español en la Bolonia del siglo XIX*, in «Goya. Revista de arte», 310 (2006), pp. 11-22.

100. *Ibidem*.

101. Cfr. Piciulo, *I gesuiti americani espulsi*; Cacho, *Manuscritos Hispánicos*.

professionale. Ciò è espresso ad esempio in una lettera che la marchesa Lucrezia Boschi Mosca invia a Mezzofanti, contribuendo, per conto del fratello, a mettere in contatto il bolognese con l'Ordine a Reggio Emilia «stante li cortesi sentimenti da quale è animata per i P.ri Gesuiti».[102] Mezzofanti si inserisce così "sottotraccia" nel percorso biografico collettivo dei suoi mentori e compagni costruendo, proprio a partire da questa dimensione, il suo ruolo trasversale di referente e garante. Un tramite capace di intercettare e rielaborare efficacemente ed empaticamente la condizione degli stranieri, chiamati a prove di resistenza e adattamento nei processi di inserimento all'interno delle realtà municipali italiane.

6. *Le strade per Roma: allievi e maestri di Propaganda Fide*

> Volle graziosamente il Santo Padre che nell'ora del passeggio fossi al suo giardino, dove si trovano parecchi giovani della Propaganda, che amò di sentir discorrere meco ne' loro idiomi[103]

Questa lettera, che Mezzofanti indirizza al nipote Giuseppe Minarelli, risale agli inizi del soggiorno romano nel maggio 1831 e documenta l'avvio della seconda fase della sua vita, la lunga stagione in cui l'amicizia con Gregorio XVI gli assicura un avanzamento nella carriera ecclesiastica, avvicinandolo, in particolare, alla Congregazione de Propaganda Fide. La contiguità all'ambiente di Propaganda costituisce dunque, dopo la cerchia filo-gesuita, l'altro grande centro di internazionalizzazione dei contatti di Mezzofanti. Pur non svolgendo un ruolo di primo piano, Mezzofanti coopera con i vertici della struttura nell'accoglienza e nell'orientamento dei giovani allievi inviati a Roma per l'educazione missionaria, mantenendo con essi rapporti epistolari anche dopo la loro l'assegnazione ai territori da evangelizzare e assorbendo la forte vocazione cosmopolita universalistica, nel bilanciamento con l'altrettanto forte potere centralizzante di Roma, che caratterizzava Propaganda[104] sin dalle origini. Tramite gli ambienti di Propaganda Mezzofanti

102. BCABo, F.S. Mezzofanti, Cart. XV, 9.9, Maria Lucrezia Boschi, 1825.

103. Ivi, Cart. XLV, Lettera a Giuseppe Minarelli, 14 maggio 1831.

104. Sul tema si veda: Giovanni Pizzorusso, *Agli antipodi di Babele: Propaganda Fide tra immagine cosmopolita e orizzonti romani (XVII-XIX secolo)*, in *Storia d'Italia. Annali 16. Roma, la città del papa. Vita civile e religiosa dal giubileo di Bonifacio VIII al giubileo di papa Wojtyla*, a cura di Luigi Fiorani, Adriano Prosperi, Torino, Einaudi, 2000, pp. 479-518.

incrementa, inoltre, le proprie occasioni di conoscenza con viaggiatori indipendenti, diplomatici, convertiti e apostati, la cui situazione necessitava di essere regolamentata, coadiuvando i responsabili della Congregazione nella gestione di necessità estemporanee, come il fare da interprete alle udienze del Pontefice, tradurre la corrispondenza, ritrasmettere informazioni. Tutti questi aspetti sono pertinenti a una dimensione prevalentemente informale, attraverso cui il Fondo apre all'analisi delle relazioni umane e degli sviluppi delle vicende di coloro che, transitando da Roma, si trovavano a intrecciare i propri percorsi con quello di Mezzofanti. In diversi appunti del Fondo compaiano i nomi di allievi del Collegio Urbano presenti a Roma negli anni Trenta e Quaranta: tra questi figurano[105] i cinesi Giovanni Evangelista Wang e Giovanni Battista Mong della provincia dello Shaanxi, Francesco Leang di Canton, lo sloveno Ignacij Knoblehar, futuro Vicario in Africa Centrale.

Mezzofanti mantenne, in particolare, legami epistolari con gli ex allievi nord-americani, come lo statunitense Martin John Spalding, futuro Vescovo coadiutore di Louisville in Kentucky, che gli scrisse nel 1838 a nome del vescovo di Cincinnati John Baptist Purcell, con l'auspicio che l'incontro potesse essere per Mezzofanti una fonte «on the state of religion and politics in our Western Hemisphere»;[106] o ancora, Adolphus Williamson, di Baltimora, che nel presentare un accademico dell'Università del Maryland scrive: «he is very anxious that you would do him the favor of writing in his album a few words of each languages with which you are aquainted».[107] Non è un caso, naturalmente, che la maggior parte dei contatti statunitensi e canadesi di Mezzofanti si moltiplichino negli anni romani, durante i quali la Congregazione tentò di rafforzare la propria giurisdizione sul Nord America, ripristinando il ruolo del clero locale come strumento di contrasto, anche geopolitico, alle strutture protestanti legate alla Corona inglese.[108] Una menzione a parte merita il caso di Pablo Tac (1820-1841),[109] allievo nativo americano

105. BCABo, F.S. Mezzofanti, Cart. LXVI, 24.

106. Ivi, Cart. XIX, 12.10, Martin John Spalding, 1838.

107. Ivi, Cart. XX, 9.20 Adolphus Williamson, 1834.

108. Sul tema della giurisdizione ottocentesca di Propaganda in Nord America si veda: Giovanni Pizzorusso, *The Congregation de* Propaganda Fide, *the Holy See and the Native Peoples of North America (17th-19th Centuries*, in *Holy See's Archives as Sources for American History*, a cura di Kathleen Sprows Cummings, Matteo Sanfilippo, Viterbo, Settecittà, 2016, pp. 13-53.

109. Sul tema si vedano: Tagliavini, *La Lingua degli indigeni Luiseño*; Haas, *Pablo Tac, Indigenous Scholar*; Giovanni Pizzorusso, *Indiani del Nordamerica a Roma (1826-1841)*, in

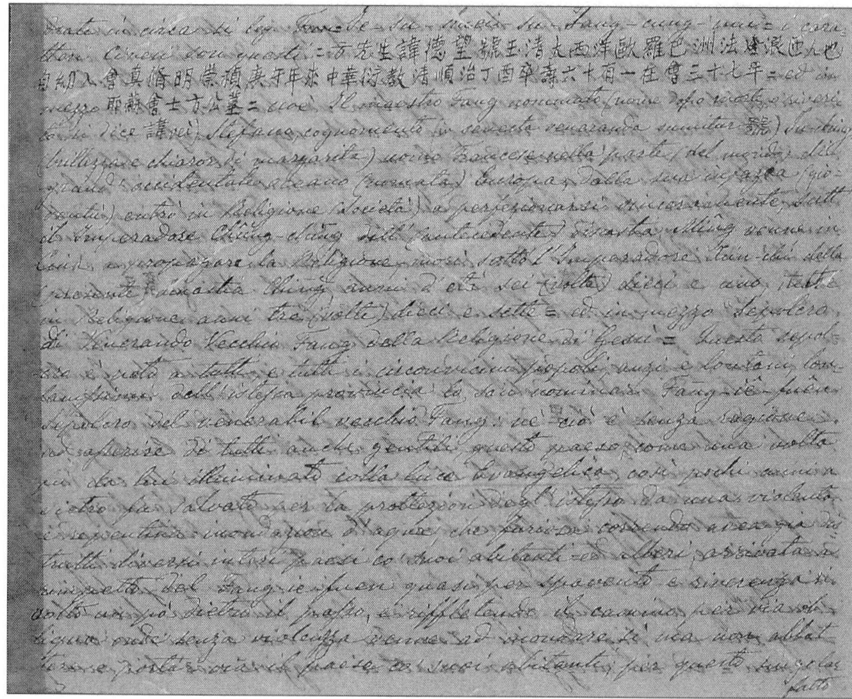

Fig. 4. Particolare da una lettera dell'allievo Francesco Leang, BCABo. F.S. Mezzofanti, Cart. XVII, 13.1, 1847. Foto Biblioteca Comunale dell'Archiginnasio di Bologna.

originario del pueblo di Quechla.[110] Inviato a Roma nel 1834, insieme al compagno Agapito Amamix, Tac venne inserito nel Collegio Urbano[111] dove ebbe modo di frequentare Mezzofanti. La conoscenza tra i due è testimoniata dal Cardinale Nicholas Patrick Wiseman, rettore del Collegio Inglese di

«Archivio della Società Romana di Storia Patria», 116 (1993), pp. 395-411, *passim*; Id., *The Congregation de* Propaganda Fide, *the Holy See and the Native Peoples of North America*, *passim*; Damon B. Akins, William J. Bauer, *We Are The Land. The History of Native California*, Oakland, University of California Press, 2021, *passim*.

110. In seguito territorio della missione francescana di San Luis Rey de Francia, a Oceanside in California.

111. Cheegnajuisci in California-Catalogus Alumnorum Collegii Urbani qui ab anno MDCCCXIX ad annum MDCCCXXXVII, Archivio Collegio Urbano Propaganda Fide, p. 6.

Roma, che riportò a Charles William Russell di una conversazione avuta con Mezzofanti, in cui il bolognese dichiarava di essere impegnato nell'insegnamento del *californese*, lingua appresa da allievi nativi:

> «Da chi mai avete potuto imparare cotesta strana lingua?» chiese il dottor. Wiseman
> «*Da loro stessi*» ripigliò Mezzofanti «e adesso vengo insegnandola loro secondo la grammatica»[112]

L'idea che Mezzofanti fosse stato in grado di sistematizzare le regole grammaticali della lingua americana e, per giunta, proprio a beneficio di coloro da cui l'avrebbe appresa, è verosimilmente un ennesimo prodotto del mito, in cui si può ravvisare anche una forma di paternalismo eurocentrico che tende a replicare rapporti asimmetrici tra europei ed extraeuropei.[113] Ma che Mezzofanti stesse apprendendo il "californese" o, più propriamente, il luiseño, è comprovato dall'importante plico di documenti redatti dallo stesso Tac e custoditi nel Fondo.[114] Si tratta di una raccolta di materiale etnografico e linguistico sulla Missione, attorno a cui si snoda un'analisi nella prospettiva indigena.[115] Il materiale è una traccia preziosa della rielaborazione di Tac, dello sguardo sulla propria terra, declinato nei termini di un'informazione scientifica, oltre che una ricca testimonianza della sua esperienza conclusasi prematuramente in un epilogo tragico, sorte peraltro condivisa anche da altri allievi.[116] Il Fondo non mostra tracce di contatti diretti tra questi allievi e Mezzofanti, ma Russell attribuisce alla loro frequentazione l'apprendimento della lingua delle tribù Ottawa[117]

112. Russell, *Vita del Cardinale Giuseppe Mezzofanti*, p. 218.

113. Considerando il fatto che Amamix morì nel 1837 di febbre, seguito dallo stesso Tac nel 1841 per il vaiolo, appare piuttosto inverosimile che Mezzofanti avesse avuto modo in soli tre anni (tanti dovevano esserne trascorsi al massimo dall'arrivo di Tac e Amamix all'incontro di Mezzofanti con Wiseman) di padroneggiare così bene la lingua da essere in grado di insegnarla a sua volta.

114. BCABo, F.S. Mezzofanti, Cart. III, 1., Pablo Tac, *Lingua Californese*.

115. Si veda: Haas, *Pablo Tac*.

116. Si registrano delle analogie, infatti, con il caso di due indigeni Ottawa, provenienti da L'Arbre Croche sul lago Michigan, inviati a Roma dal vescovo di Cincinnati, successore del sopracitato Purcell, Edward Dominic Fennwick. Uno dei due, Maccodobenesi-Blackbird, morì poco dopo l'arrivo a Roma; l'altro, Augustin Hamelin, figlio di un canadese e di una *kiminitchagan*, fece ritorno in America dopo essersi a sua volta ammalato Cfr. Pizzorusso, *Indiani del Nordamerica a Roma (1826-1841)*, *passim*.

117. Russell, *Vita del Cardinale Giuseppe Mezzofanti*, p. 223.

da parte del cardinale, che avrebbe invece appreso l'algonchino dal padre missionario Thevenet, della Congregazione di S. Sulpizio.[118]

Vi è un ulteriore livello di collaborazione tra Mezzofanti e la Congregazione, legato ad incarichi ufficiali come l'insegnamento delle lingue agli allievi, le consulenze e le collaborazioni linguistico-filologiche alle traduzioni di testi sacri. Un livello questo da leggere nel quadro della circolazione della conoscenza come motore della produzione intellettuale di Mezzofanti.

7. *Salvacondotti, catechismi e processi: passaggi interconfessionali e marginalizzazioni*

I presupposti per la collaborazione con i vari organismi istituzionali della curia vennero posti durante gli anni bolognesi, quando Mezzofanti iniziò a farsi un nome come interprete degli stranieri. Molti degli incarichi che si trovò a ricoprire derivarono dai dissesti geopolitici e sociali causati dalle guerre napoleoniche nell'Europa continentale e mediterranea, che riversarono nella penisola un accresciuto numero di individui, spinti alla migrazione da svariati fattori di pressione politica sui territori, quali arruolamenti, dislocamenti e diserzioni. È così che Mezzofanti si ritrova a perorare cause come quella di tre giannizzeri ottomani, la cui vicenda risale agli anni del Regno d'Italia.[119] Dopo aver disertato dalla Legione nei pressi di Bologna, essere stati catturati dalle autorità locali, imprigionati e rimandati a processo, i tre si erano appellati al Prefetto, denunciando in particolare il disagio che derivava dal non comprendere la lingua ed essere isolati dal resto delle truppe per le differenze confessionali, cercando di ottenere un salvacondotto per rientrare in patria. Il caso, su cui Mezzofanti scrisse, «pregato dai tre»[120] e facendo poi da interpre-

118. *Ibidem*.

119. «Tutti e tre maomettani nativi di un piccolo villaggio [...] distante circa sei leghe da Belgrad, lavoratori di campagna, ed ascritti col corpo dei Gianizzeri, in una invasione russa, furono presi e condotti schiavi, dove eccitati più volte a prendere il servizio militare non vogliono mai acconsentire. In seguito avvicinandosi i francesi [...] e sapendo esserci buona armonia [...] tra la Francia e la Sublime Porta si rifugiarono presso i loro liberatori, implorando di ritornare in seno alle loro famiglie. [..] Ma l'ostacolo della lingua fece sì che in vece di un salvacondotto per il loro paese ricevettero l'abito militare del Regimento Etrangers [...]», BCABo, F.S. Mezzofanti, Cart. LXVI, 27 *Istanza diretta al prefetto per conto di sudditi turchi*.

120. *Ibidem*.

te su richiesta del Prefetto,[121] rientra nei numerosi altri di controversa gestione giuridica dello status di schiavi e prigionieri di guerra, nel continuativo conflitto sui territori euroasiatici di Russia e dell'Impero Ottomano.[122] Mezzofanti si sarebbe mostrato spesso sensibile alle problematiche di migranti ed espatriati che venivano a trovarsi in condizioni di marginalità sociale ed economica, anche se non mancheranno, nel suo punto di vista, le implicite letture evoluzioniste dell'alterità extra-europea. La sua azione in seguito si rivolgerà spesso a soggetti interessati alla conversione al cattolicesimo.[123] Se ne ha un primo esempio già a Bologna, nella corrispondenza intercorsa nel 1819 tra lo stesso Mezzofanti, l'arciprete Sacchetti di S. Giovanni in Persiceto e il vescovo Carlo Oppizzoni (1769-1855), a proposito di una non meglio identificata cittadina africana, intenzionata a prendere i voti.[124] A questo tipo di attività pertiene anche la lettera del Segretario di Stato Francesco Capaccini (1784-1845) che nel 1834 scrisse a Mezzofanti su incarico del papa, a proposito della conversione di Nadir Bey, un aiutante di campo del Wālī e Generale d'Egitto Ibrahim Pascià (1789-1848):

> Nella persuasione di essere nato polacco e preso schiavo dai Turchi nella età tenerissima, e perciò educato maomettano, vuole professare la fede in cui crede d'esser nato. Questo giovane di circa 30 anni, d'indole dolcissima, e molto ricco a giudicar dal modo in cui si tratta verrà da me domani [...] e io dovrò portarlo da Lei.[125]

Di tenore simile è una lettera presente nel Fondo ma indirizzata al Prefetto di Propaganda Fide Giacomo Filippo Fransoni (1775-1856), sul caso di Clotilde Righi e dell'uomo responsabile della sua conversione, il capitano

121. BCABo, F. S, Mezzofanti, Cart. XXI, 4. 23.

122. Per una contestualizzazione si veda: Will Smiley, *From Slaves to Prisoners of War: The Ottoman Empire, Russia, and International Law*, Oxford, Oxford University Press, 2018.

123. Sulle radici dell'intersezione di traduzione ed espansione del cattolicesimo si veda: *Translating Catechisms, Translating Cultures: The Expansion of Catholicsm in the Early Modern World*, a cura di Antje Flüchter, Rouven Wirbser, Leiden, Brill, 2017. Sul tema delle conversioni si veda: *Sacre Metamorfosi. Racconti di conversione tra Roma e il mondo in età moderna*, a cura di Chiara Petrolini, Vincenzo Lavenia, Sabina Pavone, Roma, Viella, 2022.

124. Scrive Mezzofanti a Sacchetti: «Prenda questo Catechismo in carattere antico, se questo non fosse familiare all'affricana suddetta, si compiacerà di avvertirmene», BCABo, F.S. Mezzofanti, Cart. XXXV, 54, Giuseppe Mezzofanti, maggio 1819.

125. Ivi, Cart. XVI, 3.1, Francesco Capaccini, 1834.

Antonio Righi, alle prese con gravi difficoltà economiche.[126] In questi racconti la testimonianza sulla mobilità dei soggetti nello spazio transregionale mediterraneo si fonde all'interpretazione che ne diedero gli osservatori degli organismi pontifici. Tale interpretazione non è esente da forme di infantilizzazione del profilo di individui considerati subalterni, come gli stranieri e le donne.[127] Verso di essi si stabiliscono inoltre termini di condiscendenza che replicano meccanismi di percepita disparità o di negazione dell'altrui capacità di determinare autonomamente il proprio percorso.[128] Per quanto riguarda ulteriori testimonianze sui confini interreligiosi, un caso particolare è quello dell'autore di una lettera che si firma Hamed Effendi:

> Siccome egli è conscio di dieci lingue si lusinga che V.ra Eminenza troverà piacere parlargli in qualunque lingua più gli sarà grado, più, egli è costretto chiederle un consiglio riguardo la religione avendo dovuto apostatare nell'anno 1827 essendo caduto nelle mani dei Turchi nella battaglia di Scio. Il suo desiderio è grande a questo abboccamento, e si fa onore di inviarle uno dei biglietti fatti a Marsiglia sotto il suo vero nome.[129]

La richiesta di colloquio – che Effendi cerca di rendere accattivante per Mezzofanti con la prospettiva di una conversazione tra poliglotti – per discutere delle implicazioni spirituali e materiali della costrizione all'apostasia, solleva il tema dell'adattamento alla condizione liminare che veniva a determinarsi negli scambi interconfessionali. Essa poteva condurre a diversi risultati, dall'adozione di uno stile di vita «cripto-cristiano»[130] all'apertura di uno spazio di negoziazione all'interno del mondo ottomano,[131] a

126. «Nata essa Maomettana nella presa di Navarino fatta dai Greci nell'anno 1821 cadde in potere di un capitano di nave Corso che navigava in quei mari chiamato Antonio Righi. Questi avendo a bordo del suo bastimento un missionario francescano fece catechizzare la Righi che ricevette il battesimo nelle acque di Sira [...]. Approdato il Righi prima a Genova quindi a Livorno condusse la neofita a Roma ove gli si conferirono i Sagramenti [...]. Volendo il Righi compir l'opera di sua Beneficenza volse in moglie l'Oratrice che perciò si vide compiutamente felice», BCABo, F.S. Mezzofanti, Cart. LVII, 60. Lettera indirizzata al Cardinal Fransoni.

127. Per quanto resti da stabilire se la lettera relativa al caso Righi sia stata scritta o approvata dalla stessa, o se rifletta l'interpretazione dei fatti data da un mediatore.

128. Secondo Edward Said l'infantilizzazione dell'adulto "orientale" è un processo funzionale a riaffermare l'identià razionale adulta europea. Cfr, Said, *Orientalismo*, p. 46.

129. BCABo, F.S. Mezzofanti, Cart. XXXIX, 4, Hamed Effendi, 1846.

130. Cfr. Selim Deringil, *Conversion and Apostasy in the Late Ottoman Empire*, Cambridge, Cambridge University Press, 2012, pp. 111-155.

131. Cfr. ivi, p. 257.

seconda del portato simbolico legato al prestigio dell'apostata o convertito, nonché della capacità dell'individuo di abitare uno spazio di soglia. Anche se incompleti,[132] questi episodi sono tuttavia tasselli di valore sulla mobilità interreligiosa e sulla proiezione della conflittualità confessionale[133] nello spazio mediterraneo dalla prima età moderna[134] al XIX secolo, dove si muovono soggetti sottoposti alla necessità di orientarsi tra diverse formule dottrinali e teologiche, ricombinando prospettive secondo modalità che non ne inibissero la capacità di azione. In questo Mezzofanti mantiene il suo ruolo di mediatore, forse perché il suo poliglottismo faceva presupporre agli interlocutori di avere a che fare con un soggetto bendisposto e curioso verso la pluralità. In altre parole, Mezzofanti era probabilmente percepito come una controparte in grado di dialogare sul piano dell'interconfessionalità, pur rimanendo un personaggio "di punta", totalmente integrato nella gerarchia ecclesiastica cattolica.

La sua vicinanza al soglio pontificio e la sua notorietà erano probabilmente le ragioni per cui a Mezzofanti si inoltravano (o si richiedeva di tradurre) richieste di intercessione in situazioni critiche, interne alla stessa gerarchia cattolica. Ne sono una testimonianza il caso del messicano Vicente Maria Lesprón – la cui vicenda è stata recentemente ricostruita in un articolo di David Carbajal López[135] – e quello dello svizzero Luigi Hartus. Francescano nativo dello stato di Zacatecas, Lesprón venne accusato di adescamento in confessionale ma riuscì rocambolescamente a sfuggire al processo, imbarcandosi per la Francia. Il suo percorso si fece, da lì in poi, piuttosto ondivago (sia geograficamente che cronachisticamente) tra il conseguimento di permessi e dispense dallo Stato Pontificio, revoche, errori, auto-attribuzioni millantate di titoli ecclesiastici quali «vescovo di

132. Non è stata individuata nel Fondo una traccia relativa alla risposta di Mezzofanti, che fornisse ulteriori indizi sul destino di Hamed Efendi, né sulla risposta degli organismi pontifici su questo caso specifico o sui precedenti relativi all'apostasia della religione musulmana.

133. Sul tema si veda: Eleanor H. Tejirian, Reeva Spector Simon, *Conflict, Conquest and Conversion: Two Thousand Years of Christian Missions in the Middle East*, New York, Columbia University Press, 2012.

134. Su conflittualità e tolleranza religiosa nel Mediterraneo della prima età moderna si veda anche: Filomena Viviana Tagliaferri, *Tolerance Re-Shaped in the Early Modern Mediterranean*, New York, Routledge, 2018.

135. David Carbajal López, *Sospechos Comunes: los frailes de Veracruz bajo la vigilancia del gobierno federal, 1824-1833*, in «Revista Complutense de Historia de América», 33 (2007), pp. 177-195.

Maracaibo e vicario delle missioni» e tentativi di arresto.[136] La storia di Lesprón arriva in fine al Fondo Mezzofanti, dove è presenta una lettera:

> El [...] suplica V. Eminenzia un *pequeño ausilio.* [...]Ha sufrido la pena de tres años que le ha impuesto de detencion [...] y todavia [...] espera [...] ser rehabilitado. [...][137]

La lettera fa probabilmente parte del tentativo di Lesprón di estendere il più possibile il bacino di protettori a cui appellarsi,[138] per sostenere il processo e l'eventuale reintegro nelle gerarchie cattoliche. Sullo stesso piano si colloca la vicenda di Luigi Hartus di Rorschach che scrive dalla Prison Cellulaire di Montpellier nel 1846:

> Nell'anno 1837 io sono partito [...] per Pechino nella Cina per fare la mia santa missione [...] Nell'anno 1843 per mancanza di denaro ed a causa della guerra tra Inglesi e Cinesi [...] io sono ritornato da Londra a Parigi, e da Parigi a Lione, Marsiglia, ed a Roma. Nel 1844 sono partito da Roma, come V.ra Eminenza Ill.ma sa, per Napoli. Da Napoli io scriveva una lettera a Roma a Sua Santità [...] per ricevere una Carta ecclesiastica stampata con la [...] benedizione di Sua Santità per la mia [...] Missione a Pechino. [...] Ma nessuna lettera, nessuna risposta veniva mai da Roma [...]. Dopo molto tempo passato io sono partito da Napoli per Livorno e Marsiglia [...] Io cercavo [...] del denaro per il continuare il mio viaggio [...] a Pechino. Da Marsiglia io sono partito col vapore [...] per Alessandria d'Egitto, volevo partire per la strada di Gerusalemme e del Mar Rosso.[139]

A questo punto Hartus racconta di essere stato costretto a reimbarcarsi per la Francia, non avendo ottenuto un colloquio con il console francese, e di essersi quindi spostato verso Montpellier, dove avrebbe ripreso la ricerca di fondi, per poi essere arrestato e tradotto in carcere. Da lì, privato del passaporto e non disponendo di credenziali certificate dalla Chiesa (che dichiara di aver perduto) scrive a Mezzofanti affinché interceda, insieme ad altri cardinali di Propaganda Fide, per fargli ottenere la documentazione necessaria ad uscire dal carcere. Sebbene meno controverso di quella Lesprón, anche la vicenda Hartus si configura come un caso di incontro con la marginalità. Dalla scrittura, fitta e ridondante, traspare tutta l'apprensione del missionario

136. Cfr. Carbajal López, *Sospechos Comunes*, *passim*.
137. BCABo, F.S. Mezzofanti, Cart. XVII, 13.9, Vicente Maria Lesprón, 1845.
138. Cfr. Carbajal López, *Sospechos Comunes*, *passim*.
139. BCABo, F.S. Mezzofanti, Cart. XXXIX, 7, Luigi Hartus, 1846.

per il limbo normativo in cui si è ritrovato e il suo rivolgersi a Mezzofanti è una conferma della popolarità e autorevolezza del cardinale quale supporto riconosciuto a livello internazionale, un alleato in momenti di criticità per chi sperimentava cause e conseguenze dei meccanismi dell'internazionalizzazione della mobilità,[140] affrontando lunghe traversate e grandi cambiamenti, dentro la geografia mutevole dei rapporti di forza transazionali.

8. *Cartografia dell'evangelizzazione: una pluralità di soggetti*

Il Fondo Mezzofanti può essere dunque considerato un deposito privato di aggiornamenti, dal carattere per lo più informale, sull'attività della Chiesa cattolica nella dimensione extra-europea del Primo Ottocento. Per poter rendere nel modo più completo possibile il senso dell'afflusso di materiale da ogni continente, si è qui optato per una ripartizione su base geografica macroregionale delle lettere rintracciate nel Fondo. L'archivio appare dunque ricco di testimonianze relative all'azione centralista di romanizzazione della Chiesa promossa in particolare da Gregorio XVI[141] e delle modalità con cui tale programma venne recepito a livello territoriale, soprattutto in relazione all'avvento dei contemporanei movimenti nazionali della stagione post-napoleonica.

8.1. *Nord Africa, Africa subsahariana e Asia occidentale*

Le notizie nel Fondo relative alla presenza della Chiesa nei territori mediorientali sono piuttosto consistenti. Le lettere riflettono l'eterogeneità di una comunità lungamente esposta a fattori di influenza interregionale e interconfessionale. A seguito della soppressione dell'Ordine gesuita molti territori del Medio Oriente vertevano in uno stato di «piena decadenza»,[142]

140. Si veda: Vincent Viaene, *Nineteenth-Century Catholic Internationalism and Its Predecessor*, in *Religious Internationals in the Modern World: Globalization and Faith Communities Since 1750*, Abigail Green, Vincent Viaene, Basingstoke, Palgrave MacMillan, 2012, pp. 82-110.

141. Cfr. Roger Aubert, Johannes Beckmann, Rudolf Lill, *Tra rivoluzione e restaurazione 1775-1830. Secolarizzazione -Concordati-Rinascita Teologico-Spirituale* in *Storia della Chiesa*. VIII, a cura di Hubert Jedin, Milano, Jacabook, 2002 (ed. orig. *Die Kirche zwischen Revolution und Restauration*, 1971), p. 184.

142. Cfr. ivi, p. 184.

dove per i cattolici si avvertiva forte la concorrenza dell'evangelizzazione protestante,[143] rendendo necessaria una riorganizzazione[144] (1817) con il ripristino degli arcivescovi di Smirne in Turchia e di Aleppo in Siria (e relativa giurisdizione in Egitto e Palestina). Tra le testimonianze più significative legate ai sopracitati arcivescovadi si annoverano la lettera dell'arcivescovo di Smirne Antonio Mussabini che descrive le devastanti conseguenze di un incendio del luglio 1845, chiedendo a Mezzofanti di aderire a una raccolta fondi da destinare alla ricostruzione dei quartieri cattolici;[145] e quella di Giovanni Pietro Losanna, vicario apostolico di Aleppo che, in partenza per la nuova destinazione (1847),[146] chiede a Mezzofanti un consiglio per «un metodo pratico per imparare [...] la popolare lingua che parlasi [...] nella Siria, cioè la Siriaca, l'Arabica, la Turca».[147]

Nel complesso, le lettere riguardano più temi di interesse linguistico-letterario che religioso e missionario, ma restano fonti utili a documentare i processi di «latinizzazione dell'Oriente cristiano»[148] che domineranno la seconda metà del secolo.

Più rare invece le testimonianze dirette relative all'Africa che vedano coinvolto Mezzofanti in prima persona; le poche voci presenti possono al più dimostrarne la contiguità con gli ambienti che organizzavano i rapporti con i territori extraeuropei. Il materiale è costituito infatti da copie di documenti, trascrizioni e alcune lettere, legate a missionari indirizzati in Africa e risalenti a fasi antecedenti l'inizio della missione. È da segnalare, ad ogni modo, la presenza di lettere provenienti dal Nord Africa, di Antoine-Adolph Dupuch[149] e di Louis-Antoine-Augustin Pavy,[150] rispettivamente primo e secondo vescovo dell'Arcidiocesi di Algeri, istituita da Gregorio XVI. La sottorappresentazione dell'area africana in termini di quantità di documenti individuati è forse legata, in ultima analisi, ad un tardivo radicamento dell'at-

143. Sul tema della competizione tra visioni etno-religiose fino agli anni Trenta del XIX secolo in Medio oriente si veda Lorenzo Kamel, *The Middle East from Empire to Sealed Identities*, Edinburgh, Edinburgh University Press, 2019, pp. 45-63.

144. Aubert, Beckmann, Lill, *Tra rivoluzione e restaurazione*, p. 184.

145. BCABo, F.S.Mezzofanti, Cart. XVIII, 8.20, Antonio Mussabini, 1845.

146. Il Fondo conserva anche una lettera di Giuseppe Valerga in partenza anch'egli nel maggio 1841 per i territori missionari in Siria e che in seguito verrà nominato Patriarca di Gerusalemme (1847). Ivi, Cart. XX, 7.6.

147. Ivi, Cart. XVII, 14.7, Giovanni Pietro Losanna, 1847.

148. Cfr. Aubert, Beckmann, Lill, *Tra rivoluzione e restaurazione*, p. 186.

149. BCABo, F.S. Mezzofanti, Cart. XV, 3.4, Antoine Adolphe Dupoch.

150. Ivi, Cart.XXII, 3.15, Louis Antoine Augustin Pavy.

tività missionaria cattolica romana di inizio Ottocento, se confrontata con il più robusto intervento da parte della Chiesa protestante (in particolare luterana tedesca e inglese), fortemente connesso all'impresa coloniale, in un *gap* poi parzialmente recuperato dall'iniziativa di Gregorio XVI.[151]

Non sono state quindi riscontrate tracce circostanziate della presenza cattolica in Africa delle società missionarie francesi,[152] né la raccolta mostra – dati i confini cronologici – riferimenti corposi all'attività missionaria di «rigenerazione africana»[153] nei territori subsahariani, che sarebbe stata in seguito promossa, sotto Pio IX, dal padre veronese Daniele Comboni (1831-1881). Tuttavia, è presente un riflesso indiretto dell'attività di personaggi che sperimentarono il fermento degli anni Quaranta del XIX, contraddistinto dall'intensificarsi dell'attività di Roma nella regione centrale del continente, a seguito della scoperta (1840) di un percorso navigabile a sud di Karthoum.[154]

Il Fondo conserva due testimonianze della dislocazione di missionari dal Libano al Sudan, territorio in cui venne stabilita una missione nel 1842 con personale proveniente dall'Etiopia.[155] Una è la copia trascritta di una lettera del 1838 del gesuita Paolo Riccadonna e indirizzata al polacco Massimiliano Ryllo, anch'esso gesuita, riguardante le attività di evangelizzazione a Bikfaya (Governatorato del Monte Libano).[156] Ryllo fu in seguito assegnato al Vicariato Apostolico dell'Africa Centrale (istituto nel 1846) ma la sua prematura scomparsa portò all'individuazione di un nuovo provicario. La seconda testimonianza riguarda proprio il nuo-

151. Cfr. Knight, *The Church in the Nineteenth Century*, *passim*.

152. Cfr. Bengt Sundkler, Christopher Steed, *A History of the Church in Africa*, Cambridge, Cambridge University Press, 2000, p. 106.

153. Sul tema si vedano (tra gli altri): Claudio Moffa, *Comboni e la Visione europea dell'Africa alla metà dell'Ottocento: una riflessione sul "Piano per la rigenerazione africana"*, Bologna, EMI, 1991; Gianpaolo Romanato, *Daniele Comboni. L'Africa degli esploratori e dei missionari*, Milano, Rusconi, 1998; Agostino Borruso, Paolo Giovagnoli, Nicla Buonasorte, Giorgio Del Zanna, Elisa Giunipero, *La Chiesa Cattolica e l'altro. Dai Balcani al Medi Oriente, dalla Cina all'Africa*, in *L'altro. Identità, dialogo, conflitto nella società plurale*, a cura di Vincenzo Cesareo, Milano, Vita e Pensiero, 2004, p. 99; Giacomo Ghedini, *Da Schiavo a Missionario. Vita e Scritti di Daniele Sorur Pharin Den (1860-1900)*, Roma, Stadium, 2020.

154. Cfr. Sundkler, Steed, *A History of the Church in Africa*, p. 108.

155. Cfr. ivi, p. 137.

156. BCABo, F.S. Mezzofanti, Cart. LVII, 41, Paolo Riccadonna a Massimiliano Ryllo, 1838 (copia).

vo incaricato, lo sloveno Knoblehar. Il Fondo conserva due lettere sui passaggi che precedettero l'arrivo di Knoblehar a Karthoum: una è una lettera che lo stesso Knoblehar inviò a Mezzofanti nel 1845, quando faceva ancora parte del Collegio Urbano; la seconda risale invece al 1847, prima dell'arrivo di Knoblehar in Africa con Ryllo (1848). Il missionario scrive infatti (in tedesco) da Ghazir in Libano, dove era stato inviato già dal 1846 per formarsi in vista del trasferimento in Sudan.[157] Knoblehar fu allievo di Mezzofanti e la continuità epistolare tra i due può essere interpretata come una prova della solidità dei legami che Mezzofanti era stato capace di intessere con gli allievi di Propaganda Fide nel corso degli anni. Questi, anche dopo essere stati assegnati alle missioni, continuavano infatti a tenerlo informato dei loro spostamenti e delle vicissitudini, custodendo così una memoria della cronologia delle iniziative missionarie assunte negli anni Quaranta.

8.2. *Americhe*

La maggior parte dei contatti diretti di Mezzofanti con le Americhe riguardano ex-gesuiti emigrati dai territori della Corona spagnola, allievi di Propaganda Fide provenienti soprattutto dal Nord America e diplomatici dei neonati stati indipendenti dell'America Latina o degli Stati Uniti. Si dedicherà un approfondimento specifico all'influenza che ebbero su Mezzofanti i protagonisti della mobilità transatlantica ispano-americana di XVIII e XIX secolo. In questa panoramica si è scelto di mantenere invece il focus sulla connessione con l'attività evangelico-missionaria americana dove «l'incontro tra mondi e religioni diverse [...] fu un processo di negoziazione e trasformazione»[158] continuo.

Le frequentazioni di Mezzofanti con viaggiatori legati al mondo ecclesiastico americano seguì un iter particolare, spesso indipendente dalla catena di contatti della gerarchia e derivato invece dal mondo laico che sosteneva, ad esempio, le rivoluzioni ibero-americane, alla ricerca di contatti di mediazione e di muto riconoscimento con la Chiesa di Roma. In alcuni casi, come il Brasile, il cambio di assetto politico non provocò tensioni con la Chiesa. Le cordialità scambiate tra Mezzofanti e diversi membri dell'*e-*

157. Ivi, Cart. XVII, 11.8, Ignacij Knoblehar 1845; Ghazir, 1846.

158. Federica Morelli, *Il Mondo Atlantico. Una storia senza confini (secolo XV-XIX)*, Roma, Carocci, 2013, p. 166.

stablishment brasiliano[159] sono forse da considerarsi in quest'ottica, quella cioè della definizione del "regalismo liberal"[160] attorno cui andava riorganizzandosi la relazione tra Stato e Chiesa.[161] Più turbolenti furono i rapporti con le ex-colonie spagnole, dove la rinegoziazione liberale dei rapporti con la Chiesa incontrò l'espansione delle posizioni rigidamente ultramontaniste di Gregorio XVI.[162] La scarsità di notizie nel Fondo legate alle élite[163] dei territori rivoluzionari, fatto salvo per quanto gravitava attorno alla rifondata Compagnia di Gesù, ne forse è un riflesso. Sono piuttosto labili anche le tracce dell'America caraibica con l'eccezione di una testimonianza relativa alla Martinica.[164] Una lettera presente nel Fondo, inviata a vari funzionari della Chiesa, reca il nome di De Letrée missionario apostolico in Martinica (1846) e precede di alcuni anni la nomina effettiva del primo vescovo delle Antille,[165] mostrando la difficoltà persistente di mantenere solide gerarchie e una prassi condivisa sulle questioni dottrinali.[166]

Per quanto concerne invece gli Stati Uniti, la documentazione è più abbondante. È nota la corrispondenza tra Mezzofanti e il vescovo di New York John Joseph Hughes,[167] con cui Mezzofanti era solito scambiare materiali di studio sulle lingue nativo-americane, ma i contatti riguardavano anche

159. Come nel caso del reggente Pedro de Araùjo Lima. BCABo, F.S. Mezzofanti, Cart. XVIII, 12.22, Rio de Janeiro, 1838.

160. Cfr. Hans-Jürgen Prien, *Christianity in Latin America: Revisited and Expanded Ediction*, Leiden, Brill, 2013 (ed. orig. *Das Christenum in Lateinamerika*, trad. ingl. Stephen Buckwalter), p. 277.

161. *Ibidem*.

162. Cfr. ivi, p. 319.

163. Come Isacco Gomez, di Montevideo che preannuncia la visita a Roma città santa di alcuni amici. BCABo, F.S. Mezzofanti, Cart. XVI, 5.3, Isacco Gomez, 1846.

164. Nei territori delle Antille francesi la Chiesa aveva promosso sin dal XVII secolo, attraverso Propaganda Fide, un tentativo di centralizzazione che tuttavia non si consolidò mai pienamente e le «istanze localiste continuarono a lungo a prevalere», Giovanni Pizzorusso, *Roma nei Caraibi. L'organizzazione delle missioni cattoliche nelle Antille e in Guyana (1635-1675)*, Roma, École Française de Rome, 1995, p. 328. Relativamente all'attività nelle Antille e alla diffusione dei catechismi si veda: Alessandro Costantini, *Le catéchismes créoles de Mgr. Niewindt et le papiamentu de Curaçao au XIXe siècle. Une mise au point*, in «Études créoles», 41/1-2 (2024), pp. 1-37, http://journals.openedition.org/etudescreoles/1392 ; DOI : https://doi.org/10.4000/11p9t.

165. *Ibidem*.

166. BCABo, F.S. Mezzofanti, Cart. XVII, 13.13., De Letrée, Le Havre, 1846.

167. Cfr. Laurencich Minelli, *Cardinal Giuseppe Mezzofanti. Scholar of American Indian Languages*.

i missionari attivi sul territorio.[168] Ne è un esempio la lettera che gli inviò Giuseppe Baraldi, della Biblioteca Ducale di Modena, proponendogli l'incontro con il missionario originario di Bordeaux Bertrand Martial,[169] futuro vicario apostolico del Kentucky.[170] Quella dei cattolici statunitensi di inizio XIX secolo è una generazione alle prese con diverse emergenze, prima tra tutte la necessità di superare l'esiguo numero di missionari presenti sul territorio, osteggiati anche dal peso delle «rivalità nazionali tra il clero di origine eterogenea».[171] A questo si aggiunge la violenta fase del *revival* protestante[172] anticattolico (anni Venti-Trenta) che imponeva ai missionari di organizzarsi in strutture più efficienti. Per questo è ragionevole supporre che il mantenimento dei contatti con Mezzofanti fosse tutt'altro che disinteressato, nell'ottica di ottenere un lasciapassare per accedere più rapidamente ai vertici della gerarchia romana. Cosa che poteva, del resto, riguardare anche i laici, come suggerisce il caso di John A. Ragan, che scrive a Mezzofanti una lettera da Natchitoches in Lousiana, avanzando una proposta di commercio di semi di cotone di pregiata varietà, da far pervenire direttamente al papa Pio IX,[173] a dimostrazione di quanto la popolarità di Mezzofanti fosse diffusa e valutata anche sull'altra sponda dell'Atlantico.

8.3. *Asia meridionale, Sud-est asiatico, Oceania*

Per quanto riguarda la presenza cattolica nel Sud-est asiatico documentata nel Fondo si tratta spesso di materiale frammentario o che riguarda solo collateralmente i contatti di Mezzofanti. Tra le aree interessate figura l'odierno Myanmar, in una fase piuttosto critica della sua storia, legata all'«accentuato interesse britannico per l'Indocina»[174] che

168. BCABo, F.S: Mezzofanti, Cart. XVII, 10.6., John Hughes, New York, 1843.

169. Cfr. Michael Pasquier, *Father on the Frontier: French Missionaries and the Roman Catholic Priesthood in the United States, 1789*-1870, Oxford, Oxford University Press, pp. 142-143.

170. «Viene costà il signor Bertrand Martial Missionario e Vicario del Kentucky, che viaggia in Europa per affari di quelle missioni. [...] egli desidera di fare la sua personale conoscenza giacché per fama chi [...] mai nol conosca e apprezzi?», BCABo, F.S. Mezzofanti, Cart. XV, 4.11, Giuseppe Baraldi, Modena, 1822.

171. Cfr. Aubert, Beckmann, Lill, *Tra rivoluzione e restaurazione 1775-1830*, p. 199.

172. Cfr. ivi, p. 200.

173. BCABo, F.S. Mezzofanti, Cart. XIX, 4.5. John A. Ragan, Natchitoches, Louisiana, 1847.

174. Mascilli Migliorini, *L'età moderna*, p. 377.

scatenò una serie di conflitti (1824-1886) e il conseguente inglobamento del territorio nella giurisdizione anglo-indiana.[175] Nel 1832, venne inviato a Rangoon il padre Antonio Ricca[176] che nel 1835 scrisse (in inglese) a Mezzofanti, a proposito della difficoltà a fare di nuovo ritorno alla missione, dopo essere rientrato in Europa dalla città di Ava.[177] La missione attraversò, in seguito, una fase di contrazione legata all'alta mortalità che colpì i missionari inviati dalla Propaganda.

Un altro territorio cui si fa riferimento nel Fondo è l'Indonesia che, nelle prime decadi del XIX secolo fu al centro di una forte riconfigurazione politica[178] attorno a un aggiornamento dei modelli coloniali-amministrativi del Settecento, rimodulandosi, di volta in volta, nella seconda metà del secolo.[179] Sul piano dell'attività missionaria l'Indonesia aveva rappresentato nel corso del XVII secolo uno spazio concorrenziale che aveva visto contrapposti pastori protestanti, musulmani e cattolici.[180] Relativamente a questa fase, in cui l'attività cattolica era organizzata attorno alla Prefettura apostolica delle Indie Orientali, è presente nel Fondo una lettera (in olandese) di Joannes Henricus Scholten (1797-1865)[181] missionario dal 1826 e prefetto apostolico dal 1833 al 1842 che durante

175. Ivi, p. 379.

176. L'arrivo di Ricca è documentato in un *memoir* di Giuseppe D'Amato, missionario di Ava a Burma estratto da una corrispondenza con il Maggiore Burney, edito nella rassegna *The Asiatic Journal and Monthly Miscellany. For British and Foreign India, China and Australasia*, vol. 10, London, Parbury, Allen and Co., 1833, p. 276.

177. «I prefer to write in english to not forget at all this so necessary language for the missionaries wishing to go in the Capt-India as I am one of them who intends to return if the Propaganda will get the money soon [...] as I wrote to my Vicar Apostolic Mons. Cao. [...] It seems indeed very strange for Propaganda deprive a Missionary from his mission», BCABo, F.S. Mezzofanti, Cart. XIX, 5.19, Antonio Ricca, 1835. Il Vicario Apostolico Federico Cao, menzionato da Ricca, rimase in Birmania dove si spese per tentare di assicurare una protezione internazionale ai missionari, in caso di nuovo conflitto con gli inglesi.

178. Cfr. *A History of Christianity in Indonesia*, a cura di Jan Sihar Aritonang, Karel Adriaan Steenbrick, Leiden, Brill, 2008, pp. 138-140.

179. Cfr. Jean Gelman Taylor, *The Social World of Batavia: European and Eurasian in Dutch Asia*, Madison, The University of Wisconsin Press, 1983, p. 113.

180. Cfr. Taylor, *The Social World of Batavia*, pp. 113-114; *The Asia in the Making of Europe. Vol III. A Century of Advance. Book 1 Trade, Mission, Literature*, a cura di Donald Frederick Lach, Edwin J. Van Kley, Chicago, The Chicago University Press, p. 296; Aritonang, Steenbrick, *A History of Christianity*, pp. 138-139.

181. BCABo, F.S. Mezzofanti, Cart. XIX, 9.21, Johannes Henricus Scholten, s.d.

il mandato si ritrovò a ingaggiare anche una dura contrapposizione con gruppi massonici attivi a Batavia.[182] Nell'annuario apostolico del 1841 Scholten figura come capo prefetto apostolico di Batavia,[183] che viene situata in Oceania, assieme alla prefettura di Mindanao delle Filippine, dell'Oceania Occidentale (poi Vicariato apostolico delle Melanesia) e dell'Oceania Orientale (poi Vicariato apostolico della Micronesia)[184] nonché della Nuova Olanda (Australia) di cui è indicato prefetto John Bede Polding, anch'esso corrispondente di Mezzofanti. Al centro di varie dispute di attribuzione di potere, tra cui quella tra l'arcidiocesi di Sidney e la Chiesa di Tasmania,[185] Polding, primo vescovo in Australia e protagonista di diversi viaggi transoceanici,[186] nel 1842 scrisse a Mezzofanti da uno dei suoi momenti di transito a Roma, al monastero benedettino di San Callisto, in cerca di supporto economico e logistico.[187] L'operazione di Polding si ripeté nel 1846 e nel 1847,[188] quando Mezzofanti figura tra i cardinali partecipanti alla seduta di ratifica in Propaganda Fide della proposta di Polding di estensione delle diocesi in Australia.[189] La Chiesa in Australia risultava infatti, nei primi decenni del XIX, compressa tra

182. Cfr. Aritonang, Steenbrick, *A History of Christianity*, p. 632.

183. *Notizie per l'anno M.D.CCC. XLI dedicate all'E.mo e R.mo Principe Il Signor Cardinale Mario Mattei diacono di S. Maria in Aquiro. Segretario per gli affari di Stato Interni di Sua Santità, Prefetto delle Sacre Congregazioni della Consulta, della Lauretana, della Economia di Propaganda, e della R.C. degli Spogli. Con Appendice*, Roma, Stamperia Cracas Presso degli Ajani, 1841.

184. Sull'istituzione dei Vicariati apostolici di Micronesia e Melanesia si veda: Ralph M. Wiltgen, *The Founding of the Roman Catholic Church in Melanesia and Micronesia, 1850-1875*, Princeton Theological Monograph Series, Eugene, Pickwick, 2008.

185. Cfr. Christopher Dowd, OP, *Rome in Australia: The Papacy and the Conflict in the Australian Catholic Missions 1834-1844*, Leiden, Brill, 2008, p. 116.

186. Per una cronaca degli itinerari di Polding si veda la monografia di Colin F. Fowler con trascrizioni e commentario dei diari di bordo di Lewis Harding. Lewis Harding, *At Sea with Bishop John Bede Polding. The Journal of Lewis Harding. 1835 (Liverpool to Sidney) 1846 (Sidney to London)*, a cura di Colin F. Fowler, Adelaide, ATF Press, 2019, pp. 1-2.

187. «Sicuro che i bisogni della vasta missione della Nuova Ollanda non potranno non commuovere [...] il suo caritatevole cuore. Mi permetta di sperare di avere la soddisfazione di scrivere il suo venerabile nome nella lista dei nostri benefattori», BCABo, F.S. Mezzofanti, Cart. XIX, 2.13. 1842., Johne Bede Polding, 1842.

188. Per la corrispondenza tra Polding e Fransoni si veda: Archivio Storico di Propaganda Fide (da cui in poi APF), SC, *Oceania*, vol. 3, 62. Citato da Dowd, *Rome in Australia*, p. 117.

189. Cfr. Dowd, *Rome in Australia*, p. 118.

l'«idealistic vision of a cosmopolitan catholic community»[190] di Polding e un essenziale «pragmatism and nationalism»[191] del clero di origine irlandese. Le risoluzioni e le contrattazioni attuate da Roma avvenivano perciò nel quadro della composizione di una struttura cattolica che è, come nota Christopher Dowd, il riflesso delle tensioni tra globale e nazionale che attraversano il XIX secolo.[192]

Per quanto concerne dunque le frizioni tra dinamiche locali e globali, nazionali e cosmopolite, nonché interreligiose, un'ulteriore serie di riferimenti presenti nel Fondo riguardano il sub-continente indiano, anche se non coinvolgono in prima persona Mezzofanti. Si tratta di copie di lettere, come quella del gesuita francese Joseph Bertrand,[193] missionario inviato nella Provincia di Madurai; o come quella che l'architetto palladiano Antonio Reghelini inviò al cardinale prefetto di Propaganda Fide, datata febbraio 1824, da Sardhana in Uttar Pradesh, dove stava lavorando all'edificazione della basilica di Nostra Signora delle Grazie. Reghelini racconta dell'arrivo di nuovi missionari, delle spese e delle tempistiche per la costruzione della basilica, nonché delle pressioni politiche esercitate dai vari «enemies of religion»[194] che circonderebbero la committente della basilica, Begum Sombre (o Samru).[195] La copia è forse correlata ad un altro documento del Fondo Manoscritti, recante le disposizioni della Begum in favore della Chiesa cattolica in India.[196] Come per altri casi simili non si è qui in grado di stabilire con certezza perché tali copie si trovino nel Fondo ma per quanto riguarda almeno le disposizioni della Begum è possibile che siano legate alla corrispondenza intercorsa tra Mezzofanti e David Ochterlony Dyce Sombre (1808-1851).[197] Cattolico cresciuto in ambiente protestante ed erede nominato della Begum, Dyce Sombre fece visita a Gregorio XVI

190. Ivi, p. 5.

191. *Ibidem.*

192. *Ibidem.*

193. BCABo, F.S. Mezzofanti, Cart. XXVI, 8., Joseph Bertand (copia).

194. Ivi, Cart. LVII, 27, 1824, Antonio Reghelini.

195. Farzana Zeb-un Nissa che, da convertita cattolica, prende il nome di Joanna Nobilis Sombre (dal cognome del marito Walter Reinhardt Sombre) ed è comunemente nota come Begum Sombre (o Samru). Cfr. Alisa Eimen, *Reading Place Throught Patronage-Begum Samru's Building Campaign in Early Nineteenth-Century India*, in *Woman's Eye, Woman's Hand: Making Art and Architecture in Modern India*, a cura di D. Fairchild Ruggles, New Delhi, Zubaan, 2014, pp. 12-40.

196. BCABo, F.S. Mezzofanti, Cart. -LXXIX, 27.

197. Ivi, Cart. -XIX, 12.3, 4 lettere.

nel 1839, come ricorda Augustin Manavit, assicurandogli l'impegno economico a sostegno dell'evangelizzazione con il distaccamento di Sardhana dal Vicariato di Agra (ottenuto dalla Begum nel 1835).[198] In quell'occasione incontrò Mezzofanti che gli fece da interprete e della cui conoscenza delle lingue parlate in India rimase colpito.[199] Pur non essendo possibile indicare un'implicazione diretta di Mezzofanti in questioni riguardanti le missioni in India, le attestazioni presenti contribuiscono alla stratificazione delle informazioni sull'evangelizzazione cattolica ottocentesca, nel mosaico sempre più articolato delle relazioni globali.

8.4. *Asia orientale*

Il carteggio restituisce un affresco più dettagliato per quanto riguarda l'attività missionaria in Asia orientale e in particolare in Cina, a Macao e a Hong Kong. La presenza della Chiesa in questa regione è documentata dal 1582, con l'inizio della missione gesuita in Cina promossa da Matteo Ricci (1552-1610). Il viaggio di Ricci partì dall'avamposto europeo di Macao – colonia portoghese dal 1557 – muovendo alla volta di un territorio verso cui si registra una crescente curiosità per tutto il Cinquecento rinascimentale.[200] Tale interesse, alimentato da un anelito di espansione poi frustrato negli esiti, concorse, parallelamente alle conquiste iberiche in America, a definire il concetto euro-americano di «Occidente»[201] e ad attivare, come suggerisce Serge Gruzinski, le prime forme di mondializzazione.[202]

L'insediamento di Ricci nella capitale Ming di Beijing nel 1601 costituisce, dunque, l'avvio della prima fase di interessamento istituzionale della Chiesa per la Cina, che perdurò fino allo scioglimento dell'Ordine ignaziano nel 1773,[203] culminando nell'emanazione imperiale dell'Editto di Tolleranza nel 1692 a tutela dei cristiani sul territorio.[204] In seguito,

198. Cfr. Manavit, *Esquisse historique sur le Cardinal Mezzofanti*, pp. 99-100.

199. Ivi, p. 99.

200. Marcocci, *Indios, cinesi, falsari*, pp. 65-73.

201. Cfr. Said, *Orientalismo*, *passim*; Serge Gruzinski, *The Eagle and the Dragon: Globalization and European Dreams of Conquest in China and America in the Sixteeenth Century*, Cambridge, Polity Press, 2014 (ed. orig. *L'Aigle et le Dragon*, 2012), p. 243.

202. Gruzinski, *The Eagle and the Dragon*, *passim*

203. Cfr. Ronnie Po-chia Hsia, *Imperial China and the Christian Mission*, in *A Companion to the Early Modern Catholic Global Mission*, a cura di Id., Leiden, Brill, 2018, p. 350.

204. Cfr. ivi, p. 359.

l'inasprirsi del contrasto tra i diversi ordini religiosi,[205] affluiti nell'area dopo l'istituzione della missione gesuita, nonché il dualismo conflittuale che si produsse tra l'autorità imperiale e la Chiesa,[206] portò alla progressiva contrazione della presenza cristiana. Tale contrazione venne accentuata dapprima dalla Controversia dei Riti che impattò sull'attività gesuita[207] e infine, dalla messa al bando dei cristiani, perdurata ufficialmente dal 1724 agli anni Novanta dell'Ottocento.[208] La documentazione presente nel Fondo si riferisce alla ripresa dell'evangelizzazione della Cina negli anni Quaranta dell'Ottocento. Il *revival* cattolico fu anticipato dalle missioni protestanti[209] e proseguì negli anni Venti, in virtù di una serie di trattati che determinarono condizioni più favorevoli per accompagnare l'attività di predicazione.[210] Questa si intensificò particolarmente nel ventennio successivo, con la restaurazione della Compagnia di Gesù (1814) e il progressivo ripristino della missione nei territori dello Jiangnan e soprattutto a Shangai[211] negli anni in cui alla guida dell'Ordine venne posto l'olandese Jan Roothaan (1785-1853). Dagli anni Quaranta i missionari cattolici godettero della protezione del governo francese,[212] più precaria invece rimase la posizione dei lazzaristi portoghesi, sottoposti ad una serie di confische e persecuzioni, culminate con l'espulsione da Pechino nel 1827.[213] Sin dalla sua nomina Roothaan si era interessato alla ripresa delle attività della Compagnia nei territori extra-europei e aveva caldeggiato l'apprendimento del cinese, soprattutto tra coloro che

205. Cfr. Knight, *The Church in the Nineteenth Century*, pp. 114-115.

206. Cfr. ivi, p. 115.

207. Cfr. Hsia, *Imperial China and the Christian Mission*, p. 361.

208. Cfr. Knight, *The Church in the Nineteenth Century*, p. 115.

209. In particolare, dall'arrivo a Canton del missionario Robert Morrison nel 1807. Cfr. ivi, p. 116.

210. *Ibidem*.

211. Cfr. Paul S.J. Mariani, *The Phoenix Rises from Its Ashes*, in *Jesuit Survival and Restoration*, pp. 299-314.

212. Roothaan inviò nel 1842 due missionari francesi, Claude Gotteland e François Estève. In seguito si aggiunse il missionario Benjamin Bruyère. Nel 1843 Roothaan affidò l'incarico missionario in Cina alle provincie gesuite di Francia, Parigi e Champagne verso cui la Francia esercitata un Protettorato. Cfr. Mariani, *The Phoenix Rises from Its Ashes*, p. 330; Fernando S.J. Mateos, *Suppression and Restoration of the Society of Jesus in China*, in *Jesuit Survival and Restoration 1773-1814: 200th Anniversary Perspectives from Boston to Macau* (Macau, 28-30 ottobre, 2014), Macau, Ricci Institute, pp. 1-32.

213. Cfr. Knight, *The Church in the Nineteenth Century*, p. 116; Mateos, *Suppression and Restoration, passim*.

facevano parte della provincia napoletana della Compagnia, in vista di una nuova possibile stagione missionaria.[214] Nel 1833, venne inoltrata a Gregorio XVI una richiesta di supporto e protezione da parte dalla comunità cristiana dello Jiangnan, seguita da una raccomandazione, nel 1838, di nominare un gesuita quale successore del defunto vescovo di Nanjing, il portoghese Cajetan Pires-Pereira.[215] Questo fornì l'occasione alla Congregazione de Propaganda Fide e alla Compagnia di Gesù di trovare una convergenza sul nome di Lodovico (o Ludovico de) Besi, che di Roothaan era peraltro amico[216] ed era stato inviato già nel 1833 con l'intento di sostituire Pereira.[217] Nel gennaio 1840 Fransoni della Propaganda Fide richiese perciò a Roothaan collaborazione, attraverso l'invio di missionari in supporto di Besi nello Jiangnan e nello Shandong.[218]

In questa triangolazione tra Roothaan, Fransoni e Besi si inserisce la documentazione epistolare nel carteggio Mezzofanti. Oltre ad aver potuto osservare da vicino, attraverso la sua esperienza al Collegio dei Cinesi di Napoli, il fermento che negli anni Tremta precedette il rinvigorimento dell'attività missionaria e in seguito il reintegro della Compagnia in Cina, Mezzofanti compartecipò alla nuova fase occupandosi della formazione degli allievi di Propaganda inviati in Cina. Tra questi si ricordano i già menzionati Leang, Lieu (o Liu), Wang e Mong, ma anche Li e Kuo.[219] Nei documenti di Mezzofanti si conservano dunque le descrizioni dei viaggi e dell'inserimento nelle missioni, mostrando il cambiamento di cornice istituzionale in cui gli allievi si mossero. Tra le prime testimonianze figura quella di Gioachino Kuo che scrisse da Macao (in latino) raccontando il trasferimento da Napoli a Londra e quindi a Macao, dove venne accolto dallo stesso Besi.[220] Le altre testimonianze riguardano soprattutto la seconda metà degli anni Quaranta. Scrive Matteo Li, in una lettera del 3 ottobre 1848:

214. Cfr. Mateos, *Suppression and Restoration*, p. 12.

215. Cfr. ivi, p. 11; David Strong, *A Call to Mission: The Jesuits in China, the French Romance. Vol. I. 1842-1955*, Adelaide, ATF, 2018, pp. 4-5.

216. Cfr. Mateos, *Suppression and Restoration*, p. 12.

217. Cfr. Strong, *A Call to Mission*, p. 5.

218. Cfr. Mateos, *Suppression and Restoration*, p. 12; Strong, *A Call to Mission*, p. 5

219. Huo. Il nome Huo è riportato insieme a quello di Leang, di Tac, Spalding e altri, nell'elenco degli allievi che frequentarono il collegio quando Antonio Bresciani compose la storia dell'egiziano Albucher Bisciarah. Antonio Bresciani, *Vita di Albucher Bisciarah. Con tre biografie. Orazione Funebre*, Milano, Boniardi-Pogliani, Besozzi, 1856, pp. 241-245.

220. BCABo, F.S. Mezzofanti, Cart. XVII, 11.28, Gioacchino Kuo, Macao, 1833-1834.

> Sono partito da Roma alle 13 di giugno, arrivai a Hong Kong alle 15 di agosto, e subito dopo 8 dì sono partito per Nanchino ma il viaggio mi costò assai lungo per cagione del vento contrario, così che da Hong Kong sino a Nanchino impiegai 35 giorni però felicemente arrivai. Fra pochi giorni partirò per Huguan perché il padre procuratore mi manda lì dicendomi che in Huguan v'è gran bisogno.[221]

Mezzofanti si informò anche sulle sorti degli allievi Leang, Wang e Mong, tramite Luigi Ambrosi, prefetto apostolico ad Hong Kong:

> Il Sig. Fran.co Leang già da molti giorni fu spedito per quella missione per la via di Canton, ove sappiamo tuttavia rimanere, aspettando un più sicuro viaggiare su pei fiumi [...]. Approfittando di questa medesima occasione, [...] saranno pure inviati a Canton i signori Wang e Mong, qua arrivati il 16 corrente, per mezzo dei vapori, il primo per la missione di Xan-si, il secondo per quella di Xen-Si, col Sig. Leang.[222]

Lo stesso Leang, di cui Mezzofanti tornò ad avere notizie almeno nel 1847, aveva fatto da tramite tra il bolognese e Besi.

8.5. *La Cina nei racconti di Lodovico Besi (1833-1848)*

> Dopo 130 giorni di navigazione sono [...] in Macao. [...] Giunsi [...] con una barca cinese peschereccia [...] avemmo un fortissimo vento greco che ci sparse verso le coste della Cocincina, temevamo un tifone e l'equipaggio era fortemente impaurito, ma grazie a Dio non ne fu nulla [...] Io me ne vivo qui in Macao nella più gran solitudine e qua mi preparo come meglio posso [...] Io ho già scritto a Pechino e fatta una supplica per me non missionario ma astronomo a quella corte. Vorrà l'Imperatore ricevermi?[223]

Questa lettera, scritta a Macao nell'ottobre 1833, fu una delle prime che Lodovico Besi fece pervenire a Mezzofanti. Veronese, di origini aristocratiche, il vescovo Lodovico Maria dei Conti Besi (1805-1871) si formò al Collegio Urbano e, collateralmente, al Collegio dei Cinesi di Napoli[224] e fu tra i protagonisti della rinascita missionaria cattolica in Cina nel quadro di un processo di «globalizzazione *ante litteram*».[225]

221. BCABo, F.S. Mezzofanti, Cart. XVII, 13.14, Matteo Li, 3 ottobre 1848.
222. Ivi, Cart. XXIII, 43, Luigi Ambrosi, Hong Kong, 22 giugno 1846.
223. Ivi, Cart. XXVI, 11, Besi, Macao, 10 ottobre 1833.
224. Cfr. Fatica, *I percorsi della mostra*, p. 11.
225. Eugenio Menegon, *Ricercato numero uno: la vita avventurosa tra Europa ed Asia di Pietro Zai (Cai Ruoxiang 蔡祥, 1739-1806), alunno del Collegio dei Cinesi*, in *Matteo Ripa e il Collegio dei Cinesi*, p. 100.

Le sue lettere, che coprono un arco cronologico di circa quindici anni, permettono di seguire gli sviluppi della missione, con frequenti rimandi allo scenario geopolitico internazionale. Questa analisi delle sue comunicazioni a Mezzofanti è accompagnata da alcuni riferimenti alle trascrizioni del Carteggio Besi custodito alla Biblioteca Civica di Verona.[226] Nel carteggio figurano copie di lettere inviate da Besi alla madre Laura Schioppo[227] che negli anni mantenne i contatti anche con Mezzofanti, che faceva da intermediario.[228] Alla madre Besi descrisse minuziosamente le condizioni del primo viaggio (1833) verso la destinazione della missione, da Bordeaux a Batavia (Jakarta), a bordo di una nave francese, e quindi da Batavia a Macao su un bastimento americano.[229]

Besi arricchisce le sue lettere di una girandola di particolari sul viaggio, cui si aggiungono numerose osservazioni più politiche.[230] Descrive subito la non troppo velata ostilità dell'amministrazione portoghese a Macao, con cui si trovò a confliggere già all'arrivo. «Restai un poco mortificato»,[231] spiegò a Mezzofanti, a proposito del rifiuto del governatore portoghese di riceverlo o di accordargli protezione, malgrado si fosse munito di lettere di raccomandazione ottenute dall'ambasciatore a Roma. Nel solco della tradizione degli studi scientifici-astronomici[232] che avevano consentito ai gesuiti di inserirsi a corte,[233] Besi trascorse il tempo a Macao perfezionandosi nel settore, oltre che nello studio del cinese, con la collaborazione del Padre Missionario

226. Biblioteca Civica di Verona (d'ora in avanti BCiV), Carteggio Besi, Carteggi b. 136.

227. Tra le lettere edite: *Missioni Cinesi: Lettera di Mons. Ludovico De Besi, Vescovo di Canopo, a sua madre, Nankino, 8 ottobre 1842*, in «Il Cattolico. Giornale Religioso-Letterario», 20 (1843), pp. 116-118.

228. BCABo, F.S. Mezzofanti Cart. XIX, 9.17, 1834; XXVI, 12 1834; XXVI, 12 1839, Laura Besi.

229. BCiV, Carteggio Besi, b, 136, 1833.

230. Una corrispondenza tra Besi e Cappellari 1833-1834, relativa al viaggio in Cina. Si veda: Laura Bentivoglio, *Un breve carteggio del Pontefice Gregorio XVI*, in «Archivio storico di Belluno Feltre e Cadore», 28 (1957), pp. 41-48.

231. BCABo, F.S. Mezzofanti, Cart. XXVI, Besi, 11 ottobre 1833.

232. Come nota Paul Rule, i primi tre gesuiti reinsediatisi in Cina (Jiangna) furono assegnati a compilazioni astronomiche. Si veda: Paul Rule, *Restoration or New Creation? The Return of the Society of Jesus to China*, in *Jesuit Survival and Restoration*, p. 266.

233. Per un inquadramento del tema si veda: Paola Demattè, *From Astronomy to Heaven: Jesuit Science of the Conversion in China*, in *European and Chinese Works. From the Late Sixteenth to the Early Nineteenth Century*, a cura di Paola Demattè, Marcia Reed, Los Angeles, Getty Research Institute, 2007, pp. 53-69.

Gonzaga, coltivando la speranza di essere assegnato a Pechino.[234] Dovette però confrontarsi con le prerogative degli altri europei della regione.[235]

Di Canton Besi fornì anche delle interessanti descrizioni urbanistiche ed etnografiche, concentrandosi sui contrasti nella ripartizione dei quartieri tra autoctoni e stranieri, in particolare nei sobborghi «dove son fabbricate le fattorie degli Europei e fanno il più bizzarro confronto con le fabbriche cinesi»[236] e non mancano riferimenti al già florido traffico di oppio. Al progredire della carriera, il senso di solitudine e smarrimento che traspare dalle prime lettere lasciò il posto ad una più solida consapevolezza del proprio ruolo, pur nelle difficoltà materiali, cui si aggiungevano le pressioni della crescente tensione internazionale sulle comunità locali:

> Il numero di cristiani appena arriva a 4 mila dispersi di qua e di là, i più senza tetti e senza ricovero. Una metà cioè circa 2mila non mi volle riconoscere per un eccessivo timore che lor prese sentendo me Europeo e che altri europei son per venire. Risposero non avervi bisogno di Vescovi, dacché per essi 2 mila un solo missionario indigeno sempre bastò.[237]

Alle ostilità verso i cristiani si sommarono inoltre i drammatici effetti della Prima guerra dell'oppio tra Cina e Inghilterra (1839-1842)[238] che investirono in pieno l'amministrazione diocesana di Besi, facendogli temere per un ulteriore irrigidimento dei rapporti tra l'Impero e la Chiesa:

> Qui abbiamo pace, se non che la guerra che gli inglesi fanno ai cinesi, mi fa molto temere perché quegli eretici ebbero ardire [...] dirsi cristiani si che misero fieri sospetti nel cuore dell'Imperatore, che se vince certo vorrà distruggere per sua tranquillità la Chiesa.[239]

Ma appena tre anni dopo, gli esiti della guerra rendevano Besi più ottimista:

234. BCABo F.S. Mezzofanti, Cart. XXVI, Besi, Macao, 11 ottobre1833.

235. «I portoghesi, ai quali appartiene la missione di Pechino [...] vollero farci intendere che hanno anch'essi dei soggetti per Pechino, senza bisogno d'Italiani [...] il nostro procuratore [...] non vuole rompere la pace onde per cui non se ne farà sicuramente nulla», ivi, Cart. XXVI, Besi,Canton, 20 febbraio 1834.

236. *Ibidem*.

237. Ivi, Cart. XV, 5. 13, Besi, Nanchino, 31 ottobre, 1841.

238. Per una panoramica sulla crisi politica tra Inghilterra e Cina si veda: Mascilli Migliorini. *L'età moderna*, pp. 371-374.

239. BCABo. F.S. Mezzofanti, Cart. XV, 5. 13, Besi, 31 ottobre, 1841.

Questa diocesi è vastissima e i cristiani si vanno di giorno in giorno moltiplicando [...]. La presenza poi degli inglesi ci dà quasi un'intera libertà né più i mandarini ardiscono molestarci. Se il Signore nella sua infinita misericordia qui manderà altri operai è ferma fiducia che questa missione sarà per essere la più fiorita e la più numerosa di tutta quanta la Cina.[240]

L'ottimismo verso le probabilità di successo della missione in relazione ai rapporti internazionali non era tuttavia destinato a durare. La sua energica gestione della diocesi causò una progressiva compromissione dei rapporti sia con i gesuiti francesi,[241] che Besi tendeva a considerare in posizione di subordine, e con la stessa Propaganda Fide.[242] In una lettera scritta a Mezzofanti dalla Cina, datata 22 settembre 1847, Besi fece appello al ben noto potere informale di Mezzofanti, rimasto ai vertici della Chiesa anche dopo la scomparsa di Gregorio XVI.[243] Rivolgendosi anche ai cardinali Fransoni e Castracane, Besi chiese l'intercessione pontificia per il capitano francese Lapierre, coinvolto in un processo per il sospetto affondamento doloso delle sue navi, durante una traversata verso la Corea.[244] Ma i guai giudiziari non erano solo per Lapierre; solo due mesi dopo Besi si vide costretto a fare ritorno a Roma, per rispondere di accuse di condotte illecite,[245] chiudendo la sua parabola all'estero senza più fare ritorno in Cina. Con la ricchezza della sua testimonianza Besi contribuisce a rafforzare l'immagine di Mezzofanti, non solo di confidente solidale, ma anche di funzionario integrato e attivo in un ampio processo che «crea individui, così come crea comunità».[246]

240. Ivi, Cart. XV, 5.13, Besi, Kiang-Nan (Shangai), 14 ottobre 1844.

241. Sul tema: David Mungello, *The Return of the Jesuits to China in 1841 and the Chinese Christian Backlash*, in «Sino-Western Cultural Relations Journal», 27 (2005), pp. 9-46; Mariani, *The Phoenix Rises from Its Ashes*, p. 304; Mateos, *Suppression and Restoration*, pp. 17-19; Strong, *A Call to Mission*, pp. 24-25, 32-33, 34.

242. Secondo David Strong le relazioni, mai state realmente idilliache, si fecero più tese anche a causa delle dispute con i gesuiti che pure Propaganda Fide intendeva risolvere, rafforzando l'influenza italiana nella mediazione. Cfr. Strong, *A Call to* Mission, p. 34.

243. *Ibidem*.

244. «Questi vantaggi eminenza ci vennero tutti dalle navi e da comandanti francesi che scorrendo queste navi non altro ebbero in mira [...] che di proteggere [...] la santa religione nostra», BCABo, F.S. Mezzofanti, Cart. XV, 5.13, Besi, Shangai, 22 settembre 1847.

245. Cfr. Strong, *A Call to Mission*, p. 7, Mariani, *The Phoenix Rises from Its Ashes*, pp. 309-310.

246. Eric J. Leed, *La mente del viaggatore. Dall'Odissea al turismo globale*, Bologna, il Mulino, 1992 (ed. orig. *The Mind of the Traveler. From Gilgamesh to Global Tourism*, 1991, trad. it. Erica J. Manucci), p. 351.

9. *Una* Wanderlust *universalista*

Questo viaggio nel Fondo definisce il ruolo di Mezzofanti come *testimone*. Vista in controluce, la sua intera biografia si può considerare alla luce dell'osservazione-partecipazione a dinamiche costitutive della modernità. Il suo assurgere ad emblema di un'italianità soggetta a musealizzazione di origine tardo-rinascimentale, intaccabile nella sua staticità decadente e compressa dentro una visione esotizzante trasforma le sue qualità intellettuali in una forma di esperienza quasi proto-turistica.[247] L'incontro con Mezzofanti viene ricercato nella misura in cui l'evento si fa collezionabile, richiudibile dentro una testimonianza materiale, come una cartolina composta da parole in lingue sconosciute, anziché da scorci e panorami.[248] Questa apparente finitezza non è improduttiva ma genera altri significati e altre azioni; Mezzofanti è sì una sorta di essere monumentalizzato per coloro che si muovono per incontrarlo, ma lo è anche per chi non può (o può solo parzialmente) fare esperienza diretta delle mode orientaliste della prima metà del XIX secolo. Gli incontri con Mezzofanti funzionano, in altre parole, in senso proiettivo. Momenti in cui il poliglotta viene identificato come capace non solo di conoscere l'alterità, ma anche di sublimarla e quindi ritrasmetterla ai suoi interlocutori. È un processo che trasla la *Wanderlust*,[249] generando l'idea di stare sperimentando, tramite la capacità dell'intellettuale, un esotico che diversamente resterebbe sconosciuto, lontano e incontrollabile e che viene invece introiettato, il tutto in una forma quasi spettacolarizzata, tanto che Pasti si spinge ad affermare che «lo sterminato sapere»[250] di Mezzofanti fosse «in realtà una *mise en scène* spettacolare»,[251] come per altro comprovato da molte celebrazioni del personaggio.[252] In questo quadro il poliglottismo

247. Sul proto-turismo si veda: Giuseppe Rocca, *Dal prototurismo al turismo globale: momenti, percorsi di ricerca, casi di studio*, Torino, Giappichelli Editori, 2013, pp. XVII-XVIII.

248. Per un'analisi dell'esperienza turistica si veda: Dean MacCannell, *The Tourist: A New Theory of the Leisure Class*, Berkeley, University of California Press, 1999.

249. Cfr. Frederick Burwick, *Romanticism: Key Words*, Chichester, Wiley-Blackwell, 2014, p. 330; Gerard Cohen-Vrignaud, *Radical Orientalism: Rights, Reform, and Romanticism*, Cambridge, Cambridge University Press, 2015, p. 188.

250. Pasti, *Un poliglotta in biblioteca*, p. 12.

251. *Ibidem*.

252. «Volgete lo sguardo intorno alla terra [...] fatevi sull'Asia, e cominciando dalla Cina scendente alle due Indie, poi entrando nella Persia, internatevi nella Tartarìa, e quindi

di Mezzofanti è funzionale alla riaffermazione strategica del conservatorismo cattolico e Mezzofanti stesso diviene un alfiere del progetto universalistico. Egli sembra infatti incarnare perfettamente quella combinazione tra relazioni cosmopolite e struttura conservatrice che pervade la stagione controriformista.[253] Nel complesso di un terreno reso smottante dalla competizione di leadership tra Roma e le chiese nazionali, i talenti di Mezzofanti sono una vetrina promozionale per sponsorizzare l'universalismo romano e la sua visione gerarchica.[254]

C'è infatti una lettura esotizzante delle lingue e delle produzioni culturali extra-europee che connota anche l'attività missionaria (e non solo) che Mezzofanti osserva e che determina una forte categorizzazione dell'alterità extra-europea. Negli scambi di informazioni su queste «realtà apodemiche»[255] con cui interagiscono i viaggiatori che corrispondono con Mezzofanti è molto frequente un bisogno di demarcazione, di presa di distanza dall'alterità, vissuto come fattore rafforzativo della propria identità durante il viaggio o il soggiorno. Frequentemente questi individui costituiscono varianti del viaggiatore ottocentesco cosiddetto «darwinista sociale»,[256] la cui osservazione etnologica consiste nel riproporsi di una presa di distanza dall'alterità, percepita in termini evoluzionistici e come «radicalmente altra»,[257] ricorrendo, per interpretare questa distan-

volgendovi alla Siria e alla Mesopotamia recatevi nella Turchia, nella Palestina, nell'Arabia. Quindi passati nell'Africa vedete l'Egitto, la Libia, tutta la costa della Barberìa; poscia valicato l'Atlantico visitate il Messico, il Perù, il Chili, e corso finalmente il gran Pacifico fermatevi alle Filippine: le lingue di tanti e sì diversi popoli, che abitano queste immense contrade, tutte le conosce Mezzofanti», Mignani, *Orazione*, pp. 2 4.

253. L'esperienza di Mezzofanti sembra realizzarsi nell'ambito di quel «cosmopolitan conservatism» di XVIII e XIX secolo, inteso come una stagione in cui il pensiero conservatore intesse forti reti transazionali. Si veda: Matthijs Lok, Friedemann Pestel, Juliette Reboul, *Cosmopolitan Conservatism. Introduction*, in *Cosmopolitan Conservatism: Countering Revolution In Transnational Networks, Ideas and Movements (c. 1700-1930)*, a cura di Matthijs Lok, Friedemann Pestel, Juliette Reboul, Brill, 2021, pp. 1-37.

254. Cfr. *Antropologia. Dal locale al globale*, a cura di Mondher Kilani, Bari, Dedalo, 2011 (ed. orig. *Anthropologie. Du local au global*, 2009, trad. it. Annamaria Rivera, Vito Carrassi), p. 356.

255. Leed, *La mente del viaggiatore*, p. 219.

256. George W. Stocking jr, *Antropologia dell'età vittoriana*, Roma, Ei Editori, 1999 (ed. orig. *Victorian Anthropology*, 1987, trad. it. Margherita Fusi), p. 157.

257. Il concetto è un'elaborazione di Spivak. Si veda: Gayatri Chakravorty Spivak, *In Other Worlds: Essays in Cultural Politics*, New York, Meuthen, 1987; Id., *The Post-Colonial Critic: Essays, Strategies, Dialogues*, New York, Routledge, 1990.

za, a rappresentazioni pregiudiziali e stereotipate che parlano di lentezza, ferocia, inferiorità e primitività dell'altro. I riferimenti abbondano: dal «cerco ora a tutta possa di promuovere fra questi selvaggi popoli la divozione»[258] di un missionario in Albania, alle analoghe descrizioni che Besi fa dei cinesi: «in fatto di prontezza [...] son peggio che le tartarughe»,[259] «di natura feroce»[260] e che necessitano di essere riscattati da «una rozza e rivoltante idolatria».[261] Talvolta l'esperienza a contatto con l'alterità viene narrativizzata per accrescerne il fascino, come fa Tambroni nell'introdurre Bradish a Mezzofanti: «Egli ha dimorato tra i selvaggi nomadi dell'America [...] e voi spero mi sarete grato di questa conoscenza».[262] Il Fondo riflette quindi diverse declinazioni della conoscenza e della relazione con l'alterità, dentro contesti, come quello cattolico, che possono aprire nuovi canali di comunicazione e farne scaturire connessioni globali alternative e inaspettate.

10. *Molte direzioni*

La composizione della piattaforma che emerge dal Fondo Mezzofanti è, per concludere, dipendente da un'accelerata mobilità ottocentesca che investe lo spazio mediterraneo e che allarga la definizione di viaggiatore, talvolta ampliando gli stessi confini convenzionali del concetto di *Grand Tour* a soggetti altri dall'élite aristocratico-borghese. Sono viaggiatori transregionali dell'epoca moderna anche coloro che attraversano la penisola per ragioni diverse da quelle di interesse pedagogico, compartecipando nondimeno, a determinare l'inclusione della penisola nel circuito più vasto della mobilità continentale ed extra-continentale. Essi si muovono per ragioni religiose, di impresa, militari, amministrativo-politiche, commerciali, di sicurezza e di salute, oltre che edonistiche, di formazione ed esplorazione artistico-letteraria, tanto che il viaggio stesso supera o rinuncia alla dimensione più propriamente meditativo-intellettuale settecentesca.[263]

258. BCABo, F.S. Mezzofanti, Cart. LXV, 35, Frate Paolo di Cavallermaggiore, missionario in Albania 1843.
259. Ivi, Cart. XV, 5.13, Besi.
260. *Ibidem*.
261. *Ibidem*.
262. Ivi, Cart. XX, 3. 4., Giuseppe Tambroni, 1822.
263. Cfr. Poulot, *Les origines d'un modèle touristique*, p. 49.

Il viaggio poteva essere contraddistinto anche da vissuti drammatici, di sradicamento, coercizione, di fragilità sociale ed economica, ponendosi agli estremi opposti del *Grand Tour* e delle sue celebrazioni romantiche e mostrando come lo spazio del viaggio transregionale fosse sempre conteso e attraversato da spinte molto diverse tra loro. I personaggi che popolano il Fondo sono soggetti che contribuiscono vicendevolmente all'ampliamento dei circuiti del proprio tempo.

Nel tentacolare dispiegarsi di questo *mare magnum* che è il Fondo si è qui tentato di restituire l'idea, pur nei limiti di una rappresentazione che resta parziale, della quantità di direzioni esplorabili in relazione all'osservazione che Mezzofanti può fare della mobilità altrui. La relazione, diretta o mediata con l'alterità, si salda dunque alla cornice dell'universalismo cattolico definendo l'identità pubblica di Mezzofanti. È questo a consentirne una così vasta possibilità di inserimento trasversale in un sistema di relazioni intellettuali globali.

5. Una repubblica errante: partecipare alla circolazione del sapere

1. *Forme di "mutualismo" culturale*

Il Fondo Mezzofanti può esprimere con grande efficacia la vivacità degli spazi del primo Ottocento mediterraneo, dando conto delle forme e delle motivazioni degli spostamenti degli individui. Ma la "vera" circolazione di cui la raccolta documentaria fornisce un'interpretazione, ulteriormente multi-sfaccettata, è quella della conoscenza: la mobilità delle idee, ancor più che la mobilità degli individui, è il cuore pulsante del Fondo.

Questo capitolo si pone, pertanto, come una riflessione documentata su temi, codici e modelli che determinavano la cooperazione intellettuale internazionale a cui Mezzofanti partecipava, sia sul piano degli scambi dilettanteschi che su quelli professionali. La dimensione locale bolognese e romana torna quindi, con una certa preponderanza, al centro dell'analisi, perché è a partire dalle forme assunte dalle mediazioni tra informale e istituzionale sul terreno locale, che si definisce tutta l'azione di Mezzofanti. A Bologna il suo ruolo di mediatore nella comunità intellettuale, quale promotore di erudizione e di dibattito, nonché fautore della crescita del consumo culturale della città,[1] prende vita in virtù di progetti di riforma istituzionali che riflettono la negoziazione tra strategie post-tridentine, impulsi illuministi e rielaborazioni post-napoleoniche.

Dalla seconda metà del XVIII secolo, e in particolare sotto il pontificato di Prospero Lambertini, la Chiesa di Bologna venne attraversata da un progetto riformista, il cui obiettivo era risollevare la città dalla crisi economica della prima metà del Settecento e ricomporre, contestualmen-

1. Si veda sul tema: Pasti, *Un poliglotta in biblioteca, passim.*

Fig. 5. *Del Bayle de los Indios*, BCABo, F.S. Mezzofanti, Cart. III, 1, f. 105r. Foto Biblioteca Comunale dell'Archiginnasio di Bologna.

te, quella sociale, senza trascurare di allargare «la base reale di governo ai ceti intellettuali»[2] della città. È sulla scia di questa ondata di iniziative dinamiche e stimolanti per le istituzioni locali bolognesi che si inserì, poco dopo, l'arrivo degli esuli gesuiti spagnoli e americani, fenomeno a sua volta fortemente impattante nel plasmare la *forma mentis* della classe dirigente e intellettuale della città. Ed è su questa commistione di fattori che si è costruita l'agenda intellettuale di Mezzofanti, quale elaborazione umana e professionale interna al crogiolo filosofico e culturale che si era creato nella provincia italiana. L'inizio dell'attività di Mezzofanti, legata alla crescita della produzione dei libri e delle conseguenti esigenze di riordino e regolamentazione, coincise, nello specifico, con il varo di politiche di accentramento territoriale-amministrativo da parte di Napoleone. Sul piano del mercato editoriale tali misure comportarono, come specificato da Maria Iolanda Palazzolo, una progressiva divaricazione tra l'esperienza dei centri e quella delle periferie.[3]

I primi si connotarono, infatti, come sistemi sempre più esuberanti e modernizzati, mentre le seconde divennero più parcellizzate e contratte,[4] con l'eccezione significativa di Bologna, «contraltare illuminato»[5] della realtà pontificia, dove il mercato dei libri restò florido e pieno di sollecitazioni. La peculiare condizione di Bologna e, in seguito, quella di Roma concorsero a influenzare l'esperienza di Mezzofanti che così sperimentò direttamente quell'esplosione della bibliomania europea, destinata ad essere ancor più evidente nella seconda metà del XIX secolo, e che riguardò una crescita, soprattutto quantitativa del settore editoriale rispetto al secolo precedente.[6] La successiva stagione reazionaria fu attraversata da una statalizzazione progressiva dei regimi di controllo e censura che spesso congelarono la vitalità della produzione intellettuale; ma anche dall'affermazione di esperienze creative fondamentali, generatesi in contesti locali ma con capacità di influen-

2. Cfr. Alfeo Giacomelli, *La Chiesa di Bologna e l'Europa durante l'arcivescovado del Card. Malvezzi*, in *La chiesa di Bologna e la cultura europea*, Atti del Convegno di studi (Bologna, 1-2 dicembre 2000), Bologna, G. Barghigiani, 2002, pp. 112-129, p. 129.

3. Cfr. Maria Iolanda Palazzolo, *Geografia e dinamica degli insediamenti editoriali*, in *Storia dell'editoria nell'Italia Contemporanea*, a cura di Gabriele Turi, Prato, Giunti, 1997, pp-11-54, p. 15.

4. *Ibidem*.

5. *Ibidem*.

6. Cfr. Karin Littau, *Theories of Reading: Books, Bodies and Bibliomania*, Cambridge, Polity Press, 2006, p. 21.

zare, anche in modo significativo, il quadro proto-nazionale e connesse «alla nascita di un nuovo ceto di intellettuali professionisti».[7]

In questo capitolo si tratterà quindi la relazione tra Mezzofanti e il mondo intellettuale di Bologna e Roma tra gli anni Venti e Quaranta dell'Ottocento, come testimoniato dalla documentazione del Fondo, concentrandosi sulla coesistenza di tratti globali e locali, in una cornice che si percepisce intrinsecamente di sopravvivenza cosmopolita, di fronte al prendere piede della retorica proto-nazionalista italiana. L'analisi si focalizzerà dunque sulla documentazione che descrive l'attività di Mezzofanti come insegnate e bibliotecario, ma anche e soprattutto come consulente e "smistatore" di informazioni, perfettamente inserito, con le sue peculiarità, in un sistema di mutualismo culturale all'interno del quale si discute e si condivide l'elaborazione intellettuale. Nel capitolo si cercherà quindi di dare conto del doppio binario su cui si sviluppa la circolazione del sapere: da una parte quello che muove in direzione della crescita della cooperazione intellettuale globale e dall'altro quello della crescita dei consumi culturali. Si tratta di fenomeni interdipendenti che mettono costantemente a confronto l'informazione astratta e il bene commerciabile, il mercato e la crescita intellettuale, il privato e il pubblico e di fronte a cui ciascun intellettuale elabora una propria risposta.

2. *Educare al globale? Gli spazi dell'insegnamento pubblico e privato*

> Tra le maggiori occupazioni che ho in Roma, in attenzione di maggiore incombenza, quella ho di ammaestrare gli ecclesiastici che si destinano alle lontane missioni; ed ora introduco un religioso trappista alla cognizione della Lingua del Congo, e due Riformati Minori allo studio del Cinese.[8]

Così Mezzofanti descriveva al nipote Gaetano le sue giornate a Roma, nel febbraio 1833. Nelle fonti Mezzofanti appare piuttosto a suo agio nel ruolo di insegnante, molto più che in quello di "genio", definizione che solitamente tendeva a schivare, non sentendosi all'altezza delle incombenze e delle aspettative che ne derivavano. Tra i manoscritti del Fondo se ne rintracciano diversi riguardanti la preparazione delle lezioni di lingua

7. Palazzolo, *Geografia e dinamica degli insediamenti editoriali*, p. 31.

8. BCABo, F.S. Mezzofanti, Cart. XLV, 13., Giuseppe Mezzofanti, lettera a Giuseppe Minarelli

e letteratura araba,[9] per lo più redatti in forma di saggi programmatici, da utilizzare probabilmente per una lezione preliminare di contestualizzazione. Nel presentare il proprio progetto educativo Mezzofanti tendeva a non enfatizzare l'asimmetria con i suoi allievi, soprattutto se europei, mentre era più incline a uniformarsi ad atteggiamenti paternalistici con gli allievi di provenienza extra-europea; con alcuni degli studenti più affezionati instaurò, infine, un rapporto del tutto paritetico, fondato sulla mutua condivisione di informazioni e aggiornamenti. Un esempio di questa dinamica traspare, in particolare, dalla corrispondenza con l'egittologo Rosellini[10] a cui scrive:

> Molto avrei gradito di ritornar seco lei sulle cose orientali, rare qui essendo le occasioni che occorrono di ragionarne con altri [...]. Ella già darà opera molto addentro in questa erudizione [...]. Poiché siamo in Filologia mi permetta di chiederle un favore, ed è, di darmi qualche contezza dell'Accademia degli Euteleti in Samminiato. Debbo confessarle che non ne so nulla.[11]

In un'altra serie di lettere, è invece Rosellini a chiedere informazioni (e un'implicita intercessione) a Mezzofanti per la sponsorizzazione delle attività a Roma:

> Ella potrà ancora compiacersi di dirmi se la Biblioteca della Propaganda fosse disposta ad associarsi alla nostra opera di Monumenti dell'Egitto e della Nubia.[12]

Questa dinamica tra Mezzofanti e Rosellini, come pure con altri allievi-collaboratori, è forse una conseguenza dell'adesione a una diffusa cultura ottocentesca della divulgazione informale. Le esperienze più significative legate a questa socialità nella formazione sono condizionate dalla diffusione, anche nei territori di provincia, delle Società lettera-

9. «Ora a dar principio allo studio dell'arabico idioma e indirizzare l'animo vostro desideroso verso il suo scopo, uopo è brevemente a parlare delle lettere arabe, e sottoporle di poi agli occhi vostri, perché per voi sia in questo giorno superata la maggiore difficoltà d'una lingua che con l'immensa copia di ottimi scritti premio degno riversa a' suoi coltivatori», ivi, Cart. II, 16, Giuseppe Mezzofanti.

10. Per un'analisi della corrispondenza tra Mezzofanti e Rosellini si veda: Cesaretti, *La corrispondenza di Ippolito Rosellini al Cardinale Giuseppe Mezzofanti*, *passim*. Betrò, *Tra Bologna e Pisa. Una lettera inedita del cardinale Mezzofanti a Ippolito Rosellini*, *passim*.

11. BCABo, F.S. Mezzofanti, Cart. XXII, 1.18, Mezzofanti a Rosellini, Bologna, 12 ottobre 1825.

12. Ivi, Cart. XIX, 7.12, Ippolito Rosellini, Pisa, 1832.

rie, dei gabinetti di lettura ad esse connessi e delle relative produzioni letterarie, a partire dal gabinetto di lettura fiorentino istituito da Giovan Pietro Vieusseux (1819). Mezzofanti non esitò a prendere parte a questa nuova esperienza culturale, agevolata a Bologna dal cardinale Spina.[13] Il nome di Mezzofanti si trova infatti associato a quello di Francesco Tognetti, fondatore del primo gabinetto di lettura cittadino nel 1815[14] che però, a causa dei condizionamenti della censura, si estinse presto, per poi ritrovare slancio nella rinata Società del Casino Bolognese (1823) diretta da Carlo Pepoli.[15] Se da un lato risentivano spesso della mancanza di un supporto istituzionale, dall'altro i gabinetti di lettura potevano sfruttare l'assenza di un apparato amministrativo rigido per intercettare un pubblico più vasto. Ciò determinò nel tempo l'intensificarsi delle frizioni con il mondo delle accademie. Come evidenziato da Maria Gioia Tavoni «il fenomeno accademico [...] agli inizi dell'Ottocento è ancora tutto modellato su fondamenti scientifici, su tagli specialistici»[16] ed essenzialmente elitario, mentre i gabinetti di lettura e le Società letterarie si presentavano come «strutture pubbliche aperte all'associazionismo più eterogeneo, con finalità di educazione e di emancipazione»[17] e alimentate da aspirazioni più interclassiste. Questo determina, inevitabilmente, una trasformazione degli spazi dell'insegnamento e il sorgere di una competizione tra la consolidata tradizione dell'accademia italiana e l'incerto futuro dei gabinetti di lettura di derivazione francese, quali nuovi circoli educativi. Destinare il proprio tempo tanto all'accademia quanto alle nuove forme aggregative, era forse per Mezzofanti un modo di riconciliare la carriera con l'esperienza personale di emancipazione attraverso gli studi. Lo scopo ultimo dell'insegnamento per il Cardinale rimase comunque la formazione di soggetti che sostenessero le missioni evangelizzatrici, riadattando l'antico modello gesuita alle nuove esigenze divulgativo-educative.

13. Maria Gioia Tavoni, *Lettura, libri e librai nella Bologna della Restaurazione*, in Ead., *Libri e lettura da un secolo all'altro*, Modena, Mucchi, 1987, pp. 79-162, p. 80.

14. Per un'analisi storica della tradizione dei gabinetti di lettura bolognese si veda: Tavoni, *Lettura, libri e librai*, *passim*; Loretta De Franceschi, *Sulle tracce dei gabinetti di lettura bolognesi: il catalogo di Giuseppe Lanfranchi*, in *Pubblicare, divulgare, leggere*, a cura di Ead., Roma, Vecchiarelli Editore, 2013. pp. 69-118.

15. *Ibidem*.

16. Tavoni, *Lettura, libri e librai*, p. 84.

17. *Ibidem*.

3. *Il procacciatore di libri: bibliofilia del primo Ottocento*

Sostiene Umberto Eco in *Avventure di un bibliofilo*: «ci sono bibliofili e ci sono bibliomani».[18] Il bibliofilo si distingue dal bibliomane perché non si limita a inanellare storie di conquiste, ma contribuisce alla crescita culturale della sua comunità, rendendo la differenza tra i due caratteri documentabile e misurabile anche in senso storiografico. Il mercato editoriale del primo Ottocento[19] è infatti sostenuto, data la generale fluidità tra iniziativa privata e supporto istituzionale, da uno spirito che si può considerare insieme di bibliomania e di bibliofilia, in una dinamica senza confini netti tra le due tendenze. Il Fondo ne fornisce una rappresentazione piuttosto efficace. Nel caso di Mezzofanti, le sue attività di bibliotecario professionista e di cultore privato della produzione libraria sono spesso sovrapponibili l'una all'altra e la monografia di Franco Pasti ne ha esaurientemente trattato le diramazioni. Pasti ha evidenziato infatti come, pur essendo un conservatore,[20] Mezzofanti abbia mostrato, attraverso la caparbia presa di posizione in favore dell'indipendenza delle istituzioni bibliotecarie da quelle universitarie[21] e con le energie profuse nel potenziamento della politica di acquisizione,[22] una certa «consapevolezza ed orgoglio professionali, in una visione che, forse suo malgrado, acquistava accenti di modernità».[23]

L'interesse di Mezzofanti per l'espansione dei patrimoni bibliotecari si innesta sul brulicare dell'universo culturale della penisola, all'indomani dell'esperienza napoleonica e, in particolare, dell'effetto del riconoscimento della libertà di stampa promossa dalla Francia rivoluzionaria.[24] Nel

18. Umberto Eco, *Avventure di un bibliofilo, lectio magistralis* per l'inaugurazione della Fiera del Libro di Torino, «La Repubblica», 10 maggio 2007, https://www.repubblica.it/2007/05/sezioni/spettacoli_e_cultura/fiera-torino/fiera-torino/fiera-torino.html; http://editoria.associazionegrio.it/Avventure_di_un_bibliofilo.htm (ultima consultazione 29/05/24).

19. Per una panoramica sull'espansione del mercato dalla prima età moderna si veda: *The Global Histories of Books. Methods and Practices*, a cura di Elleke Bohemer, Rouven Kunstmann, Priyasha Mukhopadhyay, Asha Rogers, Basingstoke, Palgrave MacMillan, 2017.

20. Pasti, pur riconoscendone gli evidenti tratti di modernità lo considera, nel complesso, più prossimo alle posizioni conservatrici che a quelle progressiste. Cfr. Pasti, *Un poliglotta in biblioteca, passim.*

21. *Ibidem.*

22. *Ibidem.*

23. Cfr. ivi, p. 86.

24. Decisiva l'emanazione del decreto napoleonico del 1810: «il primo vero intervento di riordino e razionalizzazione delle leggi in materia di stampa». Con questo, se da un

contesto bolognese[25] la stagione giacobina aveva lasciato i segni di una certa «sociabilità culturale»,[26] che consentì alla «domanda di informazione libraria e di scambio intellettuale»[27] di mantenersi «ad un livello piuttosto alto»,[28] sorretta dagli esiti sostanzialmente positivi delle commistioni tra organismi pre- e post-napoleonici, anche durante la fase reazionaria. In qualità di bibliotecario di una delle maggiori istituzioni cittadine bolognesi Mezzofanti utilizzò i canali della corrispondenza per tenersi in contatto (a livello italiano, europeo ed extraeuropeo) con intellettuali, librai e titolari di stamperie e tipografie, per poi coordinarsi con le autorità pontificie. La strategia attuata da Mezzofanti prevedeva un allargamento del patrimonio che fosse coerente con «la promozione dell'istruzione religiosa e la documentazione dei progressi delle scienze e delle lettere».[29] Si trattava, come espresso da Pasti, di un tentativo di «compromesso, non ideologicamente neutro»,[30] tra la risposta alle istanze di aggiornamento espresse dalle élite e una convinta adesione al «tradizionalismo»[31] reazionario. I costi di questa politica di acquisizione, fondata sul compromesso, crescevano soprattutto in relazione a pubblicazioni internazionali di prestigio, di tema orientalistico o connesso a saggistica e letteratura di viaggio.[32] Il fatto che Mezzofanti considerasse importante garantire non solo una risposta adeguata alla generica domanda cittadina di cultura, ma anche una più specifica continuità di aggiornamento nel campo delle pubblicazioni linguistiche, etnografiche e antiquarie dell'epoca, esprime la volontà di contribuire a una declina-

lato si determinò una forte limitazione della libertà nell'attività, dall'altro si tentò di affermare un principio di armonizzazione normativa, tale da «far emergere aziende editoriali più competitive sul mercato europeo», Palazzolo, *Geografia e dinamica*, pp. 13-14.

25. Per un orientamento bibliografico sul tema si vedano (tra gli altri) Maria Gioia Tavoni, *Lettura, libri e librai*; Ead., *Tipografi, editori, lettura*; *Editoria e Università a Bologna tra Ottocento e Novecento*, Atti del V Convegno (Bologna, 26-27 gennaio 1990), a cura di Aldo Berselli, Bologna, Comune di Bologna-Istituto per la Storia di Bologna, 1991, pp. 687-768; Gianfranco Tortorelli, *Editori e tipografi a Bologna e dintorni*, in «Archivio Storico Italiano», 151 (1993), pp. 239-257.

26. Palazzolo, *Geografia e dinamica degli insediamenti editoriali*, p. 33.

27. Ivi, p. 33.

28. *Ibidem*.

29. Pasti, *Un poliglotta in biblioteca*, p. 114.

30. *Ibidem*.

31. Sul concetto di "tradizionalismo" Pasti rimanda al lavoro di Anna Maria Battista (1976), pp. 223-249, in *Un poliglotta in biblioteca*, p. 114.

32. Per un elenco esemplificativo si veda: Pasti, *Un poliglotta in biblioteca*, pp. 121-122.

zione locale della ricerca, sempre più interessata a vari aspetti dell'alterità extra-europea. Non sempre, tuttavia, questa operazione poteva prescindere dalle maglie della censura (dottrinale o meno che fosse) e che anzi, amplificava un'adesione spesso manieristica e accademicamente eurocentrica ai temi della ricerca scientifica. La crescita del patrimonio librario a Bologna fu, inoltre, condizionata dall'agenda e dalla popolarità dello stesso Mezzofanti. Questi fattori catalizzavano infatti le offerte di acquisizione più compatibili con un'idea di universalità della biblioteca, sponsorizzata dal suo curatore. Si ha sentore di che ruolo assumesse Mezzofanti come procacciatore di libri per la biblioteca (e di riflesso per la comunità) già dalle comunicazioni che risalgono agli inizi della sua carriera. Nel 1816, ad esempio, il libraio romano Giovanni Petrucci Piancastelli scrisse a Mezzofanti riguardo alcuni manoscritti (in cinese e in arabo):

> Avendo io saputo [...] che V.S. Ill.ma [...] fu meritatamente creato biblotecario della cospicua ricchissima biblioteca pubblica di Bologna [...] ed essendo a tutti note le infinite cognizioni, che V.S. Ill.ma intorno allo studio delle lingue diffusamente possiede, ardisco inviargli la presente notificandogli avere io in proprietà un Lessico Cinese Anamitico Latino [...]Sono a pregare la V.S. Ill.ma acciò voglia degnarsi significarmi un suo sentimento intorno all'enunciato mss,, se racchiude in se pregio particolare, se possa essere di maggior valore di qualcuno, che ve ne fosse stampato, finalmente, siccome mi si fa grande istanza [...] affinché glielo venda [...].[33]

Contemporaneamente garante e potenziale cliente, Mezzofanti svolgeva un ruolo di raccordo tra un mercato privato pluridirezionale e gli intenti delle istituzioni che necessitavano di smistare, convogliare o arginare il flusso di pubblicazioni, supportando l'inserimento degli enti in un circuito di scambio intellettuale che si faceva sempre più capillare. La costruzione del patrimonio bibliotecario rappresentava perciò un'impresa collettiva che coinvolgeva una molteplicità di profili e poteva svilupparsi ad ampio raggio; testimonianze sui vasti orizzonti di dialogo internazionale di Mezzofanti sono desumibili, ad esempio, dalle lettere ai librai, editori e tipografi parigini Dondey-Dupré che propongono a Mezzofanti il loro ampio catalogo internazionale (1823).[34] Un'altra testimonianza in proposi-

33. F.S. Mezzofanti, Cart. XIX, 1.11, Petrucci Piancastelli, 1816.

34. «Nous tenons [...] la librairie étrangère, anglaise et allemande [...], *la librairie orientale*, étant propriètaires du journal asiatique [...]», BCABo, F.S. Mezzofanti, Cart. XVI, 10.9, Dondey-Dupré, 1823.

to è costituita dalle lettere di David Thom,[35] attivo nell'équipe del *Chinese Repository* (1832-1851) fondato a Macao dal pastore protestante Elijah Coleman Bridgman, e traduttore dall'inglese al cinese di diverse opere, tra cui le *Favole di Esopo* che David fa pervenire a Mezzofanti.

Nel Fondo abbondano le note che consentono di farsi un'idea di come lavorasse Mezzofanti: si tratta di decine e decine di fogli sciolti, contenenti note di catalogazione, di commissione e ricevute, di proposte di acquisizione, nonché di prestiti e ricerche condotte per conto terzi. Mezzofanti cercava quindi di coordinarsi[36] con i suoi colleghi in Italia e in Europa, anche se spesso i tentativi di uniformare regolamenti e principi biblioteconomici non avevano esito positivo.[37] A Bologna si occupò infatti, come è noto in letteratura (grazie in particolare al contributo di Pasti), di redigere i cataloghi ragionati del patrimonio bibliotecario[38] che, seppur «di scarsa praticità»,[39] costituivano un tentativo di fornire strumenti completi e agevoli per lo studio e l'aggiornamento. Per i manoscritti e i libri orientali, in particolare, Mezzofanti propose una «classificazione innanzitutto linguistica»,[40] da cui trasse un ordinamento sistematico di dizionari e frasari allegati e una «breve storia delle stamperie orientali in Italia».[41]

35. Ivi, Cart. XX, 6.12, David Thom.

36. Ne è un esempio il tentativo di interlocuzione di Jacopo Morelli, bibliotecario della biblioteca Marciana di Venezia, di definire dei criteri a partire dai quali stabilire un'unità classificatoria. Cfr. Pasti, *Un poliglotta in biblioteca*, pp. 56-63. Per una traccia della corrispondenza Mezzofanti-Morelli si veda: Alessia Giachery, *Jacopo Morelli e la Repubblica delle lettere attraverso la sua corrispondenza (1768-1819)*, Venezia, Marcianum Press, 2012, p. 134. Sempre riguardo l'ambiente veneziano, vale la pena ricordare la stretta collaborazione di Mezzofanti con i padri mechitaristi di San Lazzaro degli Armeni. Oltre ad agire frequentemente come protettore dei mechitaristi a Roma, Mezzofanti ne seguiva la proficua attività editoriale e tipografica, acquistando le pubblicazioni e promuovendole entusiasticamente. Sul tema si veda: Uluhogian, *Il card. Mezzofanti*, *passim*.

37. Cfr. Pasti, *Un poliglotta in biblioteca*, p. 59.

38. Per le linee guida fissate da Mezzofanti, cfr. *Saggio del Catalogo ragionato de' libri orientali ms. e stampati esistenti nella Biblioteca della R. Università di Bologna* (F.S. Mezzofanti, Cart. X) da cui derivano il *Catalogo de' manoscritti orientali, che si conservano nella Biblioteca della R. Università di Bologna* e il *Catalogo ragionato de' libri impressi di letteratura orientale.*

39. Pasti, *Un poliglotta in biblioteca*, p. 70.

40. Ivi, p. 64.

41. Cfr. ivi, p. 67. Un'ulteriore attività nel solco dell'interesse orientalistico in cui si espresse Mezzofanti fu senz'altro quella della correzione di bozze dell'*Oratio Dominica*

L'attività di stamperie e tipografie che contemplavano diversi sistemi linguistici aveva poi un suo modello di riferimento a Roma dove la presenza della Tipografia Poliglotta, connessa alla Congregazione de Propaganda Fide, imbrigliava il mercato nella «predominanza delle aziende pubbliche»[42] pontificie. Al tempo stesso, la Tipografia contribuì a mantenere vivo durante la Restaurazione un settore che diversamente si presentava statico, se non totalmente «asfittico e chiuso su se stesso».[43] Sin dagli inizi nel XVII secolo la Tipografia stabilì un focus che «dallo sguardo universale sul mondo spostava la sua attenzione sull'Europa sud-orientale e sul Levante»,[44] allargando ulteriormente il proprio campo d'osservazione nel XVIII e XIX secolo, sempre cercando di ricucire le istanze centraliste con il coinvolgimento delle periferie.[45] La vicinanza alla Tipografia Poliglotta ebbe probabilmente un effetto sulla prosecuzione dell'impegno di Mezzofanti nelle nuove acquisizioni per la Biblioteca Vaticana,[46] sempre nello spirito della messa a punto di «un metodo «apostolico» per la diffusione della fede»[47] che combinasse gli strumenti per la divulgazione a quelli di contrasto delle eresie.[48] L'aspetto del controllo e della censura da parte degli organi ecclesiastici costituì un ulteriore livello di partecipazione di Mezzofanti all'attività del settore tipografico, secondo quella che Umberto Eco definirebbe «biblioclastia»[49] associata al contenuto. Malgrado la tutela semi-formale della libertà di stampa e il tentativo napoleonico di controllare la censura ecclesiastica[50] per limitare

poliglotta del tipografo Giambattista Bodoni. Cfr. Antonio Boselli, *Giuseppe Mezzofanti e il «Pater» poliglotto del Bodoni*, in «L'Archiginnasio», 11 (1916), pp. 115-123; Pasti, *Un poliglotta in biblioteca*, pp. 73-74.

42. Palazzolo, *Geografia e dinamica*, p. 32.

43. *Ibidem*.

44. Pizzorusso, *I satelliti di Propaganda Fide*, p. 496.

45. Ivi, p. 498.

46. Tra i documenti che registrano le acquisizioni, vi è un elenco degli ordini fatti per la Biblioteca Vaticana dal 1833 al 1834. Cfr. BCABo, F.S. Mezzofanti, Cart. X, 2; Sull'interscambio con altre biblioteche, si veda l'elenco dei testi da far pervenire dalla Reale Biblioteca di Vienna. Cfr. ivi, Cart. VII, 8.3.

47. Pizzorusso, *I satelliti di Propaganda Fide*, p. 485.

48. *Ibidem*.

49. Cfr. Eco, *Avventure di un bibliofilo*.

50. Si veda sul tema della censura ecclesiastica: Delpiano, *Il controllo ecclesiastico della lettura*; Palazzolo, *Geografia e dinamica*, p. 11; Ead., *I libri, il trono l'altare. La censura nell'Italia della Restaurazione*, Milano, FrancoAngeli, 2008, *passim*.

politicamente lo stato pontificio, un passaggio vero e proprio «dalla censura preventiva [...] a quella repressiva»[51] non si realizzò prima del 1848, consolidandosi solo in alcuni degli stati della penisola.

Il Fondo riflette quindi una fase dove l'applicazione di una logica di censura è ancora frequente. Come rilevato da Pasti, Mezzofanti si mostra solerte anche nel ruolo di revisore ecclesiastico dei libri alla dogana pontificia,[52] posto a capo di un'apposita «commissione provvisoria di verificatori e di ispettori».[53] Indice dei testi proibiti alla mano, Mezzofanti si occupava di «separare i libri proibiti, o quelli sospetti, o pericolosi»[54] e di «controllare i libri segnalati dal verificatore».[55] Il Fondo presenta diverse linee guida[56] alla revisione a all'organizzazione della circolazione sul territorio, ma anche testimonianze sulla censura attiva nei domini asburgici[57] dei cosiddetti «libri cattivi».[58]

Una peculiarità del Fondo è infine quello di consentire la visione ottocentesca del libro contemplando, oltre alla ricchezza tematica espressa nelle migliaia di titoli citati tra le carte, anche l'organizzazione del commercio, le forme di competizione tra pubblico e privato e l'orizzontalità nella compartecipazione alla creazione di un patrimonio condiviso tra i membri di un'élite sovralocale. Nel complesso, ciò contribuisce a rendere l'idea della diffusione del libro nella sua possibile doppia lettura di strumento informativo e di certificazione della gerarchia sociale,[59] ma anche come bene di consumo, con una spendibilità nei contesti più disparati, comprese le lotterie.[60] I li-

51. Palazzolo, *Geografia e dinamica*, p. 47.

52. Cfr. Pasti, *Un poliglotta in biblioteca*, pp. 130-134.

53. Cfr. ivi, p. 134.

54. Cfr. ivi, p. 138.

55. *Ibidem*.

56. BCABo. F.S. Mezzofanti, Cart. XI, 1: *Regolamenti ed istruzioni per la revisione de' Manoscritti, che vanno alle stampe, per l'introduzione nella Dogana de' libri esteri, stampe, ed oggetti figurati, e per la circolazione de' libri nell'interno. Statuto attuale...*; *Regolamenti provvisori...*; *Editto sui venditori dei libri proibiti.*

57. *Elenco dei libri proibiti dalla Censura Reale e Imperiale dei libri a Vienna.* Cfr. BCABo, F.S. Mezzofanti, Cart. XIII, 2.

58. Ivi, Cart. XXI, 6.1, anonimo.

59. Frank Donoghue, *Colonizing Readers: Review Criticism and the Formation of Reading Public*, in *The Consumption of Culture. 1600-1800: Image, Object, Text*, a cura di Ann Bermingham, John J. Brewer, London-New York, Routledge, 1995, pp. 59-60.

60. «Si riffano due Opere: l'una intitolata il Gran Dizionario Geografico del Sig. della Martiniere [...] l'altra L'Orlando Furioso stampato in Venezia nel 1584 [...] Il prezzo del biglietto è di paoli 2 per voce», BCABo, F.S. Mezzofanti, Cart. LVII, 21, Gateano Ravaglia, 1829.

bri iniziavano a possedere, in altre parole, una tridimensionalità di valore: come oggetti del sapere, come oggetti del quotidiano, e come espressione dei rapporti tra intellettuali, dotandosi ciascuno di una propria "biografia" e talvolta, come documentato dal Fondo, di un proprio itinerario transregionale. Benché non sia facile stabilire con certezza quando le note del Fondo si riferiscono agli studi di Mezzofanti e alla sua corrispondenza privata, e quando riguardano invece i suoi impegni di bibliotecario, è facile imbattersi in minute su cui lo studioso appuntava scrupolosamente tutte le informazioni di cui disponeva, per creare una scheda identificativa delle opere a stampa recenti o manoscritte-antiquarie di cui si occupava. Ne è un esempio, la descrizione di un codice:

> Manoscritto turco che contiene in ordine alfabetico una raccolta sintetica di vocaboli persiani di varia significazione. [...] L'autore [...] è Kemāl Pascià Zāde [...]. Il codice manca nel fine almeno di un foglio, nel quale probabilmente vi era la data del tempo in cui fu scritto.[61]

Spesso per risalire a queste informazioni era necessaria un'operazione di confronto con altri intellettuali, il che spostava l'asse dell'interesse da bibliomane a bibliofilo, la cui funzione era anche «quella di testimoniare del passato e dell'avvenire del libro»,[62] e che costituiva la base di partenza per la creazione di club e società fondati sulle medesime tendenze bibliofile. Bibliofilia, bibliomania, biblioclastia: insieme costituiscono, dunque, una "bibliodinamica"[63] del panorama culturale ottocentesco. Personaggi come Mezzofanti, nel quale le tre forme coesistono, sono testimoni di un contesto in cui la passione privata per il libro, pur continuando questo ad essere uno strumento controllabile e di controllo, è sempre più anche uno strumento di crescita culturale.

4. *«Di viaggi, di naufragi, di scoperte di terre ignote»: tra approfondimento ed evasione*

Mezzofanti si mostrò sensibile anche al tema della circolazione dell'informazione attraverso la letteratura periodica e al relativo inserimento nei

61. Ivi, Cart. IX, 2.1, Mezzofanti.
62. Cfr. Eco, *Avventure di un bibliofilo*.
63. Joost Kist, *New Thinking for the 21st Century Publishers: Emerging Patterns and Evolving Stratagems*, Oxford, Chandos Publishing, 2009, p. 124.

patrimoni culturali locali. A Bologna si spese, come ricorda Pasti,[64] per l'adozione di numerose riviste e giornali[65] e anche negli anni a Roma si mantenne fedele a un'eguale politica sui canali informativi, mostrando una particolare attenzione per le pubblicazioni che riguardavano i territori extraeuropei.[66]

Più limitata è la sua partecipazione diretta alla produzione di informazione, attraverso il vasto bacino di gazzette, *feuilletons* e periodici, ancora contraddistinto da una certa difficoltà di classificazione di fronte gli «hazy boundaries»[67] editoriali. È documentato il coinvolgimento di Mezzofanti nella pubblicazione degli *Opuscoli letterari* (1818) di cui un *Prospetto*[68] manoscritto chiarisce i confini tematici: «le belle arti e l'istoria, l'antiquaria, la pubblica economia [...] la scienza civile».[69] Prevedibilmente la popolarità di cui godeva lo rendeva oggetto di frequenti inviti a collaborare o a patrocinare riviste italiane e straniere. È il caso del periodico mensile «Biblioteca Italiana»,[70] esito di un progetto aperto a collaborazioni con profili «eterodossi»[71] ma di ispirazione asburgica, la cui direzione venne affidata all'esploratore e intellettuale di formazione gesuita Giuseppe Acerbi.[72]

64. Cfr. Pasti, *Un poliglotta in biblioteca*, pp. 103-123.

65. Come «l'Allgemeine Literatur-Zeitung», gli «Annali di Scienze e Lettere», il «Giornale di giurisprudenza universale», il «Giornale di Fisica e Chimica e Storia Naturale» e ancora il «Journal de l'École polytechnique», la «Bibliothèque médicale» e gli «Annales des art et manifactures», cfr. Pasti, *Un poliglotta in biblioteca*, p. 104.

66. Come testimonia una *Nota di giornali commessi per la Biblioteca Vaticana d'ordine di Monsig. Giuseppe Mezzofanti primo custode della medesima* in cui si cita, tra i periodici richiesti, «The Asiatic Journal», aprile-dicembre 1835, il cui acquisto ammontava a quindici scudi, forse corrisposti dallo stesso Mezzofanti. Nota inviata da Francesco De Angelis. BCABo, F.S. Mezzofanti, Cart. XXXII, 56, De Angelis Francesco, 1835.

67. Osterhammel, *The Transformation of the World*, p. 30.

68. BCABo, F.S. Mezzofanti, LXXXV, 23. *Prospetto degli Opuscoli Letterari.*

69. *Ibidem.*

70. La rivista (titolo completo: *Biblioteca Italiana ossia Giornale di Letteratura e Scienze ed Arti compilato da una società di letterati*, 40 voll.) venne spesso screditata (anche da una successiva storiografia del Risorgimento) dagli intellettuali che gravitavano attorno alla concorrente «Il Conciliatore» o in contrasto con la politica asburgica. Cfr. Roberto Bizzocchi, *La "Biblioteca Italiana" e la cultura della Restaurazione (1816-1825)*, Milano, FrancoAngeli, 1979.

71. Palazzolo, *Geografia e dinamica*, p. 23.

72. Celebre per le missioni d'esplorazione a Capo Nord, in Finlandia e in Egitto. Assunse la direzione della rivista dopo il rifiuto di Ugo Foscolo. Simona Cappellari, *Giuseppe Acerbi. La vita e le opere*, in *Letteratura del Messico. Quaderni Premio letterario Giuseppe Acerbi*, a cura di Associazione Giuseppe Acerbi, Castel Goffredo, Il Segno dei Gabrielli editori, 2004, p. 12.

Questi scrisse[73] a Mezzofanti proprio durante la progettazione editoriale (1815) allegando il manifesto della rivista e invitandolo a partecipare in qualità di esaminatore e di componente della squadra dei «corrispondenti esteri».[74] Ad un'attività del genere si può ricondurre il riferimento nel Fondo al «Nécrologe Universel du XIXe siècle»[75] che ricordava le biografie (per lo più di bianchi europei) appartenenti ad ogni campo professionale e intellettuale. Sempre a proposito di riviste, vale la pena riportare qualche estratto della lettera con cui il tipografo e libraio bolognese Spiridione Masi[76] illustrò a Mezzofanti il progetto di un periodico che trattasse di «viaggi, di naufragi, di scoperte di terre ignote del nostro globo e di aneddoti vari di questo genere».[77] A Mezzofanti Masi chiese inoltre, considerandolo «l'organo primario dell'[...] intrapresa»[78] la disponibilità a fornire almeno due volte l'anno:

> I risultamenti delle missioni, i costumi di quelle barbare popolazioni, ed il quadro statistico degli infedeli che per frutto dei missionari vengono in seno della nostra santa religione [...]. Questa parte a parere mio sarebbe la più importante, e la più istruttiva ed in se stessa la più bella.[79]

Il progetto editoriale di Masi appare piuttosto originale, in un panorama, come quello italiano, che nella stagione reazionaria mostrava un mercato editoriale assorbito soprattutto dall'incremento della produzione di libri, mentre il settore delle riviste e dei periodici restava marginale.[80] Il fatto poi che, forse per ingraziarsi Mezzofanti, Masi definisse il tema

73. BCABo, F.S. Mezzofanti, Cart. XV, 1, Giuseppe Acerbi, 1815.

74. Acerbi (1815), citato in Pasti, *Un poliglotta in biblioteca*, p. 120.

75. Cfr. BCABo, F.S. Mezzofanti, Cart. XIX, 8, Saint-Maurice Cabany E., 1848.

76. I fratelli Masi, Riccardo e Spiridione, ereditarono la tipografia dal padre Tommaso, livornese. Spiridione fu titolare della libreria dal 1828 al 1849. Per un ulteriore approfondimento si veda: Maria Gioia Tavoni, *Tipografi, editori, lettura*, in *Storia di Bologna. Bologna in Età contemporanea 1796-1914.* vol. 4, t. 1, a cura di Aldo Berselli, Angelo Varni, Bologna, Bononia University Press, 2010, pp. 687-768, pp. 697-698.

77. BCABo, F.S. Mezzofanti, Cart. XLIII, 41, Spiridione Masi, 1835.

78. *Ibidem.*

79. *Ibidem.*

80. Più tiepido, invece, il successo delle riviste e dei periodici; pur con importanti e vivaci fasi di espansione, il settore restava condizionato dalla scarsa alfabetizzazione e dalle ristrette capacità economiche del potenziale pubblico, nonché dall'instabilità intrinseca delle amministrazioni e degli orientamenti editoriali che regolavano l'accesso al mercato, venendo così superato dall'editoria dei libri che creava un volume di affari dieci volte più grande. Cfr. Palazzolo, *Geografia e dinamica*, p. 25; Neil Harris, *The History of the Book*

della conversione delle «barbare popolazioni» centrale per il suo progetto editoriale, denota l'importanza persistente di alcuni fattori, cruciali per l'avvio della globalizzazione di età moderna, quali la «spinta espansiva delle grandi religioni»[81] e il «desiderio di acquisire l'esotico [che] non si indebolì nel XIX secolo».[82] Pur non prendendo parte al progetto di Masi, per Mezzofanti non era insolito, ad ogni modo, utilizzare periodici e quotidiani come materiale di studio. Il suo approccio onnivoro alle fonti è desumibile anche dalla corrispondenza con il deputato statunitense Richard Henry Wilde[83] che, nel 1841, scrisse:

> Your Eminence, perhaps may not remember that you expressed to an American who some years ago had the honor to be presented to you in Rome, a curiosity to see a specimen of the written language of the Cherokee Indians. He however had never forgotten any circumstance of that interview and after much research and difficult has succeded in procuring an Almanac and one number of a newspaper partly printed in that tongue [...].[84]

Il giornale menzionato da Wilde è probabilmente il «Cherokee Phoenix», prima rivista nativo-americana pubblicata tra il 1828 e il 1834,[85] il che forse spiegherebbe la difficoltà di Wilde nel reperirne una copia nel 1841.[86]

Tracce della circolazione di giornali in diverse lingue che giungono a Mezzofanti tramite corrispondenza privata emergono anche da altre lettere. Nel Fondo sono presenti, ad esempio, alcuni giornali in lingua araba[87] manoscritti regalati a Mezzofanti;[88] o la testimonianza di Lodovico Besi che, con una lettera del luglio 1838, inviò a Mezzofanti «una copia dell'articolo della Gazzetta di Pekino».[89] Il giornale in questione era pro-

in Italy, in *The Book: A Global History*, a cura di Michael F. Suarez, Henry Ruxton Woudhuysen, Oxford, Oxford University Press, 2013, pp. 420-440, p. 436.

81. Bayly, *La nascita del mondo moderno*, pp. 274-277.

82. Cfr. ivi, p. 27 e pp. 274-277.

83. La lettera è stata analizzata da Laurencich Minelli, *Cardinal Giuseppe Mezzofanti*, p. 29.

84. BCABo, F.S. Mezzofanti, Cart. XX, 9, Richard Henry Wilde, 9.17, 1841.

85. La rivista ha ripreso ad essere editata dal 2000.

86. Cfr. Laurencich Minelli, *Cardinal Giuseppe Mezzofanti*, p. 29.

87. BCABo, F.S. Mezzofanti, Cart. XIII, 6.

88. Non è stato possibile reperire nel Fondo informazioni ulteriori sui giornali (forse di provenienza egiziana) né sull'identità del donatore.

89. BCABo, F.S. Mezzofanti, Cart. XXVI, 11, Besi, 1838.

babilmente uno *jingbao*, ossia un bollettino della capitale, diffusosi tra le dinastie Ming e Qing.[90] Il fatto che Mezzofanti utilizzasse il giornale come fonte per gli studi trova un possibile ulteriore riscontro in una nota manoscritta[91] copiata da un articolo dalla sopracitata «Biblioteca Italiana».[92] L'articolo trascritto risale al settembre del 1828 ed è una *Notizia di Archeologia* relativa al ritrovamento nel 1824 di una «lapide runica [...] in Groenlandia».[93] Nel brano viene riportato che la pietra – con iscrizioni runiche e in antico islandese, all'epoca datata al 1135-1170 d.C. – fosse da considerarsi una «prova dell'antico soggiorno degli scandinavi nell'estremità nord dell'America»[94] e utile a chiarire la «quistione de' primi abitatori dell'America»[95] stessa. Non si è potuto stabilire, assumendo che Mezzofanti avesse copiato l'estratto per se stesso e non per altri, le ragioni precise dell'interesse per la pietra, se per indagini linguistiche sul sistema runico o sull'origine del popolamento americano. Non si può escludere, ad ogni modo, che la notizia fosse stata trattata come una mera curiosità, solleticata forse dalle assonanze con l'operetta morale di Giacomo Leopardi, *Dialogo della Natura e di un islandese* (1824).[96]

Un consumo di questo tipo sarebbe per altro coerente con un'interpretazione della rivista non solo come strumento di discussione intellettuale, ma anche di intrattenimento. Il periodico ottocentesco offre infatti anche lo spazio per la lettura d'evasione conforme, con i suoi rimandi esotizzanti, a un più antico gusto per la saggistica di viaggio, capace di rimodellarsi nelle varie declinazioni narrative dei romanzi d'appendice del XIX secolo, ospitati dalle pagine delle medesime riviste. I romanzi riflettevano il percorso del resoconto di viaggio dall'enciclopedismo set-

90. Laura De Giorgi, *Dal Dibao alla "Gazzetta di Pechino": Gazzette e rapporti periodici nella Cina Imperiale*, in «Rivista degli Studi Orientali», 67/3-4 (1993), pp. 321-337.

91. BCABo, F.S. Mezzofanti, Cart. IX, 2. *Bibliologia. Su una lapide trovata in Groenlandia.*

92. Cfr. «Biblioteca Italiana», 51 (1828), p. 432.

93. Si tratta della pietra runica di Kingittorsuaq, dal luogo del ritrovamento, datata al 1300 ca., oggi al Museo Nazionale Danese di Copenaghen.

94. Cfr. BCABo, F.S. Mezzofanti, *Bibliologia.*

95. *Ibidem.*

96. Questa suggestione, sollevata a seguito di un'osservazione di Ilaria Porciani e Mauro Moretti, è stata discussa durante il dibattito del seminario *Reti Transnazionali di conoscenza e informazione nel diciannovesimo secolo: una prospettiva di storia globale*, tenutosi presso l'Alma Mater Studiorum di Bologna il 7 dicembre 2018.

tecentesco all'eclettismo ottocentesco post-reazionario, incontrando la crescente curiosità di pubblico per le esplorazioni e gli spostamenti transoceanici, trasposti nelle categorie della narrativa.[97] I resoconti di viaggio seicenteschi e settecenteschi manifestavano già infatti, più o meno direttamente, un grado di conformità a progetti commerciali o coloniali, creando una «exotic geography»[98] costruita sulle assenze,[99] le distanze, le ambiguità e le asimmetrie informative tra narratori e pubblico. Ciò aprì un varco a quelle narrazioni di fantasia che avrebbero poi dominato la letteratura della seconda metà dell'Ottocento, come i romanzi di Robert Louis Stevenson e in seguito di Emilio Salgari, ma soprattutto di Jules Verne, la cui produzione assurge, come nota Sebastian Conrad, a simbolo convenzionale di un'emergente consapevolezza globale.[100] Del resto, l'allusione di Spiridione Masi alla curiosità che poteva destare un periodico che trattasse di viaggi, scoperte e avventure, è forse il riflesso della consapevolezza, da parte del tipografo, del vasto successo di pubblico di cui godeva la tradizione romantica della letteratura di viaggio, in una società sempre più vicina all'avvento della cultura dei consumi. In questo senso, il Fondo conserva un documento che è un fermo-immagine della relazione tra strumenti nuovi e tradizionali nell'ambito della circolazione globale del sapere. Si tratta di una *Copia di testimonianza di possesso di un liquore oftalmico, con un ritaglio di giornale tedesco con la notizia di un'udienza dell'Ambasciatore Turco Scekib Effendi al Papa a Roma intervistato per mezzo di Mezzofanti*.[101] La presenza del nome di Mezzofanti, impegnato a fare da interprete ad un diplomatico[102] della *tanzimat* riformista ottomana, riportato su un articolo tedesco e unito alla ricetta di un collirio, incarna bene la pluralità di dati semantici e materiali che sta alla base della globalizzazione del sapere condotta con gli strumenti del XIX secolo quale premessa alla futura società dei consumi del secolo successivo.

97. Sul successo della narrativa nel mercato editoriale italiano si veda: Palazzolo, *Geografia e dinamica*, p. 26.

98. Benjamin Schmidt, *Inventing Exoticims: Geography, Globalism, and Europe's Early Modern World*, Philadelphia, University of Pennsylvania Press, 2015, p. 75.

99. *Ibidem*.

100. Cfr. Conrad, *What is Global History?*, p. 230.

101. BCABo, F.S. Mezzofanti, Cart. VIII, 6.7.

102. Si tratta di Mehmed Shekib Efendi, Ministro degli Esteri della stagione riformista ottomana.

5. *Pickwick nel Mediterraneo: la cultura preunitaria della condivisione intellettuale*

Nella penisola preunitaria il complesso delle società letterarie, dei circoli e dei gabinetti di lettura generano esperienze al centro della scena culturale (come il Gabinetto di Vieusseux), soprattutto negli anni Trenta[103] e, ancor più massicciamente, negli anni Quaranta.[104] Ma una buona parte di questi ritrovi doveva fronteggiare l'intrinseca volatilità della circolazione del sapere, soprattutto per quanto riguardava quella libraria[105] (mentre in questo caso i periodici beneficiavano di un mercato più florido) imputabile all'assenza di una «middle-class readership»[106] che, per ragioni di bassa scolarizzazione, spesso non incentivava esperienze durevoli.[107] Ciò non implica che lo spazio per una socialità intellettuale fosse rarefatto, tutt'altro: l'iniziativa ad associarsi[108] era ben presente sul territorio, anche se pareva affermarsi tardivamente rispetto all'Europa centro-settentrionale. Tale spirito d'associazione si presentava come una rete di società di corrispondenti, multi-situate e informali, in cui trovavano spazio, contemporaneamente, l'universo letterario bibliofilo, la lettura d'evasione, l'eterogeneità tematica del periodico, la cooperazione scientifica (professionista e dilettantesca) e il dibattito sui temi dell'attualità. In queste reti i partecipanti erano chiamati alla condivisione, come nel *Circolo Pickwick* di Dickens (1836), del «resoconto veritiero dei loro viaggi e delle loro ricerche, delle loro osservazioni su caratteri e costumi, e di tutte le loro avventure».[109] La socialità intellettuale primo ottocentesca preunitaria poteva quindi prescindere talvolta dai luoghi fisici e dalle sorti altalenanti dei circuiti di aggregazione sulla penisola, soggetti a censura e pressioni politiche, per rifugiarsi nel più "virtuale" spazio della co-

103. Cfr. Tavoni, *Lettura, Libri e Librai*, p. 83; Cfr. Harris, *The History of the Book in Italy*, p. 430.

104. Cfr. Fulvio Conti, *Associazione*, in *Atlante culturale del Risorgimento. Lessico del Linguaggio Politico dal Settecento all'Unità*, a cura di Alberto Mario Banti, Antonio Chiavistelli, Luca Mannori, Marco Meriggi, Bari-Roma, Laterza, 2011, *passim*.

105. Harris, *The History of the Book in Italy*, p. 436.

106. *Ibidem*.

107. *Ibidem*.

108. Cfr. Conti, *Associazione*.

109. Charles Dickens, *Il circolo Pickwick*, Milano, Adelphi, 1997 (1965) (ed. orig. *The Posthumous Papers of the Pickwick Club*, 1836), p. 4.

municazione epistolare.[110] Osservando piattaforme archivistiche come il Fondo Mezzofanti si ha l'impressione che la comunicazione agisse quasi più in senso centrifugo che centripeto, diramandosi dai singoli individui e creando occasioni di interazione che potevano estinguersi e rigenerarsi sempre a partire dal singolo stesso, più che da un'istituzione accentratrice, moltiplicando al tempo stesso le occasioni di cooperazione. Questo consentiva un maggiore dinamismo e intercettava più facilmente i temi caldi del dibattito pubblico che spesso superavano la dimensione locale.

Ciò risulta tanto più evidente per un personaggio come Mezzofanti, estremamente legato alla propria realtà locale e che, seppur attivo in prima persona nella fondazione dei circoli extra-accademici, nonché nelle attività più propriamente istituzionali, destinava una parte considerevole del proprio tempo a stabilire connessioni, senza necessariamente trasporle su un piano istituzionale. Più che dall'andare alla ricerca di un circolo a cui aderire, Mezzofanti sembra preso infatti dalla creazione del proprio microcosmo. È significativo che Mezzofanti stesso si definisca[111] un «Cittadino dell'Universale Repubblica delle Lettere».[112] In questo percepirsi in continuità con l'esperienza della Repubblica della Lettere, c'è la possibilità di investigare un fenomeno che va ben oltre Mezzofanti e che è quello della persistenza del modello della stessa Repubblica,[113] ben oltre l'orizzonte settecentesco in cui parte della critica lo considera tramontato o dissolto in nuove forme.[114]

110. Sulla funzione aggregante e informativa delle reti epistolari si veda: Andrea Giorgi, Stefano Moscadelli, *Leggo sempre volentieri le lettere del vostro bravo corrispondente. Reti di persone e istituzioni nelle corrispondenze di storici ed eruditi nei decenni centrali dell'Ottocento*, in *Erudizione cittadina e fonti documentarie. Archivi e ricerca storica nell'Ottocento Italiano (1840-1880)*, a cura di Andrea Giorgi, Stefano Moscadelli, Gian Maria Varanini, Stefano Vitali, Firenze, Firenze University Press, 2019, pp. 71-165.

111. *Harmony of Babel: Profiles of Famous Polyglots of Europe*, a cura di Scott Alkire, Kató Lomb, Berkley, TESL-EJ, 2018 (2013) (ed. orig. *Bábeli Harmónia. Interjúk Európa híres soknyelvű embereivel*, 1988, trad. ing. Ádám Szegi), p. 57.

112. Lettera di risposta ad un'onorificenza conferitagli dall'Accademia Imperiale di Russia (1839). Cfr. *ibidem*.

113. Sull'ipotesi della persistenza della Repubblica delle Lettere in Europa si veda: Floris Solleveld, *Afterlives of the Republic of Letters: Learned Journals and Scholarly Community in the Early Nineteenth Century*, in «Erudition and the Republic of Letters», 5/1 (2020), pp. 82-116.

114. Per un percorso critico d'orientamento si veda: Anthony Grafton, *A Sketch Map of the Lost Continent: The Republic of Letters*, in «Republic of Letters: A Journal for the

Casi come quello di Mezzofanti sono utili proprio a ri-problematizzare la cornice interpretativa degli spazi dell'Italia preunitaria; questa non è caratterizzata, infatti, da un'impostazione univoca e monopolizzante della costruzione del discorso sulla nazione, ma convive con altri sistemi di decodifica dei rapporti locali e sovra-locali, che non contemplano necessariamente l'orizzonte nazionale. La presenza di una comunità epistemica (seppur non egemonica) di intellettuali e relativi lasciti documentari, che operano soprattutto sotto l'egida cattolica, mostra come la matrice cosmopolita, che aveva lungamente contraddistinto la cooperazione della Repubblica, abbia continuato ad esistere anche nel corso del XIX secolo, non in conflitto con la prospettiva conservatrice ma in rapporto dialogico con essa. In altre parole, l'Italia preunitaria avrebbe sperimentato una coesistenza tra ambizioni proto-nazionali e tensioni cosmopolite, che costituiscono certamente due modelli distinti ma non da leggersi in modo disgiunto.[115]

Le caratteristiche della comunità di cui Mezzofanti faceva parte suggeriscono che vi fosse la necessità politica da parte della Chiesa di elaborare un'alternativa alla retorica risorgimentale, che fosse fondata su un convincente modello preesistente, quale era stata la Repubblica; ma indicano, probabilmente, anche che il termine nazionale potesse essere vissuto come limitativo da alcuni gruppi di intellettuali, mentre un orizzonte global-cosmopolita poteva essere percepito come più adeguato alle esigenze di ricerca e di socialità. Tale orizzonte poggiava su una forma alternativa di «comunità di parentela»,[116] ossia di creazioni di reti relazionali di connessione sentita come intima, generazionale, tra le comunità del presente e quelle del passato della penisola.[117] Questa connessione "parentale" viene intentata anche da parte del mondo intellettuale che rifiuta la retorica sulla nazione, rivendicando la continuità con la

Study of Knowledge, Politics, and the Arts», 1 (2009), https://shc.stanford.edu/arcade/publications/rofl/issues/volume-1-issue-1/sketch-map-lost-continent-republic-letters.

115. Il perdurare della Repubblica delle Lettere potrebbe configurarsi come un tipo particolare di «telestoria», come la definirebbe Braudel, ossia uno dei tanti fenomeni ricorsivi che riecheggiano nello spazio mediterraneo, in cui una visione nostalgico-idealizzante del passato porta a riproporne i tratti. Cfr. Fernand Braudel, *Il Mediterraneo. Lo spazio, la storia, gli uomini, le tradizioni*, Milano, Bompiani, 1997 (1987) (ed. orig. *La Méditerranée*, 1985, trad. it. Elena De Angeli), p. 105.

116. Sul concetto di comunità di parentela come reti di relazione nella retorica nazionalista patriottica si veda: Alberto Mario Banti, *Il Risorgimento Italiano*, Bari-Roma, Laterza, 2008, p. 55.

117. *Ibidem*.

dinamica trans-regionale e sovranazionale della Repubblica delle Lettere che, come sottolinea Simone Testa, ha nell'*humus* delle accademie della penisola una delle sue prime e più solide manifestazioni.[118] Vi è quindi una dinamica di compresenza: da una parte il discorso culturale cosmopolita, affidato alla connessione ideale con la stagione della Repubblica delle Lettere, di cui ci si autopromuoveva eredi ed esponenti; dall'altro il discorso culturale nazionale, costruito sui tentativi di istituire organismi accademici, bibliotecari e archivistici[119] che sostituissero la pluralità di autorità diffuse sul territorio con un accentramento nazionale, anche nella produzione intellettuale. Questa coesistenza non riflette solo una competizione politica[120] ma testimonia anche la natura composita del mondo intellettuale preunitario. Fonti come quelle raccolte attorno a Mezzofanti mostrano le peculiari strategie di adattamento di una parte della classe intellettuale, provinciale come metropolitana, dove l'adesione alle strutture statali e parastatali della Chiesa, viste quali opportunità di riscatto sociale, convivono con l'introiezione di uno sguardo globale indotto dalla linea universalista, e questo, malgrado la preminenza di una lettura storiografica che interpreta come totalizzante il discorso risorgimentale.[121] La Chiesa, nel pieno della stagione proto-nazionale preservava dunque delle nicchie di globalità dentro spazi locali, leggibili anche attraverso fonti archivistiche come il Fondo. Pur percepite come marginali, queste sono parte della vasta galassia cattolica, sorretta dalla circolazione transnazionale degli individui e del sapere in cui «la mancanza di un sentimento nazionale viene [...] surrogata dall'aspirazione a una umanità universale»,[122] nel senso religioso di uno spirito di fratellanza[123] che si

118. Cfr. Simone Testa, *Italian Academies and Their Networks: 1525-1700. From Local to Global*, London-New York, Palgrave Macmillan, 2015, p. 155.

119. Rappresentativo in senso storiografico è il valore politico dell'Archivio Storico Italiano, fondato da Vieusseax nel 1841. Si veda sul tema: Ilaria Porciani, *Archivio storico italiano. Organizzazione della ricerca ed egemonia moderata nel Risorgimento*, Firenze, Olschki, 1979.

120. Sul valore polisemico e politico del concetto di cosmopolitismo si veda: Massimo Mori, *Le tradizioni cosmopolite*, in *Illuminismo. Storia di un'idea plurale*, a cura di Id., Salvatore Veca, Roma, Carocci, 2019, pp. 173-196.

121. Per un percorso della costruzione dello standard storiografico nazionale e il suo superamento si veda: Ilaria Porciani, Jo Tollebeek, *Setting the Standards: Institutions, Networks and Communities of National Historiography*, London-New York, Palgrave Macmillan, 2012.

122. Massimo Mori, *Le tradizioni cosmopolite*, p. 183.

123. *Ibidem*.

mescola a quello associativo culturale. Visto inoltre il posizionamento degli ecclesiastici negli organismi di formazione, ricerca e consumo culturale, era inevitabile che si generasse un condizionamento ideologico forte che soffiava lo spirito di questa prospettiva direttamente dentro le reti intellettuali italiane.

L'inestricabilità tra laico ed ecclesiastico nel mondo intellettuale italiano era già stato, del resto, ampiamente evidenziato dalla critica letteraria, su tutti da Carlo Dionisotti, che individuava nella sovrapposizione (già di epoca tardomedievale) di «laici e chierici»[124] l'origine della letteratura italiana. Fonti come il Fondo rappresentano perciò un anello di congiunzione tra la consapevolezza di questa correlazione laico-ecclesiastica e la cognizione che questa stessa correlazione veicolasse, attraverso i miti della Repubblica delle Lettere e dell'universalismo, un'idea di globalità non meno rilevante di quella di nazionalità.

6. *Topografia di un cosmopolitismo inatteso*

C'è sempre qualcosa di inatteso tra le pagine del Fondo che rende dinamica l'interpretazione dell'esperienza di Mezzofanti. Come già osservava Pasti, egli sembra porsi costantemente in una posizione di soglia, nell'«oscillazione cronologica tra tradizione e innovazione».[125] Pur tenendosi essenzialmente a distanza dalla vivacità dei salotti intellettuali e dai dibattiti internazionali su rivoluzione e controrivoluzione,[126] e senza mai ricoprire un ruolo di primissimo piano nella attività dei gabinetti di lettura, Mezzofanti mostra di riconoscere e recepire il fermento culturale della sua epoca, che si concretizza nei luoghi del sapere laici e pontifici, attorno ai temi dell'insegnamento e dell'organizzazione della conoscenza (in particolare nella linguistica e nell'antiquaria) e che si manifesta in un policentrismo regionale dell'azione e nella competizione sorta per il controllo delle istituzioni e nei vari ambienti intellettuali, soprattutto in ragione del

124. Cfr. Carlo Dionisotti, *Chierici e Laici. Con un testo di Delio Cantimori*, Novara, Interlinea, 1995, pp. 68-69.

125. Pasti, *Un poliglotta in biblioteca*, p. 12.

126. Sul tema del fermento dei salotti e delle reti controriformiste del XIX secolo si veda (tra gli altri): Brian Vick, *Transnational Networks, Salon Sociability, and Multilateral Exchanges in the Study of Conservatism During and After the Revolutionary Era*, in *Cosmopolitan Conservatism*, pp. 197-218.

riformismo napoleonico.[127] Nella sua quotidianità convivono così l'esuberante curiosità di intellettuale e il rigore di revisore ecclesiastico. L'inquadramento ideologico e religioso di Mezzofanti non può essere ignorato e va rapportato anche a quel contesto di «guerra dei libri»[128] che la Chiesa ingaggiò, già dal Settecento, con i competitor laici per il mantenimento dell'egemonia culturale e politica.[129]

Il contributo intellettuale di Mezzofanti si realizza nel solco di una conoscenza enciclopedica, frutto di un processo di ibridazione globale, sistematizzata in Europa ma non esclusivamente europea e dipendente da un flusso informativo globalmente dislocato.

Il sistema di comunicazione ravvisabile nel Fondo riflette una possibile interpretazione di globalità da parte di un singolo. Essa si potrebbe definire come un'esperienza vicina ad un cosmopolitismo ampiamente sottolineato dalla narrazione locale, come era frequente nella penisola di inizio Ottocento, in cui la «curiosità delle menti, nell'evitare il rischio della chiusura municipale, mantiene la fedeltà [...] ai principi universali».[130] La socialità del mondo preunitario risiede, dunque, nella reciprocità della collaborazione ed è erede diretta delle forme di mutualismo intellettuale che avevano nutrito i sistemi di aggregazione dell'età moderna e che persistono nel contesto contemporaneo. Così come il Fondo, anche la comunità italiana preunitaria mostra dunque qualcosa di inaspettato, un cosmopolitismo inatteso ma che lascia tracce,

Mezzofanti è così il testimone attivo di una fase, crepuscolare sì, ma non per questo del tutto sbiadita, della Repubblica delle Lettere in Europa e della sua trasformazione in una realtà liquida, errante, di cooperazione intellettuale che sfuggiva agli inquadramenti proto-nazionali e alla relativa narrazione, perennemente in bilico tra costumi provinciali e vettori sovralocali.

127. Sulla competizione tra gli ambienti intellettuali municipali italiani attorno alle fondazioni del riformismo napoleonico (su tutti l'Istituto Nazionale) si veda, tra gli altri, Elena Brambilla, *Le scuole universitarie a Milano tra Fine Settecento e Inizio Ottocento*, in «Annali di Storia delle Università Italiane», 11 (2007), pp. 35-44, pp. 42-43.

128. Delpiano, *Il controllo ecclesiastico della lettura*, p. 71.

129. Bayly, *La nascita del mondo moderno*, p. 398 e pp. 402-410.

130. Marco Veglia, *Ludovico Antonio Muratori e la vita culturale nell'età dell'Illuminismo*, in *Storia dell'Emilia Romagna*, pp. 17-18.

6. Il Codice del traduttore: storia di un'indagine

1. *Smarrimenti e ritrovamenti*

> Vi ho scritto del mio timore che siasi perduto qualcuno dei miei manoscritti. Ditemi solo […] vi siano ancora i miei scritti sui monumenti del Messico.[1]

Quando scrive questa lettera al nipote Giuseppe Minarelli, nel gennaio 1839, Mezzofanti si è trasferito a Roma già da qualche anno.[2] Nella lettera appare turbato al pensiero di aver perduto qualcuno dei suoi scritti o, ancor peggio, come trasparirà da lettere successive, che qualcuno possa accedervi senza il suo consenso.[3] Questo capitolo è dedicato alla storia di uno di questi scritti, probabilmente il più strutturato e articolato, il cui percorso intreccia quello di un oggetto dal profilo globale:[4] il Codice Co-

1. BCABo, F.S. Mezzofanti, Cart. XLVI, 32, Giuseppe Mezzofanti a Giuseppe Minarelli, Roma, 1839.

2. Su questo scambio epistolare si veda anche: Laurencich Minelli, *Cardinal Giuseppe Mezzofanti.*

3. BCABo, F.S. Mezzofanti, Cart. XLVI, 32, Mezzofanti a Minarelli, Roma, 1839; BCABo, F.S. Mezzofanti, Cart. XLVII, 38, Mezzofanti a Minarelli, Roma, 1839.

4. La bibliografia sul tema delle biografie sociali e culturali degli oggetti è molto vasta. A titolo esemplificativo si vedano, tra gli altri: Igor Kopytoff, *The Cultural Biography of Things: Commoditization as a Process*, in *The Social Life of Things: Commodities in Cultural Perspective*, a cura di Arjun Appadurai, Cambridge, Cambridge University Press, 2003 (1986), pp. 64-910; Chris Gosden, Yvonne Marshall, *The Cultural Biography of Objects*, in «World Archaeology», 3/2 (1999), pp. 169-178; *Biografie di oggetti. Storie di cose*, a cura di Paolo Mattozzi, Angelika Burtscher, Daniele Lupo, Paolo Volonté, Milano, Mondadori, 2009; Maxine Berg, *Afterword: Things in Global History*, in *The Global Lives of things: The Material Culture of Connections in the Early Modern World*, a cura di Anne Gerristen, Giorgio Riello, New York, Routledge, 2016, pp. 253-258.

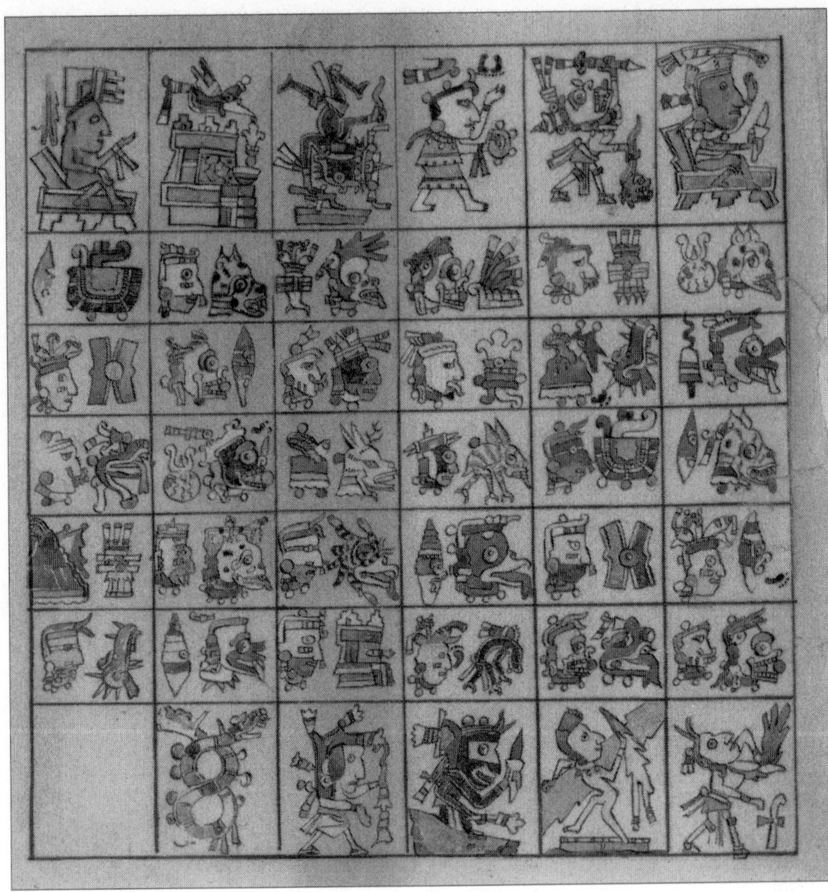

Fig. 6. *Codice Cospi* (f. 1r), acquerello, Anna Minarelli, BCABo, F.S. Mezzofanti, Cart. X, 4. Foto Biblioteca Comunale dell'Archiginnasio di Bologna.

spi, manoscritto preispanico sopravvissuto al massivo annientamento del patrimonio letterario del Messico precoloniale e giunto nel XVI secolo a Bologna, dove è tutt'ora conservato[5] e dove attirò l'attenzione del bibliotecario Mezzofanti che ne intentò una decifrazione. L'associazione tra il

5. Dal 2021 il Codice è presente su BUB Digitale: https://bub.unibo.it/it/bub-digitale/il-codice-cospi/il-codice-cospi-1 (ultima consultazione 29/05/24).

Codice Cospi e Mezzofanti è stata resa emblematica dal pittore Antonio Lamma, autore di uno dei ritratti più noti del bolognese (1838) in cui è raffigurato mentre indica le caselle del Codice,[6] a testimonianza di come i suoi saggi sul manoscritto fossero piuttosto noti (perlomeno nell'ambiente italiano) tanto da assumere un valore iconico e identificativo del Cardinale stesso. Mezzofanti dedicò al Codice e al tema dei sistemi di computo e scrittura del Messico preispanico, due dissertazioni "gemelle", presentate con *lectio* pubblica nel 1814 e nel 1818. Le testimonianze[7] riferiscono che entrambe furono accolte favorevolmente dal mondo intellettuale bolognese ma, non essendo state pubblicate, se ne persero ben presto le tracce.[8] A lungo il saggio descrittivo del Codice è stato confuso tra altri materiali, considerato perduto o del tutto ignorato e una sua riscoperta si inserisce nel solco di un lungo percorso di recupero dei contributi americanisti presenti nel Fondo,[9] iniziato nella prima metà del XX secolo. Inserendosi

6. Antonio Lamma, *Ritratto del Card. Giuseppe Mezzofanti*, olio su tela, 95x60, 1838, Quadreria della Biblioteca Universitaria di Bologna.

7. I saggi del 1814 e del 1818 vengono menzionati per primo dal medico e chimico bolognese Antonio Santagata (1854), p. 11, cit. in Russell, *Vita del Cardinale Giuseppe Mezzofanti*, p. 98.

8. Russell lo dà infatti per perso: «Rispetto allo scritto letto nell'Accademia, non ne è rimasto vestigio veruno», Russell, *Vita del Cardinale Giuseppe Mezzofanti*, p. 73.

9. Una prima descrizione completa dei fascicoli bolognesi sul Messico precolombiano è contenuta in Guzmán, *Manuscritos sobre Mexico en Archivos de Italia*, cui segue la menzione di Karl A. Nowotny, *Codex Borgia Commentary*, Graz, Akademische Druck und Verlagsanstalt, 1968. Riferimenti agli studi sul Codice sono presenti in contributi linguistici (Teza, *Saggi Inediti*; Tagliavini, *La lingua degli indigeni Luiseño*), filologico archivistici (Cacho, *Manuscritos Hispánicos*) e storici (Marchetti, *L'americanismo e la cultura dei gesuiti espulsi in Italia*; Piciulo, *Joaquín Camaño e il network di un grande collaboratore*; Ead., *I gesuiti americani espulsi in Italia*; Ead., *La Cuestión de América en Europa*). Un apporto decisivo al riconoscimento dei saggi di Mezzofanti si deve poi a Laura Laurencich Minelli (*Cardinal Giuseppe Mezzofanti*; *Il Cardinale Mezzofanti Americanista*; *A Note of Mesoamerican Codex Cospi*, in «Journal de la société des Ameéricanistes», 85, 1999, pp. 375-386; e *Calendario e rituali precolombiani. Codice Cospi*, Milano, Jacabook, 1992) che insieme a Domenici ha ricordato il ruolo di Mezzofanti nella biografia globale del Codice Cospi, nel quadro degli studi sul collezionismo italiano di manufatti americani: Davide Domenici, Laura Laurencich Minelli, *Domingo the Betanzos' Gifts to Pope Clement VII in 1532-1533: Tracking the Early History of Some Mexican Objects and Codices in Italy*, in «Estudios de cultura Nahuatl», 47 (2014), pp. 167-209; Davide Domenici, *Cose dell'altro mondo: nuovi dati sul collezionismo italiano di oggetti messicani tra XVI e XVII secolo*, in *L'Impero e le Hispaniae. Da Traiano a Carlo V. Classicismo e potere nell'arte spagnola*, a cura di Sandro de Maria e Manuel Parada López de Corselas, Bologna, Bononia University Press, 2014, pp. 471-483; Id., *Missionary*

in un più ampio filone di studi, si tenterà perciò di ricontestualizzare ed espandere alcune osservazioni sui già noti materiali di Mezzofanti, con l'intento di fornire ulteriori dettagli sulle dissertazioni, quali esito di una cooperazione intellettuale locale ed extra-locale per risalire al significato del manoscritto. Lo studio di Mezzofanti sul Cospi alterna il recupero di importanti informazioni, brillanti intuizioni e vistose lacune; su di esso si costruisce un percorso di indagine costellato, come sempre accade nella ricerca storiografica, di indizi filologici, vuoti di documentazione, fonti anonime, piste morte e schemi di connessione che riemergono tra gli archivi dei bibliotecari. Tenendo presente il cosiddetto «paradigma indiziario» osservato da Ginzburg come modello di «indagine sull'investigatore»,[10] l'obiettivo è quello di far emergere i contorni della connessione che viene a determinarsi tra oggetti e soggetti della globalità. La ricerca che Mezzofanti conduce sul Codice Cospi costituisce inoltre un raro esempio pratico della sua metodologia di indagine che ne restituisce le riflessioni autonome di erudito e la capacità di elaborazione, indispensabili per definirne un più dettagliato profilo intellettuale.

2. *L'oggetto dell'indagine: profilo biografico del Codice Cospi*

Il manoscritto preispanico di cui si interessa Mezzofanti si colloca in una fase della cronologia della Mesoamerica definita periodo Postclassico (900-1521 d.C. ca.), durante la quale a livello artistico si affermò uno «stile internazionale»[11] di cui la specifica forma Mixteco-Puebla[12] costituì un «potente elemento di omogeneizzazione»[13] artistico-culturale. Per quanto riguar-

Gift Records of Mexican Objects in Early Modern Italy, The New World in Early Modern Italy, 1492-1750, a cura di Elizabeth Horodowich, Lia Markey, Cambridge, Cambridge University Press, 2017, pp. 86-102 e 86-102; Id., *Il senso delle cose*.

10. Cfr. Carlo Ginzburg, *Spie. Radici di un paradigma indiziario*, in *Miti, emblemi, spie. Morfologia e storia*, a cura di Id., Torino, Einaudi, 1986, pp. 158-209.

11. Domenici, *Il senso delle cose*, p. 31.

12. Sul tema si veda: Geoffrey G. McCafferty, Larry Steinbrenner, *The Meaning of Mixteca-Puebla Stylistic Tradition: The View from Nicaragua*, in *Art for Archaeology's Sake: Material Culture and Style Across the Disciplines. Proceeding of the Thirty-third Annual Conference of the Archaeological Association of the University of Calgary*, a cura di Andrea Waters-Rist, Calgary, University of Calgary-Archaeological Association, 2005, pp. 282-292, p. 282.

13. Domenici, *Il senso delle cose*, p. 31.

da l'elaborazione della scrittura, essa era determinata dalle necessità pratico-ideologiche di registrare lo scorrere del tempo,[14] la cui misurazione derivava dall'osservazione degli astri. Veniva così a determinarsi una relazione tra il computo del tempo e la dimensione pragmatico-divinatoria.[15] Il controllo del tempo naturale ha consentito lo sviluppo di sistemi di calcolo sempre più complessi che coincidevano con l'evoluzione del calendario da cui dipendeva la divinazione, attività profondamente innervata di implicazioni cosmiche.[16] Nel Messico Centrale era in uso un sistema calendariale fondato sull'«articolazione di cicli di diverse dimensioni»[17] e basato sull'intersezione di due sistemi di computo: il primo è un ciclo solare di 365 giorni, detto *xihuitl*; il secondo è un ciclo divinatorio-rituale di 260 giorni detto *tonalpohualli* dato dall'integrazione di due cicli minori, di 13 e 20 giorni, mediante i quali si interpretava l'influsso divino sulle realtà umane. Il sistema del *tonalpohualli* costituiva una tipologia di *tonalamatl*, ossia di calendario mantico-rituale, una classe di testi religiosi a cui appartiene anche il Codice Cospi.

Riconducibile, dunque, all'orizzonte culturale-stilistico Mixteca-Puebla del Messico Centrale[18] realizzato probabilmente in due distinte aree della regione Puebla, il Codice Cospi è databile tra la fine del XV e l'inizio del XVI secolo e fa parte di un nucleo di cinque manoscritti definito *Gruppo Borgia*.[19] Per quanto riguarda le sue caratteristiche materiali,[20] il Cospi è realizzato in pelle di cervo levigata e si dispiega con una struttura a fisarmonica – formato tipico dei manoscritti precoloniali (*amoxtli*) e di alcuni

14. Sergio Botta, *La religione del Messico Antico*, Roma, Carocci, 2006, pp. 33, 54.

15. Si veda sul tema: Elizabeth Hill Boone, *Cycles of Time and Meaning in the Mexican Books of Fate*, Austin, University of Texas Press, 2007.

16. Antonio Guarnotta, *La lettura del recto del Codice Cospi*, in *Calendario e rituali precolombiani*, pp. 89-114, p. 89.

17. Alfredo López Austin, Leonardo López Luján, *Il passato indigeno. Per una nuova storia del Messico precolombiano*, Milano, Jaca Book, 1998 (ed. orig. *El pasado indígena*, 1996), p. 279.

18. Sull'ipotesi di derivazione del gruppo Borgia dalle tradizioni regionali dell'orizzonte Mixteco-Puebla si veda Patricia Anawalt, *Costume Analysis and the Provenience of the Borgia Group*, in «American Antiquity», 46/4 (1981), pp. 837-852.

19. I codici *Borgia*, *Vaticano B*, *Féjérváry-Mayer* e *Laud*.

20. Per la descrizione si vedano (tra gli altri) Laurencich Minelli, *Il Codice Cospi*, in *Calendario e rituali precolombiani*, pp. 53-56; Costanza Miliani, Davide Domenici, Catia Clemente, Federica Presciutti, Francesca Rosi, David Buti, Aldo Romani, Laura Laurencich Minelli, Antonio Sgamellotti, *Colouring Materials of Pre-Columbian Codices: Non-Invasive In Situ Spectroscopic Analysis of the Codex Cospi*, in «Journal of Archaeological Science», 39 (2012), pp. 672-679.

codici coloniali – di 20 pagine quadrate pieghevoli; il contenuto è distribuito su un *recto* (20 pagine) e su un *verso* (18 pagine), ciascuno diviso in tre parti. Le due copertine pergamenate con decorazione in oro e incollate su carta europea vennero aggiunte nel Seicento, probabilmente in sostituzione delle assicelle di legno che originariamente fungevano da protezione. Il Codice mostra alcune tracce di consunzione della pelle, di assottigliamento dello strato gessoso che ricopre le pagine e che si stendeva solitamente per consentire la realizzazione dei disegni, nonché delle conseguenze di usura e umidità su alcune delle pitture.

Dal punto di vista stilistico-iconografico si nota nel manoscritto il lavoro di almeno due distinte mani che hanno dipinto *recto* e *verso*, probabilmente in due distinte località. La presenza di diversi *tlacuiloque* (ossia di pittori di codici) si evince dalla differenza di stile che, a fronte dell'adesione ad un medesimo canone convenzionale di forte bidimensionalità,[21] connota l'atelier che ha dipinto il *recto* con mano più esperta di quello che ha realizzato il *verso*.

Per quanto riguarda l'analisi del sistema di comunicazione[22] il Cospi e gli altri codici del gruppo Borgia sono costituiti, nello specifico, da «logogrammi calendarici nell'ambito di composizioni di carattere prevalentemente astrologico-divinatorio».[23] Le pagine del Cospi dalla 1 alla 8 del *recto* corrispondono al *tonalpohualli* calendariale, quelle dalla 9 alla 11 mostrano un almanacco astronomico legato al ciclo di Venere; mentre le pagine 12 e 13 recano un motivo con quattro divinità connesse al ciclo calendariale del *tonalpohualli* ("Quattro Templi"). Per quanto riguarda il dibattuto contenuto del *verso*, questo reca invece immagini di animali e di offerte votive, da interpretarsi forse come "manuali rituali".[24]

Esistono inoltre una complessa polisemia e molte "potenzialità interpretative"[25] derivanti dalle analisi condotte sulle specificità tecnologiche del Codice. Le recenti indagini archeometriche non invasive condotte sul Cospi (e su altri codici noti) dall'équipe del laboratorio mobile MO-

21. Cfr. Valeria Visconti, *I Codici Precolombiani*, in *Calendario e rituali precolombiani*, pp. 11-19, p. 11.

22. Le immagini figurative rimandano a un'associazione visuale con ciò che rappresentano tramite convenzioni astratte e riferimenti fonetici. Cfr. Elizabeth Hill Boone, *Stories in Red and Black*, Austin, University of Texas Press, 2000, pp. 30-32.

23. Domenici, *Il senso delle cose*, 79.

24. Ivi, p. 77.

25. Ivi, p. 95.

LAB[26] hanno permesso di acquisire e comparare con le fonti storiche relative alle pitture e ai colori, informazioni rilevanti sul supporto, sulla base, sui leganti, sulle tecniche impiegate per l'applicazione del materiale, sulla tipologia e sull'origine dei pigmenti utilizzati, aggiungendosi alle informazioni ottenute dalle analisi invasive degli anni Novanta.[27] L'adozione di una nuova prospettiva filologica consente di far dialogare i risultati emersi con l'insieme di interrogativi che riguardano la provenienza, la circolazione di materiali e di tecnologie, la composizione dei criteri estetici, ma anche e soprattutto il portato simbolico-comunicativo delle componenti tecnologiche del manoscritto all'interno del sistema sociale relazionale, dimostrando come sia possibile accedere, dall'analisi della materialità dei codici, ad una gamma multilivello di informazioni.

3. *Il viaggio del Codice: dal Messico a Bologna*

Il Codice venne acquisito nella prima metà del Seicento dal marchese Ferdinando Cospi, per il suo "museo delle curiosità" e, a differenza di molti altri oggetti americani della collezione,[28] rimase a Bologna, pri-

26. Per una bibliografia di inquadramento sul tema si vedano, tra gli altri: Domenici, Miliani, *et. al.*, *Colouring Materials of Pre-Columbian Codices*; Catherine Higgitt, *Molab. User report*, London, British Museum, 2013; Davide Domenici, David Buti, Costanza Miliani, Giovanni Bruno Brunetti, Antonio Sgamellotti, *The Colours of Indigenous Memory: Non-Invasive Analysis of Pre-Hispanic Mesoamerican Codices*, in *Science of Art: The Painted Surface*, a cura di Antonio Sgamellotti, Giovanni Bruno Brunetti, Costanza Miliani, Cambridge, Royal Society of Chemistry, 2014, pp. 94-113; Domenici, *Il senso delle cose*; Davide Domenici, Giovanni Bruno Brunetti, Costanza Miliani, Antonio Sgamellotti, *Non-Invasive Investigations on Mesoamerican Codices: the MOLAB Approach*, in «Rendiconti Lincei. Scienze fisiche e naturali», 31 (2020), pp. 773-778.

27. Nel 1992-1993 Giorgio Gasparotto e Giovanni Valdrè del Dipartimento di Scienze Mineralogiche dell'Università di Bologna effettuarono un'indagine sul supporto scrittorio del Cospi, mediante tecniche analitiche di microscopia elettronica, microanalisi a scansione (SEM+EDS) e diffrattometria RX (XRD) e in seguito tramite microscopio binoculare. Il Codice è stato indagato attraverso una serie di analisi non invasive condotte dal 2005 dal Centro di Eccellenza SMAArt (Scientific Methodologies Applied to Archaeology and Art) del Dipartimento di Chimica dell'Università di Perugia attraverso l'allestimento del MOLAB, un laboratorio mobile che fa uso di sofisticate tecniche (digital microscopy, near-infrared and UV fluorescent imaging; XRF, mid-infrared, Raman, UV-vis reflectance and emission spectroscopic). I risultati riguardano le componenti organiche e inorganiche da cui sono stati tratti i pigmenti.

28. Sul tema si vedano tra gli altri: Domenici, *Il senso delle cose*, pp. 157-163.

ma nella Stanza delle Antichità dell'Istituto delle Scienze (1743) e poi in concessione alla Biblioteca Universitaria, quando l'Istituto divenne parte dell'Università (1803). Notizie del manoscritto e alcune sue riproduzioni compaiono per la prima volta tra i beni inventariati da Lorenzo Legati (1667 e 1677),[29] come ricordato anche dallo stesso Mezzofanti.[30] Secondo quanto riportato sul frontespizio della copertina con cui venne rivestito il Codice nel Seicento, il manoscritto, a cui si attribuiva un'erronea provenienza cinese, venne donato il 26 dicembre 1665 al Marchese Cospi dal conte Valerio Zani, in una «cassetta quadrata con coperchio di cristallo ora scomparsa».[31]

Una rilettura proposta da Massimo Donattini, Davide Domenici e Laura Laurencich Minelli di un brano delle *Historie di Bologna* (1548) del frate domenicano Leandro Alberti,[32] apre significativi spiragli sulle ipotesi di ricostruzione dell'arrivo del Codice a Bologna. Dall'analisi del testo emerge che il manoscritto sarebbe giunto a Bologna per il tramite del padre missionario, fondatore dell'Ordine Domenicano di Nuova Spagna, Domingo de Betanzos (1480-1549),[33] in dono per il pontefice Clemente VII (1533), insieme ad altri manufatti entrati nel circuito collezionistico bolognese.

29. Il Codice (*Libro stampato con figure dell'India*) è descritto nel libro III del catalogo di Legati, *Breve descrizione del Museo dell'Ill. Sig. Cav. Commend. dell'ordine di S. Stefano Ferdinando Cospi*, 1667. È poi menzionato nell'*Inventario delle cose del Museo Cospiano spettanti la Stanza delle Antichità* del 1673, come «libro del Messico»; e ancora nel 1677, quando Legati pubblicò il *Museo Cospiano*, che conteneva una più accurata ed esatta descrizione del Codice. Il manoscritto è citato anche nell'*Inventario Semplice di tutte le materie esattamente descritte che si trovano nel Museo Cospiano*, redatto nel 1680 da un anonimo, dove è descritto come «un libro del Messico Tutto Geroglifici», cfr. Alessandra Filipetti, *Museo Cospiano ovvero l'Iter del Codice a Bologna*, in *Calendario e rituali precolombiani*, pp. 43-50, p. 45; Laura Laurecich Minelli, *Bologna e gli aztechi fra i secoli XVI e XVII*, in *Gli aztechi tra passato e presente. Grandezza e vitalità di una civiltà messicana*, a cura di Alessandro Lupo, Leonardo López Luján, Luisa Migliorati, Roma, Carocci, 2006, pp. 117-129, pp. 124-125.

30. BCABo, F.S. Mezzofanti, Cart. IV, 2, Giuseppe Mezzofanti, *Dissertazione sopra un codice messicano custodito nella Pontificia Università di Bologna*, 1818.

31. Filipetti, *Il Museo Cospiano*, p. 45.

32. Leandro Alberti (1548), cit. in Domenici, *Cose dell'altro mondo*, p. 472; Donattini, *Il mondo portato a Bologna*, *passim*.

33. Davide Domenici, Laura Laurencich Minelli, *Domingo de Betanzos' Gifts to Pope Clement VII in 1532-1533: Tracking the Early History of Some Mexican Objects and Codices in Italy*, in «Estudios de cultura náhuatl», 47 (2014), p. 172.

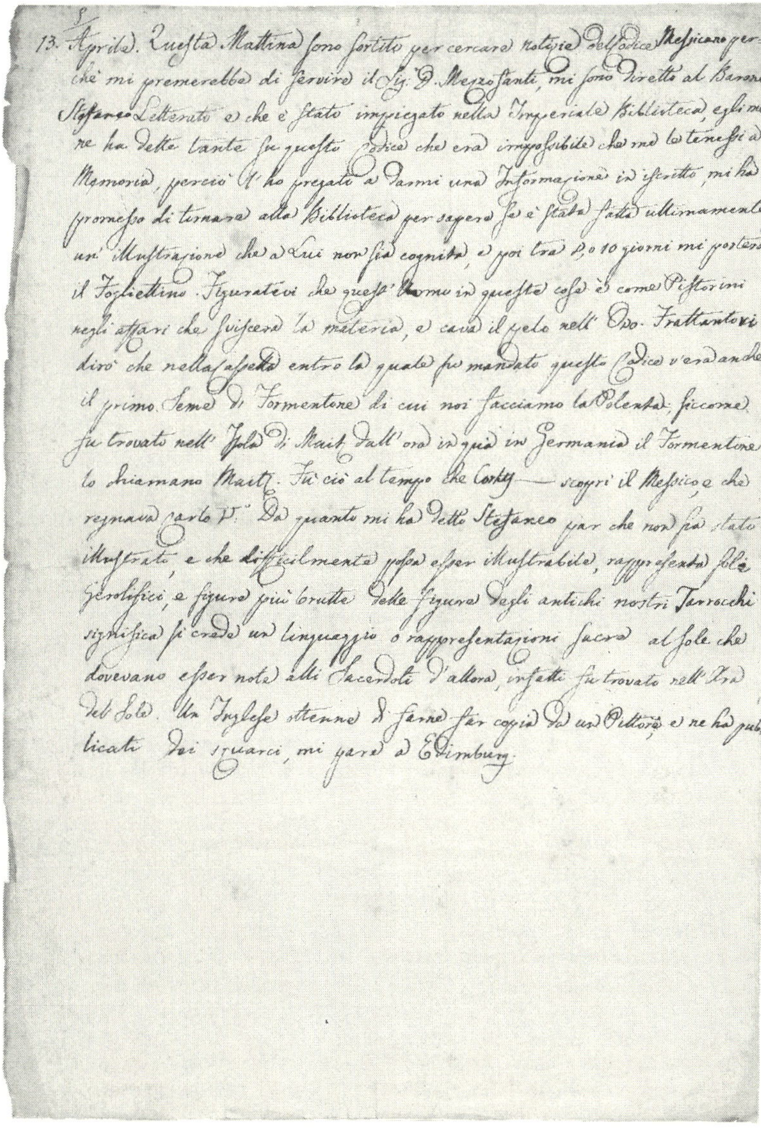

8

13. Aprile. Questa Mattina sono sortito per cercare notizie del Codice Messicano per-
chè mi premerebbe di servire il Sig. D. Mezzofanti, mi sono diretto al Barone
Stefaneo Letterato e che è stato impiegato nella Imperiale Biblioteca, egli me
ne ha dette tante su questo Codice che era impossibile che me le tenessi a
Memoria, perciò l'ho pregato a darmi una Informazione in iscritto, mi ha
promesso di tornare alla Biblioteca per sapere se è stata fatta ultimamente
un' Illustrazione che a Lui non sia cognita, e poi tra 8, o 10 giorni mi porterà
il Foglietino. Figuratevi che quest' Uomo in queste cose è come Pistorini
negli affari che sviscera la materia, e cava il pelo nell' Ovo. Frattanto vi
dirò che nella Cassetta entro la quale fu mandato questo Codice v'era anche
il primo Seme di Formentone di cui noi facciamo la Polenta; siccome
fu trovato nell' Isola di Maiz dall' ora in quà in Germania il Formentone
lo chiamano Maitz. Fu ciò al tempo che Cortez — scoprì il Messico, e che
regnava Carlo V. Da quanto mi ha detto Stefaneo par che non sia stato
illustrato, e che difficilmente possa esser illustrabile, rappresenta solo
Gerolifici, e figure più brutte delle figure degli antichi nostri Tarrocchi
significa si crede un linguaggio o rappresentazioni sacre al Sole che
dovevano esser note alli Sacerdoti d'allora, infatti fu trovato nell' Ara
del Sole. Un Inglese ottenne di farne far copia da un Pittore, e ne ha pubblicati dei squarci, mi pare a Edimburg.

Fig. 7. *Nota sui codici precolombiani*, anonimo, BCABo, F.S. Mezzofanti, Cart IV, 2. Foto Biblioteca Comunale dell'Archiginnasio di Bologna.

Per quanto riguarda l'inizio della circolazione di informazioni[34] relative al Cospi risulta che, oltre alle riproduzioni nel catalogo di Legati, la prima copia del Codice – conservata presso la Biblioteca Apostolica Vaticana – sia stata realizzata dallo scenografo e decoratore Antonio Basoli.[35] Parallelamente Francisco Clavijero dedicò al Codice alcune riflessioni nella sua *Storia Antica del Messico* (1780) attribuendogli un carattere magico-religioso. Un commentario venne composto anche dal gesuita messicano José Lino Fábrega, contemporaneo dello stesso Clavijero, l'esploratore e naturalista tedesco Alexander von Humboldt lo identificò erroneamente come calendario zodiacale. In occasione della *lectio* sull'interpretazione del Codice tenuta all'Accademia dell'Istituto delle Scienze, Mezzofanti incaricò la nipote Anna Minarelli di dipingere una copia in acquerello del calendario, conservato oggi nel Fondo Manoscritti del Cardinale. La prima pubblicazione integrale del manoscritto si deve infine all'inglese Lord Edward Kingsborough che, previa autorizzazione presentata allo stesso Mezzofanti nel 1825, ottenne il permesso di far realizzare una copia del Codice; l'incarico venne affidato ad Agostino Aglio che ne ricavò delle litografie piuttosto imprecise.[36] Considerando che il lavoro di Mezzofanti rimase inedito bisognò attendere il 1887 per lo studio con cui Eduard Seler dimostrò le corrispondenze del Cospi con i codici del Gruppo Borgiano, un passaggio chiave per la definizione della biografia dell'oggetto e lo sviluppo di commentari e riproduzioni contemporanee.[37]

34. Nel 1539 Teseo Ambrogio degli Albonesi da Pavia descrisse un libro (probabilmente il Codice) mostratogli dal Canonico bolognese Paleotti. Domenici, Laurencich Minelli, *Domingo de Betanzos*.

35. Davide Domenici, *Borg. Mess.2: A Late Eighteenth-Century Copy of the Mesoamerican Codex Cospi by the Bolognese Artist Antonio Basoli (1774-1848)*, in *Miscellanea Bibliothecae Apostolicae Vaticanae XXVIII*, Città del Vaticano, Biblioteca Apostolica Vaticana, 2023, pp. 189-214.

36. Il senso di lettura era errato e dal conteggio delle pagine furono escluse quelle bianche. Si veda: *Calendario e rituali*, *passim*.

37. Nel 1898 il Duca di Loubat sostenne economicamente la riproduzione per fotocromografia del Cospi, correlata da un commento esplicativo di Francisco del Paso y Troncoso. Seguirono la riproduzione in fotocolor ad opera di José Corona Nuñez (1964-1967) e l'edizione fotografica a colori dell'Akademische Druck di Graz (1968). Tra i principali commentari si annoverano quelli di: Eduard Seler (1900, 1902) che definì il contenuto dei codici Borgiani calendariale-divinatorio, Garcia Granados (1939), J.E.S. Thompson (1934), Karl Nowotny (1961-1968), Alfonso Caso (1967), Thomas Barthel (1969), María del Carmen Aguilera García (1988), Laura Laurencich Minelli (1992) e Maarten Jansen, Ferdinand Anders e Peter van der Loo (1994).

4. *Caccia agli indizi: l'individuazione delle tracce bibliografiche*

L'analisi condotta da Mezzofanti inizia con un'indagine bibliografica e il saggio riflette bene la scrupolosa ricerca condotta tra le fonti, profilandosi come un compendio di quanto appreso e assimilato fino a quel momento, in una dinamica dialogica con le fonti stesse con cui i saggi di Mezzofanti sono in continuità, senza per questo rinunciare ad una lettura critica. Le dissertazioni, infatti, pur enfatizzando la connessione con autori come Humboldt, Clavijero e Antonio de León y Gama, non si esauriscono in un processo di riproposizione pedissequa e nozionistica, ma agiscono come ponte attivo tra lo stato dell'arte e l'elaborazione di un contributo indipendente. Mezzofanti si dedica al reperimento di informazioni per assicurare il più possibile la solidità dell'impianto teorico-bibliografico e impiega tutte le risorse di cui dispone, utilizzando canali italiani, europei e americani, per espandere la propria conoscenza in materia di codici. Le fasi iniziali della sua ricerca si concentrano su un patrimonio a cui probabilmente Mezzofanti poteva aver accesso autonomamente dalla biblioteca o tramite relazioni personali. Come già menzionato, è nota alla critica l'amicizia con Ignacio Clavijero, fratello dello storico Francisco che, presumibilmente, aveva garantito a Mezzofanti accesso ai manoscritti dello stesso Francisco e alle sue fonti. Molto si è detto della vicinanza di Mezzofanti al gruppo di «recherche d'équipe ante litteram»,[38] costituito dagli esuli gesuiti in Italia, mentre sono passati più sottotraccia altri canali informativi. Risale al 1818, ad esempio, uno scambio di lettere con il bibliotecario della Biblioteca Marciana di Venezia, Jacopo Morelli a cui Mezzofanti scrisse:

> A lei non si scrive senza chieder lumi ed ottenerne. La prego adunque dirmi se vi sia qualche altro saggio inciso del Codice Messicano descritto da Legati [...], oltre i pochi geroglifici ivi rappresentati.[39]

Sul retro della lettera Morelli appuntò una lista[40] di riferimenti bibliografici, divisi in sottocategorie, quali testi dell'Ottocento, libri stampati in Europa, miscellanee orientalistiche, testi di grammatica, scritti riguardanti collezioni, *cabinets* e musei. Dallo scambio si ricava l'impressione che

38. Cfr. Paciulo, *Joaquín Camaño e il network di un grande collaboratore*, *passim*.

39. Biblioteca Nazionale Marciana, Archivio Morelliano, ff. 218-222, Bologna, 20 nov. 1818

40. Tra gli autori che Morelli cita figurano Clavijero, Worm, Kircher, ma anche Giovanni Francesco Gemelli Careri, Joannes de Laet, Alfonso de Molina.

Mezzofanti, sulle tracce delle informazioni bibliografiche esistenti sul Codice, ne avesse trovate solo una parte in tempo utile per poterle impiegare nella lettura accademica. Una successiva lettera di Morelli, che non fornì ulteriori informazioni rispetto a quelle già in possesso di Mezzofanti a quello stadio della ricerca,[41] raggiunse il Cardinale solo dopo la lettura pubblica della dissertazione, il che forse potrebbe spiegare perché Mezzofanti sostenesse la necessità di rimettere mano ai suoi lavori prima di pubblicarli, sentendosi forse poco solido per l'assenza di un completamento bibliografico. La ricerca di informazioni tramite contatti bibliotecari si sviluppò anche su un piano internazionale. Tra i materiali preparatori della dissertazione è presente, infatti, una minuta di una lettera o di una nota scritta da un anonimo,[42] dalla quale si evince che il Cardinale avesse richiesto la collaborazione di colleghi, tramite intermediari, per recuperare notizie riguardo ai codici custoditi nelle biblioteche europee. La minuta,[43] datata al 13 aprile ma senza indicazione d'anno, riguarda un viaggio dall'anonimo a Vienna e menziona un colloquio dello stesso con il barone Francesco Maria Carnea Steffaneo, Bibliotecario presso la Biblioteca Reale della capitale austriaca, dove è conservato il Codice Vindobonensis:

> Questa mattina sono partito per cercare notizie del Codice Messicano, perché mi piacerebbe di servire il Sig. Mezzofanti, mi son diretto al Barone Steffaneo [...] che è stato impiegato nella Reale Biblioteca, egli me ne ha dette tante su questo Codice, che era impossibile che me le tenessi a memoria. Perciò l'ho pregato di darmi una informazione per iscritto, mi ha promesso di tornare alla Biblioteca per sapere se è stata fatta ultimamente un'illustrazione che a lui non fu cognita, e poi tra 8 o 10 giorni mi porterà il Fogliettino [...]. [44]

Tale documento può essere messo in relazione[45] con un frammento contenuto nella Cartella X, 4, che parrebbe essere autografo di Mezzofanti e che reca:

> Il Sig. Barone Steffaneo Consigliere Intimo Ciambellano, che è stato Bibliotecario Imperiale e [...] del figlio dell'Imperatore Fran. II si è degnato

41. BCABO, F.S. Mezzofanti Cart. LII, 35, Jacopo Morelli, Venezia, 1818.

42. Non è stato possibile risalire all'identità della persona che ha fatto da intermediario tra Mezzofanti e il Barone.

43. Indagata anche da Guzmàn, *Manuscritos sobre Mexico en Archivos de Italia*, pp. 51-52.

44. BCABo, F.S. Mezzofanti, Cart. IV, 2.

45. Relazione suggerita da Guzmán, *Manuscritos*, p. 52.

mandarmi il Saggio stampato del Codice Messicano di Vienna, che ho posto insieme al nostro codice messicano in Biblioteca.[46]

Non è noto se il "fogliettino" con le indicazioni del Barone sia giunto o meno nelle mani di Mezzofanti, ma è possibile che il saggio del Codice di Vienna (o parte di esso) corrisponda ad un'acquaforte della prima pagina del *recto* del Codice Vindobonensis, conservato insieme alle riproduzioni del Cospi nella Cartella X, 4 del Fondo. Se così fosse, si potrebbe supporre che fosse negli intenti di Mezzofanti utilizzare dei riferimenti iconografici, oltre che bibliografici, per operare un confronto tra i codici e ricavarne così la maggiore quantità possibile di dati. È possibile inoltre che Mezzofanti intendesse offrire al pubblico i vari supporti grafici, con riproduzioni e disegni delle pagine del manoscritto, di modo da rendere più accattivante e d'impatto la discussione sul Codice.

5. *L'esito delle indagini: riassunto delle* Dissertazioni

La ricerca di Mezzofanti sul Codice approda a due dissertazioni, nel 1814 e nel 1818, riguardanti, rispettivamente, il sistema di scrittura e un'ipotesi interpretativa sul contenuto del Codice. Mezzofanti introduce il suo saggio interpretativo del Cospi, *Dissertazione sopra un Codice messicano della Biblioteca della Pontificia Università di Bologna* (1818) con alcune considerazioni preliminari sulla difficoltà di chiarirne il contenuto a causa delle lacune nella contestualizzazione dei dati, riconducibili al depauperamento del patrimonio letterario indigeno provocato dalla Conquista:

> Tante memorie sulla vetusta erudizione de' Messicani perirono quando di questi cadde l'impero, e quelle che scamparono allora, tanto scemarono poscia nel corso di tre secoli, ché in grande stima è tenuto quanto oggidì se ne può additare.[47]

Il deterioramento del patrimonio è secondo Mezzofanti all'origine delle incerte conoscenze della critica europea che non padroneggia ancora «l'arte di interpretare i Dipinti che furono la scrittura dei Messicani»,[48]

46. BCABo, F.S. Mezzofanti, Cart. X, 4.
47. Ivi, Cart. IV, 2, Mezzofanti, *Dissertazione sopra un codice Messicano*, f. 1r.
48. *Ibidem.*

tanto che si augura la sua dissertazione possa rappresentare uno stimolo per approfondimenti futuri. Segue quindi una breve disamina del materiale esistente, iniziando da un elenco dei manoscritti noti.[49] Lo studioso accenna quindi alla scarsità di documenti rimasti in Messico,[50] menzionando eruditi e collezionisti[51] che hanno contribuito al reperimento di informazioni sui sistemi di scrittura indigena. Segue uno stato dell'arte relativo agli studi condotti specificamente sul Cospi. Oltre a Lorenzo Legati, che ne fornì i dati "biografici", Mezzofanti cita l'archeologo danese Georg Zoëga, Fábrega e Humboldt, rammaricandosi che quest'ultimo, in particolare, non ne abbia fornito un'illustrazione «nelle tavole dello splendido Atlante Pittorico che correla il viaggio di lui e del [...] Bonpland nelle regioni equinoziali».[52] Si passa dunque a esaminare il sistema di scrittura, inserito nella tradizione del «letterario dipingere»[53] delle popolazioni del Bacino del Messico che applicano un sistema pittografico-logografico, definito da Mezzofanti «composito e astruso».[54] In esso la pittura serviva a: «esprimere con linee e con colori le cose medesime, rappresentando le figure di quelle che l'hanno, e indicando quelle che non l'hanno per mezzo di

49. Oltre al Cospi, Mezzofanti fa riferimento (citando in gran parte Humboldt, come chiarito nei materiali preparatori) a codici presenti all'Escorial (Codice Borbonicus), Vienna (Codice Vindobonensis Mexicanus 1 della Nationalbibliothek), Berlino (forse il riferimento è ai "Frammenti di Humboldt", tratti dalla collezione Boturini che lo stesso Humboldt donò alla Staatsbibliothek di Berlino nel 1806), a Dresda (Codice Dresda della Sächsische Landesbibliothek), Parigi (forse il Telleriano-Remensis) i due della Biblioteca Vaticana (Codice Vaticano B o 3773 e Vaticano A o 3738 della Biblioteca Vaticana di Roma) e quello del Museo Borgiano (Codice Borgia). Mezzofanti cita anche un gruppo di cinque manoscritti conservati a Oxford (i manoscritti della Bodleian Library di Oxford sono il Codice Selden, il Selden Roll, il Codice Laud e il Codice Bodley. La Bodleian conserva anche il Codice Mendoza, che venne però riscoperto nel 1831. Il riferimento di Mezzofanti è ancora Humboldt, come riportato dallo stesso autore che cita: «Humboldt, op. cit. tomo 2 pag. 394»). In generale il bolognese non distingue tra manoscritti precolombiani e di età coloniale.

50. BCABo, F.S. Mezzofanti, Cart. X, 4, *Materiali e varianti*, ff. 2r-2v.

51. Ricordando in particolare l'opera di José Antonio Pichardo della Congregazione di San Filippo Neri, quella di Carlos de Sigüenza y Gongora (erede della collezione di antichità messicane di Fernando de Alva Cortés Ixtlilxochitl), gli appunti di Gemelli Careri, la collezione Boturini e la raccolta del primo viceré della Nuova Spagna Antonio de Mendoza. BCABo, F.S. Mezzzofanti, Cart. IV, 2, Mezzofanti, *Dissertazione*, f. 2v.

52. *Ibidem*.

53. *Ibidem*.

54. Ivi, ff. 8r-8v, copia 1.

simboli».[55] Il sistema di scrittura-memorizzazione veniva impiegato anche per perpetuare il ricordo degli eventi di etnogenesi dei gruppi della Valle del Messico, su tutti il mito mexica della migrazione.[56]

Nel saggio sono presenti anche indicazioni sulla formazione di nomi propri e toponimi, sui numeri e sul computo del tempo che Mezzofanti descrive partendo da brani di León y Gama.[57] Illustrando le caratteristiche dei segni ideografici Mezzofanti esprime inoltre un giudizio estetico che tende a disconoscere il valore artistico e comunicativo del manufatto: per lo studioso la categoria del bello è inapplicabile alle pittografie precoloniali che, per di più, non possiedono ai suoi occhi la medesima dignità dei sistemi di comunicazione fondati sull'astrazione alfabetica. Mezzofanti ritiene, in altre parole, che il sistema percepito come pittografico, per la sua resa non mimetica del naturale e l'assenza di un alfabeto, non riesca a veicolare chiaramente i contenuti. Gli artisti, annota, «caricavano i dipinti di segni bizzarri, di colori non veri, forse, come si è detto, per indicare vari loro pensamenti».[58] Mezzofanti apre qui una digressione sul confronto tra i "glifi messicani" e i geroglifici egizi, considerati il prodotto di una società ben più evoluta e complessa di quella americana.[59] L'idea di una generica arretratezza culturale dei Messicani si riscontra, poi, nel parallelismo con altri popoli amerindiani («antichi abitatori della Virginia e della Luigiana»[60]) con cui condividerebbero l'affidarsi a pratiche divinatorie intrise di superstizione.[61] Appare invece inspiegabile a Mezzofanti il contrasto tra la mediocrità della pittura indigena – con la peculiare tendenza a produrre figure che lo studioso giudica «deformi, contorte, orribilmente spaventevoli»[62] – e l'abilità dimostrata invece dagli artisti messicani nella ritrattistica, nell'oreficeria, nelle composizioni musive di piume, nella scultura e nell'archi-

55. Ivi, f. 3r, copia 3v.

56. *Ibidem*.

57. Cfr. Antonio León y Gama, *Saggi sull'astronomia cronologica e mitologia degli Antichi Messicani, tradotta dallo spagnolo e dedicata alla molto nobile illustre ed imperiale Città del Messico*, Roma, Salomoni, 1804, trad. it. Pedro Márquez; BCABo, F.S. Mezzofanti, Cart.X, 4, *Materiali e Varianti*, f. 6v.

58. BCABo, F.S. Mezzofanti, Cart. X, 4, *Materiali e Varianti*, ff. 6v-7r.

59. Riflessioni derivanti da Georg Zoëga, *De origine et usu obeliscorum*, Roma, 1797, in BCABo, F.S. Mezzofanti, Cart. X, 4, *Materiali e Varianti*, f. 9r.

60. BCABo, F.S. Mezzofanti, Cart. IV, 2, Mezzofanti, *Dissertazione*, p. 6r.

61. Humboldt citato da Mezzofanti, ivi, f. 9r.

62. Ivi, Cart. IV, 2, Mezzofanti, *Dissertazione*, f. 6v.

tettura.[63] Mezzofanti torna quindi ad occuparsi dei sistemi di computo e registrazione: stando alle fonti impiegate,[64] in Messico si sarebbe fatto uso di «funicelle di vario colore»[65] poi abbandonante in favore della scrittura; un'eco di tale passaggio si conserverebbe in «alcune brevi linee rette, che di più si combinavano con varii punti, come oltre il Codice di Dresda ne fa fede il Cospiano».[66] Passando all'analisi autoptica del Codice Mezzofanti fornisce una descrizione particolareggiata, malgrado sembri dare per assodata un'erronea origine azteca del manufatto. La dissertazione è ricca di intuizioni significative e inedite, quali l'ipotesi che *recto* e *verso* siano stati dipinti da due mani diverse o la conclusione che l'artista del *verso* sia meno esperto e valente di quello del *recto*.[67] L'interpretazione elaborata dal Cardinale sul Codice si fonda sulla conoscenza delle precedenti attribuzioni di significato del manoscritto che gli erano note, secondo le quali poteva trattarsi di un testo di argomento mitologico-religioso o astronomico-zodiacale.[68] Entrambe le tesi vengono confutate sulla base degli studi di León y Gama, oltre che su quelli di Clavijero e Humboldt, tramite i quali Mezzofanti riconobbe la sequenza di segni che, ad un esame più attento e con un leggero cambio di prospettiva,[69] gli permise di identificare correttamente il Codice con un calendario rituale:

> Il Codice Messicano [...] contiene l'indicazione di duegento sessanta giorni, combinati coi segni sia del giorno che della notte, e tale indicazione costituisce un Calendario Messicano.[70]

Altre ipotesi vengono avanzate riguardo il significato dei segni delle bande superiori e inferiori del *recto* i quali, secondo Mezzofanti, potreb-

63. Ivi, Cart. X, 4, *Materiali e Varianti*, f. 10r.
64. Humboldt citato da Mezzofanti, ivi, f. 10v.
65. Ivi, Cart. IV, 2, Mezzofanti, *Dissertazione*, f. 7r.
66. *Ibidem.*
67. «Questo codice è dipinto in pelle di cervo e non in carta a guisa di carboncino come scrisse Legati [...] È dipinto da ambo le parti [...]. Il lavoro di questo rovescio manifesta uno stile più rozzo, un'esecuzione sì trascurata, un colore sì languido che non solo comparisce di altro autore, ma si direbbe una copia fatta da mano inesperta e negligente», Ivi, Mezzofanti, *Dissertazione*, ff. 7V, 8r-8v.
68. Interpretazioni rispettivamente di Clavijero (1780) e Humboldt (1813). Ivi, *Dissertazione*, f. 8v.
69. «Osservavo il Codice procedendo da destra a sinistra; vedevo inverso l'ordine dei quattro segni. Mi posi a considerarlo da sinistra a destra, e vidi l'ordine retto», *ibidem.*
70. Ivi, f. 16v, copia 1.

bero indicare dati metereologici o di carattere rituale e mitologico.[71] Più esitanti e nebulose le teorie espresse sul contenuto del *verso* del Codice, per il quale Mezzofanti propone un confronto con il Codice di Dresda e alcune possibili interpretazioni, non del tutto pertinenti.[72] Nella conclusione della dissertazione Mezzofanti riporta nuovamente in forma sintetica l'esito del suo approfondimento, inserendo anche alcune annotazioni finali sulla collocazione cronologica del Codice e sul verso di lettura. Significativa la chiusura, con l'auspicio di un'espansione multidisciplinare degli studi:

> Il nostro Codice potrà altresì dar luogo alle osservazioni dell'astronomo dello storico naturale, dell'antiquario e qui si porrà il valore de' miei illustri colleghi, i quali daranno compimento ad un lavoro, che io non poteva che abbozzare.[73]

La valutazione del contributo di Mezzofanti non può prescindere dall'esame dell'altra inchiesta sul mondo mesoamericano antico, la *Dissertazione sul modo di scrivere degli antichi Messicani, sulla loro cronologia e sul loro sistema di numerazione* (1814). Il saggio costituisce una sorta di ideale prologo[74] alla *lectio* sul Codice, una cornice tematica entro la quale si sviluppano le ricerche sul Cospi. Tra i principali argomenti trattati vi è la descrizione della tipologia di scrittura adottata dalle società mesoamericane, nelle sue differenze e somiglianze con altre forme di comunicazione non orale impiegate da società occidentali e non-occidentali. Nel saggio Mezzofanti sovrappone scrittura e pittura; pertanto, il giudizio sulla capacità di astrazione logografica è primariamente una valutazione di carattere estetico sulla tradizione pittorica messicana, di cui Mezzofanti denuncia la resa non verosimile della realtà e la distanza dal naturalismo occidentale.[75] La pittura, «in luogo di scrittura adoperata»,[76] pur essendo scevra di ogni

71. «Qui forse è segnato il tempo acconcio alle caccie [*sic*], alla cosiddetta guerra degli Dei, alle quali uscivano per prender animali o gente da immolare. Alcuna di queste opinioni potrebbe esser vera, ma come provarla?», ivi, ff. 17v-18v.

72. Ivi, ff. 22r-23v.

73. *Ibidem*.

74. «Di queste differenti maniere di scrittura eleggo oggi la Messicana a dire di lei brevemente, serbandomi in altra volta le congetture sul Codice Cospiano», ivi, Cart. IV, 2, *Dissertazione sul modo di scrivere degli antichi Messicani, sulla loro cronologia e sul loro sistema di numerazione*, Mezzofanti, 1814, f. 2r.

75. *Ibidem*.

76. Ivi, f. 2v.

norma compositiva, era tuttavia una tecnica non improvvisata, per acquisire la quale si richiedeva una specifica preparazione, garantita dalla formazione nella casta sacerdotale e appresa per imitazione.[77] Superstizione ed esercizio nelle pratiche di scrittura determinavano, nell'interpretazione dello studioso, una disaffezione, una perdita del senso del bello nei pittori dei codici; processo questo che contrasta, come rilevato dallo stesso Mezzofanti, con l'evidente percezione del bello, espresso invece in altre forme d'arte. Un'incongruenza verso cui Mezzofanti mostra perplessità anche nel saggio sul Codice e che qui risolve ponendo un distinguo tra artisti e pittori (o scrittori). I primi rappresentano la realtà in modo imitativo, i secondi utilizzano le pitture come allusioni allegoriche, come significanti attraverso cui veicolare significati.[78] Dopo un passaggio sui materiali impiegati per la scrittura, Mezzofanti dedica le restanti pagine della dissertazione a un breve resoconto della cronologia e dei numeri, riservandosi di estendere in futuro la trattazione ad altre tematiche quali la storia, la politica, la morale. Boturini, Clavijero e soprattutto León y Gama sono gli autori che maggiormente ispirarono Mezzofanti e che egli cita per descrivere il periodo di 52 anni del calendario, i sistemi di computo, la numerazione e l'origine dei segni numerali. Mezzofanti conclude augurandosi di poter redigere uno scritto sull'aritmetica, a conferma dell'intento di formulare una più esauriente esposizione sul mondo messicano precoloniale.

6. *Filologia delle* Dissertazioni*: il rapporto con le fonti*

6.1. *I "ribelli" dell'Illuminismo: il recupero dell'impianto storiografico dei gesuiti*

Dalla seconda metà del Settecento alcuni dei gesuiti esuli presenti in Italia – che erano stati i maestri di Mezzofanti – risultarono attivi nella produzione di un ricco patrimonio storiografico che permise di ampliare notevolmente le conoscenze europee sulle Americhe, attraverso una strate-

77. «Questi maestri proponevano a' docili imitatori i soliti rozzi esemplari di strane figure e di orribili simulacri, le cui forme odiose al continuo vedute e venerate, e adorate ne' templi ove servivano, altamente imprimevasi nelle tenere menti, sicché dileguavasi ogni immagine del bello che natura vi aveva segnato, e la sua vaghezza cedeva all'orrore onde la superstizione ingombrava gli innocenti animi paventosi», ivi, f. 3r.

78. Ivi, ff. 3v-4r.

gia dialettica che, pur essendo concorrenziale e polemica rispetto al mondo illuminista, ne inglobava alcune strategie divulgative.[79] Tra i maggiori autori di questa tradizione vi è certamente il gesuita Clavijero, le cui opere rappresentano il nucleo storiografico delle *Dissertazioni* di Mezzofanti e il veicolo di contatto tra il bolognese e quest'area del dibattito filosofico.

Esperto conoscitore della lingua náhuatl e delle cronache della Conquista, Clavijero si distinse per una veemente difesa del mondo americano, verso cui l'Europa illuminista dei *philosophes* aveva pronunciato giudizi basati su un impianto teoretico estremamente tendenzioso. Ciò derivava da quella «rinata e crescente fede»[80] nella missione civilizzatrice che l'Europa si era attribuita con la "riscoperta" della *ratio*, e che nel XVIII secolo aveva infiammato nuovamente l'antica polemica sull'interpretazione del Nuovo Mondo. La natura dell'America, considerata antitetica rispetto a quella dell'Europa, andava riassorbita filosoficamente e pragmaticamente. Significativamente, la *Storia Antica del Messico*[81] (1780) che Clavijero redige come messicano prima ancora che come gesuita, si struttura attorno alla volontà di rigettare le tesi calunniose di autori come Cornelius de Pauw e di Jean Louis Leclerc conte di Buffon che promuovevano[82] una visione dell'America come continente selvaggio e degenerato, popolato da individui allo stadio di infanzia storico-sociale.[83] L'approccio di Clavijero è moderno in molti aspetti, a iniziare, come ricorda Beatriz de Alba-Koch, dalla dedica dell'opera alla Reale e Pontificia Università del Messico, alla cui gestione erano affidati materiali e programmi educativi un tempo amministrati dai gesuiti.[84] Vi è quindi una

79. Sulla relazione tra gesuiti e illuminismo si veda: Girolamo Imbruglia, *The Jesuit Missions of Paraguay and a Cultural History of Utopia (1568-1789)*, Leiden, Brill, 2017.

80. Antonello Gerbi, *La disputa del Nuovo Mondo. Storia di una polemica (1750-1900)*, Milano, Adelphi, 2000 (1995), p. 223.

81. Francisco Javier Clavijero, *Storia Antica del Messico Cavata da' migliori storici spagnuoli*, Cesena, Biasini, 1780.

82. Cornelius de Pauw, *Recherches philosophiques sur les Américains ou mémoires intéressants pour servir à l'histoire de l'espèce humaine*, Berlin, G.J. Decker, 1768-1769; Jean Louis Leclerc Comte de Buffon, *Histoire naturelle, générale et particulière, avec la description du Cabinet du Roi*, Paris, L'Imprimerie Royale, puis Plassan, 1749-1804.

83. Cfr. Giovanni Gentile G. Marchetti, *Cultura indigena e integrazione nazionale. La "Storia antica del Messico" di F.J. Clavijero*, Abano Terme, Piovan Editore, 1980, p. 17; Gerbi, *La disputa*, *passim*; Piciulo, *I gesuiti americani espulsi*, *passim*.

84. «The *Historia* is dedicated to the Royal and Pontifical University of México, the institution to whose custody were entrusted the collections of books, manuscripts

coscienza radicata sulla necessità di salvaguardia del patrimonio messicano, tanto che dalla *Storia* si generò un movimento di «interesse popolare» per l'archeologia.[85] Clavijero si dimostrò sensibile al tema della tutela delle antichità messicane e propose che «l'università istituisse un museo, [...] che allora non esisteva nella Nuova Spagna»[86] al fine di preservare le testimonianze documentarie sulla storia del Messico.

La *Storia* influenza profondamente Mezzofanti; benché il giudizio sul mondo amerindiano da parte del bolognese sia spesso tutt'altro che lusinghiero, il progetto di Clavijero di riabilitazione[87] dell'America permea alcuni tra i più significativi passi delle *Dissertazioni*. Il debito più evidente verso Clavijero è quello relativo alle tematiche storiche e mitologiche, ma anche alle riflessioni sul senso estetico dimostrato nella scultura e nell'architettura tolteca.[88] Clavijero fornisce a Mezzofanti anche notizie di carattere rituale ed elementi per confronti iconografici tra le immagini delle divinità e le figure del Cospi, oltre che riportare una propria lettura del Codice.[89] Mezzofanti riprende passaggi della *Storia* sulla religione azteca che, nei suoi presunti punti di contatto con quella cristiano-cattolica, viene presentata come un'«intuizione prossima alla verità».[90] L'erudizione di Clavijero, messa al servizio di un intento di "riscatto" della cultura messicana, emerge dai saggi di Mezzofanti soprattutto nella trascrizione degli estratti dai capitoli sul calendario e sulle abilità tecnico-artistiche degli artigiani. Queste, che vengono presentate da Clavijero come aspetti tra i più edificanti della vita indigena – allo scopo di enfatizzarne la corrispondenza con i modelli occidentali – ri-

and scientific instruments, as well as educational programs that had previously been the responsability of the Jesuits», Beatriz de Alba-Koch, *For Love of Patria: Locating Self and Nation in Clavigero's Rendition of Conquest of Mexico*, in *Jesuit Accounts of the Colonial Americas*, pp. 107-126, p. 109. Sugli obiettivi patriottici di Clavijero: Miguel León-Portilla, *La* Historia Antigua de México *de Francisco Xavier Clavigero*, in *Francisco Xavier Clavigero, un humanista entre dos mundos. Entorno, Pensiamento y Presencia*, a cura di Alfonso Alfaro, Iván Escamilla, Ana Carolina Ibarra, Arturo Reynoso, México, Fondo de Cultura Económica, 2015, pp. 157-190.

85. William H. Prescott, citato in Gerbi, *La disputa*, p. 276.

86. Alba-Koch, *For Love of Patria*, p. 109.

87. Non va dimenticato che nella *Storia* «l'esaltazione della società creola è funzionale alla strisciante polemica antispagnola», Guasti, *L'esilio italiano dei gesuiti spagnoli*, p. 268.

88. BCABo, F.S. Mezzofanti, Cart. IV, 2, Mezzofanti, *Dissertazione su un Codice messicano*, f. 3r.

89. Ivi, f. 8v.

90. Marchetti, *Cultura indigena*, p. 68.

corrono spesso nelle *Dissertazioni* contribuendo, ben al di là degli intenti di Mezzofanti, a recuperare preziosi scorci sul mondo indigeno.

6.2. *Stelle e monumenti: l'approfondimento dell'archeologia patria messicana*

Se Clavijero è la principale fonte in materia storiografica di Mezzofanti, i testi di León y Gama, noti a Mezzofanti nella traduzione in italiano (1804) dell'ex gesuita classicista Pedro José Márquez, costituiscono senz'altro l'ossatura bibliografica sul sistema calendariale e l'osservazione astronomica. Mezzofanti lo enuncia chiaramente: «Seguirò principalmente altro Messicano dottissimo d'astronomia che è [...] Antonio Leon Gama».[91] La maggior parte delle ricostruzioni che Mezzofanti formula sul computo mesoamericano sono tratte dall'autore messicano, come si evince dalle letture delle singole caselle del Cospi, in cui la descrizione di ogni figura rimanda agli studi del *Saggio dell'astronomia cronologia e mitologia degli Antichi Messicani* (1804). Mezzofanti mostra di saper leggere León y Gama con sagacia e puntualità, ponendone spesso le tesi a confronto con quelle del collezionista Boturini[92] e rapportandole entrambe al suo lavoro sul Cospi. Il bolognese si rivela inoltre un conoscitore di altre produzioni di León y Gama, celebre per la *Descripción histórica y cronólogica de las dos piedras* (1792), che Mezzofanti utilizza per le deduzioni sui simboli calendariali come strumento di conferma della sua teoria generale sul significato del Cospi. Considerato uno tra gli autori più rappresentativi dell'Illuminismo ispano-americano León y Gama è più interessato a recuperare i documenti indigeni che a confermarne le varie interpretazioni coloniali. Il suo approccio mostra un piglio critico acuto e puntuale nei riguardi delle elaborazioni europee, sostenendo che le lacune e le inesattezze accumulate si dovessero all'incapacità di individuare i documenti coloniali spuri.[93] Per evitare di persistere nell'errore era quindi necessario risalire alle fonti precoloniali, cercando di coglierne la logica senza subor-

91. BCABo, F.S. Mezzofanti, Cart. IV, 2, Mezzofanti, *Dissertazione*, f. 5r.

92. «Prima però di conchiudere se la serie dei simboli notturni del nostro Codice sia appunto quella riferita da Gama, conviene liberarsi del timore che non somigli piuttosto quella del Boturini, che Gama dice trovarsi solamente nei calendarii di mera superstizione. Le serie di questi due autori si rassomigliano in alcuni simboli; e dunque in pochi sta (?) la differenza», ivi, ff. 15v-16r, copia 1.

93. Cfr. Cañizares-Esguerra, *How To Write the History of New World*, p. 273.

dinarla a quella delle fonti coloniali stesse.[94] La sua analisi del calendario mesoamericano gli consente di stabilire la corretta interpretazione del ciclo dei giorni e dei mesi, a cui segue il difficile compito di correlare le molteplici versioni locali del calendario con le cronologie europee giuliane e gregoriane,[95] tema ripreso anche da Mezzofanti.[96]

L'osservazione archeologica di León y Gama, come nel caso-studio delle pietre monumentali rivenute a Città del Messico,[97] è coerente con la perorazione della causa, abbracciata anche da Clavijero, della rivalutazione delle abilità tecniche del mondo indigeno. Le pietre esaminate da León y Gama erano la prova, infatti, che gli indigeni possedessero delle solide conoscenze meccaniche, geometriche e astronomiche. L'analisi di León y Gama, oltre a costituire una prima proposta di conservazione archeologica dei beni culturali messicani, non era scevra di implicazioni politiche: la complessità dei monoliti evidenziava infatti le abilità dei costruttori, smentendo quindi la visione europea della Conquista come di un'impresa facilitata dalla "primitività" delle popolazioni aggredite. La lettura, da parte di Mezzofanti, di un autore così determinante per l'affermazione di un principio di dignità archeologica delle antichità messicane e della necessità della loro salvaguardia, costituisce l'ennesima riprova della sua capacità di scandagliare la documentazione e di portare nella "periferica" Bologna la risonanza che ebbero questi nuovi input metodologici nella ricerca americanista.

6.3. *Iconografia dell'esplorazione: l'inserimento della prospettiva geografico-naturalista*

Tra le fonti più care a Mezzofanti figurano i resoconti di viaggio di Humboldt. Il suo viaggio nel continente americano, in compagnia del botanico Aimé Bonpland, produce la raccolta di immagini delle *Vues de Cor-*

94. *Ibidem*.

95. Cfr. ivi, p. 274.

96. «Riducevasi prossimamente l'anno civile al tropico dando tredici giorni di più al compiuto secolo, ma dodici soli al seguente, sicché in centoquattro anni si avevano venticinque giorni intercalari. Tale correzione si fece in antico dal popolo Tolteco, e osservolla il Messicano, ed è assai più esatta della Giuliana, siccome quella che in molti secoli faceva precedere solamente d'un giorno e poco più d'un minuto l'anno civile al solare», BCABo, F.S. Mezzofanti, Cart. IV, 2, Mezzofanti, *Dissertazione*, f. 7v.

97. La *Piedra del Sol* o Pietra Calendariale venne rinvenuta nel *Zócalo* di Città del Messico il 17 dicembre 1790 e León y Gama fu il primo a stilarne un commento (1792).

dillères (1813)[98] considerate un imprescindibile «monumento alla geografia e all'archeologia americanista del primo Ottocento».[99] Mezzofanti si rifà a Humboldt, come testimoniato dalle numerose citazioni trascritte di notizie riguardanti le pratiche divinatorie, i sistemi di computo e registrazione, le caratteristiche generali dei codici precolombiani e le informazioni specifiche sul Cospi, soffermandosi soprattutto sulle riflessioni comparative.[100]

Mezzofanti nutre ammirazione e curiosità per le cronache dei viaggi. Il mondo delle esplorazioni è ben rappresentato nella sua biblioteca anche dal *Giro del mondo* (1708-1709) del viaggiatore Giovanni Francesco Gemelli Careri,[101] agile e aggiornato prontuario delle ultime scoperte geografiche».[102] L'utilizzo che Mezzofanti fa dell'opera del viaggiatore italiano riguarda prevalentemente il sistema calendariale. Questo era ben noto a Gemelli Careri, attraverso gli studi e le raccolte del messicano Carlos Sigüenza y Góngora.[103] L'inserimento di Humboldt e Gemelli Careri tra gli autori di punta a cui rifarsi per le *Dissertazioni* testimonia la costanza dell'interesse documentario per le Americhe nel XVIII secolo, con il suo corredo di immagini e figurazioni che, pur indirizzandosi verso un'analisi di tipo geografico-naturalistica e storico-archeologica, non rinunciava ancora al gusto per l'esotismo.

6.4. *Il filologo e le note sparse: integrazioni bibliografiche e materiali preparatori*

Frequenti sono i riferimenti di Mezzofanti all'*Idea de una Nueva Historia General de la America Septentrional* di Lorenzo Boturini, che rappresenta per il bolognese una testimonianza relativamente recente e di gran-

98. Alexander von Humboldt, *Vues des Cordillères et monuments des peuples indigènes de l'Amérique*, Paris, chez F. Schoell, 1813.

99. Saverio Ferrari in *Bologna e il Mondo Nuovo*, Bologna, Grafis Edizioni, 1992, p. 196.

100. «Alla pagina 196. Osservazioni utili sulla lettura dei Codici messicani. [...] Pag. 198. Rassomiglianza del Codice di Bologna con quello di Veletri di Roma, Vienna, e Messico. [...] Pag. 248. Dice che il Codice Borgiano = C'est un almanach rituel et astrologique = rassomiglianza pag. 198. È vero che questa si può intendere pe' caratteri esterni, ma non pel contenuto», BCABo, F.S. Mezzofanti, Cart. X, 4, Mezzofanti, *Materiali e Varianti*, f. 156r-v.

101. Giovanni Francesco Gemelli Careri, *Giro del mondo. Parte sesta, contenenti le cose più ragguardevoli vedute nella Nuova Spagna*, Napoli, Stamperia di Giuseppe Roselli presso Francesco Antonio Perazzo, 1708-1709, p. 108.

102. Saverio Ferrari, *Racconti d'Oltreoceano. Storie d'America e relazioni di viaggio tra Sette e Ottocento*, in *Bologna e il Mondo Nuovo*, p. 70.

103. Questi gli aveva fatto pervenire informazioni donandogli «un libro, da lui fatto stampare, col titolo di *Libra Astronomica*», Ferrari, *Racconti d'Oltreoceano*, p. 70.

de valore. Tra il 1736 e il 1743 Boturini era riuscito infatti ad assemblare un'importante collezione documentaria di manoscritti indigeni, di cui aveva studiato approfonditamente le usanze e le credenze. L'opera proto-etnografica comparativa di Boturini recupera filologicamente l'approccio di Giambattista Vico[104] sulle tre età dell'uomo che caratterizzano l'evoluzione della storia:[105] Boturini, particolarmente interessato alla religiosità precolombiana, proietta la tripartizione vichiana nella sua analisi della società messicana e istituisce dei parallelismi con i culti cattolici, sostenendo il principio di cristianità "inconscia" nel mondo precoloniale[106] ben noto a Mezzofanti e trasformando «la sua collezione di codici e manoscritti indigeni, precoloniali e coloniali, in una fonte privilegiata»[107] scientificamente accreditata.

Tra gli autori menzionati anche solo sporadicamente da Mezzofanti vale la pena ricordare Fábrega, indicato come conoscitore del Cospi;[108] Legati, che realizza la prima descrizione autoptica del Codice; Zoëga, fonte impiegata per i numerosi parallelismi e confronti epigrafici tra il mondo egizio e quello amerindiano; Strabone ed Erodoto, utilizzati come fonti storiografiche sulle antichità egizie; Filippo Schiassi, archeologo bolognese consultato forse per una rassegna del museo cospiano;[109] il cartografo Melchisédec Thévenot, autore delle *Relations de divers voyages curieux* (1663-1696), consultato come opera storiografica sull'impero messicano; Antonio de Solís y Rivadeneyra,[110] autore della *Historia de*

104. Cfr. Stefania Buccini, *The Americas in Italian Literature and Culture. 1700-1825*, Philadelphia, University of Pennsylvania Press, 1997 (1995).

105. Giambattista Vico, *Princípj di una scienza nuova d'intorno alla comune natura delle nazioni*, t. I, Napoli, Stamperia Muziana, 1744 (1725), p. 83.

106. Buccini, *The Americas*, *passim*.

107. Benzoni, *La cultura italiana e il Messico*, p. 259.

108. «Il Codice di Bologna fu già del Museo Cospiano [...] ed oggi conservasi nella Biblioteca della Pontificia Università. Il celebre Zoega ne vide una copia a soli (?) contorni (?) appresso il C. Fabrega, benemerito delle antichità messicane [...]», BCABo, F.S. Mezzofanti, Cart. IV, 2, Mezzofanti, *Dissertazione*, ff. 2r-v, copia 3.

109. Cfr.Filippo Schiassi, «Philippi Schiassi de Patera Cospiana Epistola ad Franciscum Inghiramium Eq. Praefectum Musei Volterrani», in *Opuscoli Letterari di Bologna*, I, 1818.

110. L'autore spagnolo è menzionato nel *Catalogo* della libreria del Cardinale redatto da Bonifazi, anche se non va dimenticato che il *Catalogo* è fortemente impreciso: «Solis, Ant. de, Historia de la conquista de Mexico. *Brusellas*, 1704, in fol. fig. *Bellissimo esemplare*», in Filippo Bonifazi, *Catalogo della libreria dell'eminentissimo cardinale Giuseppe Mezzofanti compilato per ordine di lingue*, Roma, Tipografia dei Fratelli Pallotta, 1858, p. 122. Il catalogo è presente nel Fondo: BCABo. F.S. Mezzofanti, LXVII, 44.

la conquista de Mexico (1684) citato in un passo riguardante l'uso che gli aztechi fecero delle pittografie durante le manovre militari di Cortés; Juan de Torquemada, a cui Mezzofanti frequentemente guarda per la descrizione dei segni calendariali e delle divinità; Martin de León, autore del *Camino del cielo* (1611) che Mezzofanti conosceva, probabilmente, attraverso la lettura di León y Gama[111] e che cita in relazione alle pratiche sacrificali azteche e alle feste calendariali; Diego Valadés, nominato relativamente alla descrizione dei segni calendariali. Molti di questi autori, dunque, erano noti a Mezzofanti attraverso León y Gama o Clavijero,[112] nelle cui opere sono riportati anche altri nomi di eruditi che Mezzofanti potrebbe aver consultato o aver avuto intenzione di consultare per un possibile l'ampliamento delle *Dissertazioni*.[113]

Mezzofanti dunque padroneggia le nozioni assimilate, spaziando tra le varie tematiche, per comporre un percorso dialettico espositivo originale e pertinente. Egli riesce così nell'intento di far fluire in modo omogeneo le conoscenze generali e particolari sul mondo americano attraverso una ricerca filologica accurata, ponderata e proiettata con curiosità verso l'osservazione degli sviluppi futuri degli studi.

7. *Discorso per immagini: il metodo comparativo e l'analisi codicologica*

Le *Dissertazioni* si pongono in un rapporto di contemporaneità con la diffusione della strategia comparativa, che costituì uno standard analitico predominante dell'Illuminismo e continuò a rappresentare un procedimento metodologico attivo per tutto l'Ottocento.[114]

111. L'opera è riportata nel *Catalogo* della libreria del Cardinale redatto da Bonifazi, *Catalogo*, p. 23.

112. Si veda: Ernest J. Burrus, *Clavijero and the lost Sigüenza y Gongora manuscripts*, in «Estudios de cultura Náhuatl», 1 (1959), pp. 60-90.

113. Mezzofanti trascrive un brano dal saggio di León y Gama, denominato *Autori che meglio scrissero delle Antichità Messicane*, in cui si menzionano tra gli altri Francisco López de Gómara, Francisco Hernández, Juan de Torquemada, Andrés de Olmos, Bernardino de Sahagún, Toribio de Benavente Motolinia, Cristobal del Castillo, Fernando de Alvarado Tezozomoc, Domingo Chimalpahin. León y Gama (1804) in BCABo, F.S. Cart. X, 4, *Materiali e Varianti*, ff. 127r-v.

114. Cfr. Jaroslav Malina, Zdeněk Vašíček, *Archeologia. Storia, problemi, metodi*, Milano, Electa, 1997 (1990) (ed. orig. *Archaeology Yesterday and Today*), *passim*.

Mezzofanti utilizza il modello comparativo soprattutto per quello che riguarda l'aspetto iconografico della ricerca; nella disamina del Cospi è l'immagine a dischiudere il Codice, attraverso il confronto con altri manoscritti e prodotti della cultura materiale. Più volte Mezzofanti sottolinea l'utilizzo della pratica comparativa per decifrare il Codice: «Alcuni segni si riconoscono da qualche somiglianza con quelli del Codice Borgiano».[115] Il Cardinale dedica spazio sia alla ricerca del senso delle immagini, che alla loro composizione e modalità rappresentativa, mostrando di intuire, a fronte dei rischi di «astoricità»[116] del metodo comparativo che «la qualità artistica data alla materia attraverso una forma e uno stile consente di esprimere messaggi che vanno ben al di là della dimensione materiale»[117] e che le varie informazioni possono essere messe in relazione tra loro.

La tecnica di comparazione adottata nelle *Dissertazioni* suggerisce, inoltre, l'influsso degli sviluppi della linguistica e della glottologia, che pure non erano estranei a Mezzofanti, come comprovato dalle numerose tabelle di confronto tra le lingue presenti nel Fondo. I precoci studi del Cardinale sono contemporanei e, in alcuni casi, antecedenti alle fasi di fermento della linguistica storica o filologia comparata.[118] La formazione da poliglotta e una relativa familiarità con la prospettiva linguistica e glottologica di Mezzofanti lo portarono a relazionarsi al Codice come a una lingua da acquisire e padroneggiare mediante comparazioni. Mezzofanti ricollocò correttamente il Codice attraverso il confronto e, intuendone filologicamente il significato, riuscì in una corretta lettura del manoscritto e delle sue componenti morfologiche. A questo Mezzofanti coniuga una lettura più prettamente codicologica[119] che mira all'individuazione di dati

115. BCABo. F.S. Mezzofanti, Cart. IV, 2, Mezzofanti, *Dissertazione*, 1818, copia 1.

116. Peter Burke, *Testimoni oculari. Il significato storico delle immagini*, Roma, Carocci, 2002 (2001) (ed. orig. *Eyewitnessing: The Use of Images as Historical Evidence*), p. 47.

117. Daniele Manacorda, *Prima lezione di Archeologia*, Roma-Bari, Laterza, 2004, p. 31.

118. Mezzofanti si dedicò, ad esempio, allo studio del sanscrito già dal 1805, parallelamente alla dimostrazione della connessione grammaticale del sanscrito con il latino, il greco, il germanico, il sassone e le lingue slave, ad opera di Friedrich Schlegel (1808). Cfr. Russell, *Vita del Cardinale Giuseppe Mezzofanti*, p. 41. Tale attività non va tuttavia sovrastimata, avendo avuto un impatto piuttosto contenuto e non essendo immediatamente evidente un dialogo con autori maggiori. I frequenti rimandi agli studi di egittologia indicano, inoltre, il crescente interesse orientalistico internazionale che avrebbe raggiunto il culmine con la decifrazione della scrittura grazie alle comparazioni Jean François Champollion.

119. Cfr. Juan José Batalla Rosado, *Los Códices Mesoamericanos: Metódos de estudio*, in «Itinerarios», 8 (2008), pp. 44-45.

quantitativi e qualitativi[120] che definiscano l'esteriorità dell'oggetto,[121] anche dal punto di vista tecnologico, da leggere insieme al contenuto e alla contestualizzazione dell'oggetto. Pur non essendo un antiquario,[122] Mezzofanti ne possiede l'attitudine metodologica, come dimostrano alcuni passi delle *Dissertazioni*. L'interesse per le antichità è confermato anche delle svariate nomine di cui venne insignito.[123] Ulteriori indicazioni provengono dalle lettere dei suoi corrispondenti e da alcuni manoscritti del Fondo che testimoniano anche la curiosità per l'epigrafia, la diplomatica, la paleografia e più in generale per il collezionismo.[124]

120. Cfr. ivi, p. 45.

121. *Ibidem*.

122. Russell, *Vita del Cardinale Giuseppe Mezzofanti*, p. 125.

123. Fu membro dell'Accademia Romana di Archeologia (11 marzo 1817), dell'Accademia Reale di Svezia e Norvegia di Lettere, Storia e Antichità di Stoccolma (19 marzo 1844), della Società Archeologica del Mezzodì della Francia e del Belgio, dell'Accademia dei Lincei. Cfr. Russell, *Vita del Cardinale Giuseppe Mezzofanti*, *passim*; Manavit, *Esquisse*, *passim*.

124. La corrispondenza rivela informazioni sul trasferimento di oggetti antichi e pregiati, dislocati su un mercato che, anche con l'esaurirsi dell'esperienza napoleonica e delle sue massive operazioni di accentramento in strutture espositive statali, continua ad essere vivace anche nella Bologna della Restaurazione. Ne è un esempio uno scambio relativo a un particolare libro, che risulterebbe essere un'acquisizione della famiglia ferrarese dei duchi Bevilacqua. Il Fondo conserva il facsimile di uno stampato (BCABo, F.S. Mezzofanti. Cart. VII, 6.10, *Facsimile*), legenda di un'incisione in rame, con la trascrizione bilingue del testo. Le indicazioni "biografiche", prontamente ritrasmesse da Mezzofanti al collega orientalista De Rossi segnalano inoltre: «Il libro è composto di 23 lamine levigate e lisce di color cedrino [...] piuttosto morbida e lignea. [...] Si indica che queste lamine siano foglie di una specie di palma chiamata *Pana* in cui i Malabarici specialmente sono usati a iscrivere i loro libri. Fu portato dal Congo con alcune particolarità di quel Paese da un certo Bevilacqua [...] alla sua famiglia sono già più di cinquant'anni», *ibidem*; Sulla corrispondenza tra De Rossi e Mezzofanti in relazione al libro si veda: Russell, *Vita del Cardinale Giuseppe Mezzofanti*, pp. 40-41. Alessandro Bevilacqua, erede del missionario che aveva acquisto il Codice, si rivolge a Mezzofanti (che a sua volta si rivolge a De Rossi) per risolvere il mistero del significato del libro (ivi, Cart. XXVI, 20, 1804). E ancora, si legano all'interesse antiquario di Mezzofanti uno schedario di amuleti "orientali" (di provenienza cinese, egizia, indiana, persiana e messicana) con stampigliature in ceralacca e didascalia catalografica (ivi, Cart. XVI, 14); vari scambi epistolari su rinvenimenti archeologici (ivi, Cart. XXX, 4, Vincenzo Carinci, 1845; ivi, Cart XXXVII, 39 Giovanni Giannini al dott. Giovanni Masci, 1822) e il trasferimento di collezioni (su tutte, le lettere tra Mezzofanti e Rosellini in merito alla collaborazione di quest'ultimo con Champollion per l'allestimento a Parigi della collezione antiquaria di Henry Salt, ivi, Cart., XIX, 7.2, Ippolito Rosellini; ivi, Cart. LVIII, 36, Ippolito Rosellini, 1827). Alla stagione antiquaria si lega soprattutto il coinvolgimento di Mezzofanti nell'*affaire* Hammer, riguardante l'acquisizione di codici

Nel procedere con il saggio sul Cospi Mezzofanti organizza la ricerca attorno ad alcuni quesiti (sull'identità dell'oggetto, sulla tecnologia impiegata per la sua realizzazione, sugli attributi stilistico-estetici, su chi lo ha prodotto, sulla sua dimensione cronologica, sul suo messaggio testuale) che costituiscono interrogativi cardine della ricerca archeologica, per risalire alla natura formale e funzionale dell'oggetto. Mezzofanti, che eredita la lezione di Clavijero sulla «cultura dei Messicani»[125] (da intendersi come l'insieme di conoscenze scientifiche, tecnologiche e artistiche), appartiene già a quella fase di mutamento dell'approccio alle antichità messicane, accompagnato dalla consapevolezza dello spessore archeologico e storico delle fonti indigene. Mezzofanti descrive e ipotizza, cercando di "leggere" il manufatto rispetto all'origine funzionale e di ricostruirne la ramificazione di significati, senza trascurare l'osservazione del «subsistema ideologico»[126] che sottende la creazione dell'oggetto, attraverso le digressioni, non prive certamente di valutazioni pregiudiziali, sui costumi e le relazioni sociali.

7.1. *Ricostruire le affinità: esempi di comparazione*

Un esempio di applicazione del metodo comparativo si riscontra nel tentativo di definire cronologicamente il Codice. Mezzofanti ammette di non avere informazioni chiare in merito.[127] La possibilità di datare il manoscritto viene quindi affidata al confronto con materiali archeologici. Mezzofanti si rifà in particolare a un passo della *Storia* di Clavijero relativo al culto del dio Tlaloc e alle vicende di una scultura dedicata al dio che sarebbe stata fatta rimuovere e sostituire dal *tlatoani* Nezahualpilli:[128]

> Nezahualpilli regnava nel 1470 e gli spagnuoli nel 1521 conquistaronsi il Messico. Si sarebbe stimato da Messicani reo ardimento il figurare ne' dipinti

orientali di Marsili da parte dell'orientalista austriaco Joseph de Hammer, indagata da Pasti (Pasti, *Un poliglotta in biblioteca*, pp. 145-149).

125. Marchetti, *La cultura indigena*, p. 82.

126. Ian Hodder, *Leggere il passato*, Torino, Einaudi, 1992 (ed. orig. *Reading the Past*, trad. it. Frances Pinnock, 1991), p. 193.

127. «Non ho trovato nota di tempo che mi conduca a stabilire l'età del Codice», BCABo, F.S. Mezzofanti, Cart. IV, 2, Mezzofanti, *Dissertazione*, 1818, f. 22v, copia 1.

128. «Clavigero ci dice che vi era di Tlaloc in forma d'uomo un simulacro antichissimo [...] di pietra bianca. E colà rimase finché Nezahualpilli Re d'Acolhuacan no lo rimosse, ponendovi invece una statua nera assai dura che vi stette finché fu colpita da un fulmine ed allora vi fu riposta l'antica e vi rimase finché Zumarraga primo Vescovo di Messico la fece stritolare», ivi, ff. 22v-23r, copia 1.

i loro dei diversi dai simulacri che adoravano, onde essendo Tlaloc effigiato in nero nel nostro Codice, argomento che fosse scritto sul finire del secolo XV o sul cominciare del XVI quando era ancora nera la statua.[129]

L'utilizzo del colore nero associato alla rappresentazione di Tlaloc nel Codice deriverebbe quindi, secondo Mezzofanti, dall'osservazione diretta di una scultura della divinità e dalla necessità ideologica di far corrispondere l'immagine figurativa con la scultura, oggetto di adorazione e meta di pellegrinaggio. Si tratta in altre parole, di un'operazione di datazione costituita dall'associazione temporale-contestuale tra due dati, invalidata tuttavia dalla discordanza degli stessi, provenienti da ambiti diversi e non pertinenti. Nonostante questo, resta il valore del tentativo di ricostruire mediante comparazione il fattore cronologico, sulla base di una relazione tra il dato archeologico e il documento storico.[130] Mezzofanti usa inoltre la comparazione iconografica con altri codici per sostenere e comprovare l'interpretazione del Cospi quale testo calendariale: «Ravvisai altri segni, altri ne riconobbi paragonandoli con quelli che ce ne danno i monumenti messicani pubblicati».[131] Frequentemente l'autore menziona infatti le somiglianze del Cospi con il Codice Vaticano B e il Codice Borgia,[132] forse anche influenzato da Humboldt e dalle sue osservazioni sul *corpus* borgiano,[133] ma è interessato alle caratteristiche del Codice Vindobonensis; nella nota anonima presente del fascicolo IV, 2 sono riportare alcune notizie probabilmente relative al Codice di Vienna, fornite dal Barone Steffaneo:

> Nella [cassetta?] entro la quale fu mandato questo codice v'era anche il primo seme di Formentone di cui noi facciamo la polenta. [...] Fu ciò al tempo che Cortes scoprì il Messico e che regnava Carlo V. Da quanto mi ha detto Stefaneo par che non fu stato illustrato e che difficilmente possa essere illustrabile, rappresenta solo geroglifici [...]. Significa si crede un linguaggio o rappresentazioni sacre al Sole che dovevano esser note alli sacerdoti d'allora, infatti fu trovato nell'Ara del Sole. Un inglese ottenne di farne far copia da un pittore e ne ha pubblicati dei squarci mi pare a Edimburg.[134]

129. Ivi, f. 23r.

130. Cfr. Hodder, *Leggere il passato*, *passim*.

131. BCABo, F.S. Mezzofanti, Cart. X, 4, *Materiali e Varianti*, f. 133r.

132. Ivi, Cart. IV, 2, Mezzofanti, *Dissertazione*, f. 16v, copia 2; ivi, Cart. X, 4, *Materiali e Varianti*, f. 68r.

133. Humboldt, *Vues*, p. 198.

134. BCABo, F.S. Mezzofanti, Cart. IV, 2, anonimo, *Carta*, f. 1r; l'inglese è probabilmente Edward Kingsborough che scrisse a sua volta a Mezzofanti per ottenere il

Assumendo che esista una relazione tra le informazioni che Steffaneo fornisce all'anonimo e l'invio a Bologna di un saggio del Codice Vindobonensis, si rafforza l'idea di un lavoro di comparazione svolto da Mezzofanti tra gli aspetti figurativi dei codici. Un ulteriore esempio di comparazione iconografica su base archeologica deriva da un confronto tra i simboli calendariali del Cospi e quelli della *Piedra del Sol*, rinvenuta a Città del Messico:

> Accanto al segno del fuoco stassi Cipactli, animale marino, primo simbolo dei giorni, espresso già in un teschio armato di punte [...] la forma del primo segno divino qual è nel nostro codice, non è affatto insolita, e veggonsi punte ovvero uncini ancora nel Cipactli della gran pietra scoperta nel 1790 in Messico.[135]

La quantità di confronti effettuati conferma quindi il valore che la dimensione figurativa-iconografica assumeva per Mezzofanti nella decifrazione.

7.2. *Impressioni a colori: un'analisi della policromia oltre la comparazione*

In diversi passaggi Mezzofanti si mostra in grado dunque di cogliere dati sulle tecnologie e le maestranze impegnate nella realizzazione del Codice. Ma fra tutte le componenti materiali che sembrano incuriosirlo, spicca certamente quella riguardante i colori, ricavati da pigmenti di derivazione sia organica che inorganica,[136] vivaci e luminosi, stravaganti e a tratti innaturali, ma nel complesso gradevoli.[137] Nella cartella X, 4 è presente un'annotazione anonima (ma è plausibile che la mano sia la stessa delle *Dissertazioni*) in cui si mette in relazione la componente cromatica dei codici con alcune osservazioni contenute nell'opera *Il riposo*[138] dell'autore e critico del XVI secolo Raffaello Borghini (1548). La nota nella Car-

permesso di riprodurre il Codice Cospi. BCABo, F.S. Mezzofanti, Cart. XVII, 11.14, Edward Kingsborough, 1825.

135. Ivi, Cart. X, 4, *Materiali e Varianti*, ff. 67-68.

136. «I bei colori da legni, da foglie, da fiori, e da minerali si traevano», ivi, Cart. IV, 2, Mezzofanti, *Dissertazione sul modo di scrivere*, f. 4v.

137. Ivi, *Dissertazione*, ff. 6r, 7r.

138. *Il Riposo* figura tra i libri di Mezzofanti nel *Catalogo* compilato da Bonifazi. Pertanto è verosimile che Mezzofanti conoscesse direttamente l'opera e che possa essere l'autore dell'annotazione suoi colori nella cartella X, 4 del Fondo. Cfr. Raffaello Borghini, *Il Riposo* (1584), per Michele Nestenus e Francesco Moücke, Firenze, 1730, pp. 181-191.

tella X, 4 contiene alcune citazioni del trattato sul significato dei colori, che Borghini mutua da Aristotele e Vasari. All'elenco fanno seguito alcune interessanti considerazioni:

> Pag. 190. cit. Rafaello Borghini nel suo Riposo, tra tante proprietà e significati che riferisce dei colori, traendoli da altri scrittori, ne assegna altresì alcune relative alle età. Poiché i Messicani non potevano coll'esatto disegno distinguerle [...] non sarebbe da meravigliare, che forse i Messicani stabilivano ne' colori dei confini opposti, quali il bianco e il nero, e Aristotile vuole che i colori siano più o men nobili, secondoché più s'accostano al bianco o al nero. I varii colori delle stesse dipinture che qui osserviamo potesse significare le sue diverse età. Il color dell'oro significa l'adolescenza sino a quindici anni, l'argento e il bianco la fanciullezza fino ai sette anni, l'azzurro la fanciullezza sino a quindici anni, il nero l'ultima vecchiezza, il porpora la vecchiezza, il verde la gioventù, il rosso la virilità. Non dico che queste idee stesse venissero [?] in mente ai Messicani, ma che si potessero in essi destare [?].[139]

E ancora:

> Poiché i Messicani cercavano ogni modo onde esprimere i concetti della mente [...], è da supporre che ai colori avranno assegnata diversa significazione, e che il cangiar di colore nei loro volti dipinti avrà indicato o diversi affetti, o diverse proprietà di que' soggetti, o immaginando analogie o così conservando di fare per estendere [?] questo muto linguaggio di segni [...].[140]

La riflessione sulla componente cromatica porta quindi l'autore a supporre che esista un'implicita adesione a un complesso prestabilito di significati associati al colore. Le varie tonalità impresse sulle pitture deriverebbero non tanto da un gusto estetico individuale o da una disposizione arbitraria dell'artista, ma da una precisa simbologia, in cui messaggi socialmente condivisi e riconoscibili sarebbero stati codificati ed evocati dalle sfumature di colore. Gli approfondimenti moderni relativi all'aspetto cromatico delle pitture propendono per un'interpretazione coerente con le deduzioni di questa nota descritta. È verosimile, infatti, che la pittografia mesoamericana impiegasse il colore, nelle sue diverse gradazioni ottenute da differenti materiali, per alludere a specifici valori fonetici o simbolici.[141] In particolare, l'esplo-

139. Nota a margine nel testo in BCABo, F.S. Mezzofanti, Cart. X, 4, *Materiali e Varianti*, f. 187r.

140. *Ibidem*.

141. Si veda: Laurencich Minelli, *A Note of Mesoamerican Codex Cospi*; Ead., *Bologna e gli aztechi fra i secoli XVI e XVII*, in *Gli aztechi tra passato e presente*, p. 125.

sione di «brillantezza, lucentezza e iridescenza»[142] dei colori (soprattutto quelli derivanti da pigmenti organici floreali[143]) rifletterebbe, come evidenziato da Domenici, l'intento di comunicare e ribadire una correlazione fra la vitalità delle componenti tecnologiche e la vitalità (e quindi la potenza) del canto e del parlare poetico, quali elementi centrali nel mondo mesoamericano. Il colore verde, per esempio, associato nel mondo mesoamericano alla brillantezza,[144] potrebbe aver generato una connessione inconscia che ha portato Mezzofanti verso il testo di Borghini come riferimento bibliografico per pensare a una relazione con le simbologie stesse del verde, che si associano frequentemente alla natura, alla giovinezza, alla vitalità? Qualunque sia la risposta è possibile che Mezzofanti si sia interrogato su questi portati simbolici, provando ad indovinarne qualcuno sulla base delle sue conoscenze e forse rielaborando, negli appunti, le citazioni tratte dagli autori consultati.[145]

8. *Mezzofanti e la percezione del mondo americano tra ambivalenza e incompiutezza*

Nella sua analisi Mezzofanti esprime anche giudizi estetici o filosofici sul divenire storico della società che ha realizzato il manoscritto. Le sue

142. Domenici, *Il senso delle cose*, p. 13; cfr. anche Id., *The Flowery Matter of Chant: The Use of Organic Colors in Pre-Hispanic Mesoamerican Codex Paiting*, in *Flower Worlds. Religion, Aesthetics, and Ideology in Mesoamerica and the America Southwest*, a cura di Michael D. Mathiowetz, Andrew D. Turner, Tucson, University of Arizona Press, 2021, pp. 270-275.

143. Sulle ragioni della predilezione degli artisti mesoamericani per i pigmenti organici floreali e la loro correlazione con la brillantezza si veda (tra gli altri): Élodie Dupey Garcia, *El color en los códices prehispánicos del México Central: identificación material, cualidad plástica y valor estético*, in «Revista Española de Antropología Americana», 45 (2015), pp. 149-166; Ead., *Making and Using Colors in the Manufacture of Nahua Codices: Aesthetic Standards, Symbolic Purpose*, in *Painting the Skin: Pigments on bodies and Codices in Pre-Columbian Mesoamerica*, a cura di Ead., Maria Luisa Vázquez de Ágredos Pascual, 2018, pp. 186-205; Davide Domenici, *La memoria fiorita. Scrittura, memoria e materialità del colore nell'antica Mesoamerica*, in «Confluenze», 8/2 (2016), pp. 161-180; Id., *The Flowery Matter*, pp. 266-282.

144. Cfr. Domenici, *Il senso delle cose*, p. 84.

145. È interessante notare che Mezzofanti abbia annoverato tra i suoi autori di riferimento Clavijero, e forse Hernández, che proprio sui cromatismi della pittura precoloniale hanno fornito utili apporti, a dimostrazione del fatto che i pigmenti costituiscono da sempre veicoli informativi di primaria importanza.

riflessioni possono essere inserite nel più ampio e articolato filone di studi sulla percezione del mondo americano nella penisola italiana ottocentesca, se adeguatamente poste in relazione con le analisi di produzioni contemporanee e antecedenti. L'opinione che Mezzofanti sembra avere degli artisti del Codice è condizionata da visioni contraddittorie, risultato della collisione di «interpretazioni forzatamente limitate, parziali, distorcenti»[146] prodottesi nel tempo. L'arrivo nel Nuovo Continente pose il Vecchio Mondo di fronte a comunità costituenti «una moltitudine di micromondi»,[147] ciascuna con la sua specificità, ma spesso compresse in un'azione omologante di classificazione indifferenziata, sotto la generica categoria di «indiani».[148] Cionondimeno, la complessa stratificazione storica dei popoli americani si manifestava agli europei nelle diversità etniche, linguistiche e culturali dei vari gruppi «che non conoscevano il cristianesimo»[149] e mandavano in crisi le interpretazioni eurocentriche. La penisola italiana dell'età moderna, dal Cinquecento all'Ottocento ha conosciuto una polifonia[150] di pensiero critico sulle Americhe, modulata soprattutto da un'articolata dialettica ideologico-confessionale[151] da cui derivarono anche diverse concettualizzazioni filosofiche. Con lo sgretolamento delle istituzioni imperiali ispano-americane nel corso del XIX secolo nuovi attori si immisero sul mutato scenario transazionale. Istanze filospagnole e antispagnole, filocattoliche e anti-cattoliche si fronteggiarono, fornendo diversi modelli ideologici sul fermento politico-militare delle Americhe e sul valore che questo poteva assumere in ottica locale italiana.[152]

Coerentemente con questo quadro, Mezzofanti esprime curiosità per le relazioni etnografiche, linguistiche e storiche sul Nuovo Mondo, mostrando di coglierne la complessità. Al tempo stesso, la percezione eurocentrica riaffiora in alcuni suoi giudizi che rinviano, nel contenuto e nel lessico, all'idea di disordine, di barbarie sacrilega e di irrazionalità credula, spesso

146. Marchetti, *Cultura indigena*, p. 50.

147. Sir John H. Elliott, *Imperi dell'Atlantico. America britannica e America spagnola, 1492-1830*, Torino, Einaudi, 2010 (ed. orig, *Empires of the Atlantic World. Britain and Spain in America. 1492-1830*, 2006, trad. it. Marina Magnani), p. 86.

148. *Ibidem.*

149. Morelli, *Il mondo atlantico*, p. 51.

150. Cfr. Maria Matilde Benzoni, *Temi e motivi ispanoamericani nella cultura e nella storiografia italiana fra età moderna e contemporanea*, in «Letterature D'America», 30/128 (2010), pp. 7-30, *passim*.

151. *Ibidem.*

152. *Ibidem.*

attribuita alle culture precoloniali. Sulle Americhe si era del resto riversato, sin dall'approdo di Colombo, il patrimonio collettivo di un immaginario medievale usato come codice interpretativo dell'intera sfera atlantica[153] e proliferarono i termini di «de-umanizzazione»[154] degli americani. Le politiche di sfruttamento fisico ed economico degli indigeni indotte dal *Requerimiento*[155] cercavano la loro giustificazione filosofica e giuridica nella presunta incapacità degli indigeni di dominarsi e nelle pratiche più sinistre che venivano tradizionalmente attribuite loro: antropofagia e sacrifici umani. Il riflesso delle molte narrazioni su pratiche rituali propiziatorie cannibalistiche, sacrificali e dal carattere orgiastico si percepiscono ancora in Mezzofanti quando descrive i segni calendariali relativi alle festività come dominati da figure «spaventevoli, poiché nell'atroce rito messicano, erano i dì più solenni i più contaminati dall'umano sangue».[156] Le descrizioni abbondando dunque di termini che alludono alla presunta ferocia delle pratiche preispaniche e le categorie di superstizione e idolatria[157] verso divinità violente e dalle sembianze raccapriccianti[158] sono parametri di giudizio costanti per Mezzofanti che guarda con turbamento e diffidenza ai culti indigeni.[159]

Non va però dimenticato che la radicalizzazione settecentesca del dibattito sulla presunta inferiorità degli americani contribuì enormemente a orientare la posizione della comunità intellettuale di Mezzofanti rispetto all'America. La contrapposizione dialettica tra le posizioni di de Pauw e quelle di Clavijero appare evidente anche in Mezzofanti. La sua

153. Cfr. Anthony Grafton, *New World, Ancient Texts. The Power of Tradition and the Shock of Discovery*, New York, Harvard University Press, 1995 (1992), *passim*. Stephen Greenblatt, *Marvelous Possessions: The Wonders of the New World*, Oxford, Oxford University Press, 1991, *passim*.

154. Anthony Pagden, *La caduta dell'uomo naturale. L'indiano d'America e le origini dell'etnologia comparata*, Torino, Einaudi, 1989 (ed. orig. *The Fall of Natural Man: The American Indian*, 1982), p. 11.

155. Ingiunzione formulata dal giurista regio Palacios Rubios (1514) come strumento di regolamentazione delle conquiste.

156. BCABo, F.S. Mezzofanti, Cart. IV, 2, Mezzofanti, *Dissertazione sul modo di scrivere*, f. 18v, copia 1.

157. Ivi, Cart. X, 4, *Materiali e Varianti*, f. 71r.

158. «Sarà questi il Marte Messicano, l'orribile Huitzilopochtli, il conduttore dei pellegrini aztechi mentre visse, di cui morto trasportarono le ossa i Messicani, e credevano udirne la voce che li animasse nelle perigliose imprese», BCABo, F.S. Mezzofanti, Cart. IV, 2, Mezzofanti, *Dissertazione*, f. 21r, copia 1.

159. Descrizioni presenti (tra gli altri) in ivi, ff. 4r; 7r; 17r-v; 18v; 21r-22r; ivi, Cart. X, 4, Mezzofanti, *Materiali e Varianti*, ff. 71r; 101v; 106v.

visione è in linea con il generale riconoscimento della qualità artigianale e artistica del lavoro degli indigeni (aztechi e inca soprattutto), giudicati tanto abili in settori come l'architettura, la scultura, l'arte plumaria e musiva, quanto mediocri e approssimativi nel disegno e nella pittura.[160] Mezzofanti rileva infatti una componente artistica nei codici, ma essa gli appare grossolana e sgraziata in quanto non conforme ai canoni estetici occidentali.[161] Le figure appaiono ai suoi occhi «rattratte, con grande testa [...], con lineamenti capricciosi, con naso grande e senz'ombra di proporzione».[162] Si manifesta quindi una divergenza rispetto alle prime fasi della conquista, quando gli spagnoli dimostrarono apprezzamento per la bellezza dei codici e li inviarono in Europa come *exotica* di valore.[163] Mezzofanti non attribuisce una piena coscienza estetica agli artisti indigeni che «intesero il bello delle arti imitative»[164] ma «non potevano [...] giungere ad esprimerlo nelle pitture».[165] La pittura indigena assume ai suoi occhi i connotati di un'espressione grottesca e contorta, composta da figure considerate prive di gusto e scadenti nella resa. La valutazione varia, tuttavia, a seconda di una maggiore o minore vicinanza allo stile classico imitativo.

Mezzofanti non si conforma acriticamente, comunque, a una visione negativa *in toto* dell'arte mesoamericana, mostrandosi scettico su alcune delle ricostruzioni più fantasiose presenti nelle fonti ed esprimendo dubbi su varie dicerie, come quella secondo cui i codici sarebbero stati rivestiti in pelle umana.[166] Secondo Mezzofanti l'origine delle caratteristiche specifiche dell'arte indigena sarebbe da rintracciarsi nella superstizione e

160. «Vero gli è che dagli europei furono commendati i ritratti dei Re del Messico che adornavano la loro reggia, che si ammiravano i loro lavori in oreficeria, i mosaici composti di piume d'uccelli; che rimane ancora qualche lodata scultura, qualche magnifico avanzo di grandioso edificio ma il merito dei Messicani nelle arti non appare nei loro dipinti letterari». Ivi, Cart. IV, 2, Mezzofanti, *Dissertazione sul modo di scrivere*, ff. 2r-v.

161. «Indarno altri cercherebbe nelle dipinture del Messico l'invenzione, la composizione, il disegno, la distribuzione e lo scemamento del lume e dell'ombra, il tono dei colori, l'armonia, l'espressione [...]. Di queste doti niuna orma traduce nel Codice nostro». *Ibidem*.

162. Ivi, Cart. IV, 2, Mezzofanti *Dissertazione*, copia 2 e copia 3, f. 11v.

163. Cfr. Domenici, *Missionary Gift Records*, pp. 86-102.

164. BCABo, F.S. Mezzofanti, Cart. IV, 2 Mezzofanti, *Dissertazione sul modo di scrivere*, f. 3v.

165. *Ibidem*.

166. «Fu chi affermò essere in Vienna un Libro del Messico, e un altro in Dresda, scritti su cuojo umano. Ma stimo chi ciò scrive essere così opinato, per l'orrore onde s'em-

nell'esposizione prolungata degli artisti alla bruttezza delle immagini da ricopiare che ne avrebbero compromesso il senso del bello. Per Mezzofanti, gli artisti mesoamericani, in grado almeno "in potenza" di rendere il bello, sarebbero rimasti imbrigliati dunque nelle convenzioni tecniche e sociali. Anche nel brano redatto dall'autore della nota anonima della cartella VI, 2 si esprime questa visione del Codice: «Rappresenta solo geroglifici e figure più brutte delle figure degli antichi nostri tarrocchi, significa si crede un linguaggio o rappresentazioni sacre al Sole».[167] In assenza di un supporto alfabetico, infine, il messaggio della scrittura-pittura appare a Mezzofanti discontinuo e deficitario anche dal punto di vista semantico. Pur conservando una sua forza comunicativa il manoscritto non raggiunge così mai per Mezzofanti una piena apprezzabilità e compiutezza artistica e testuale.

9. *La versione universalista: la cornice cristiano-cattolica delle* Dissertazioni

La *Dissertazione sopra un Codice Messicano* si chiude con un appello al riconoscimento dell'opera di tutela universale della Chiesa Cattolica, contro la distruzione e la diaspora del patrimonio letterario indigeno.[168] Per l'elaborazione dell'immagine dell'America spagnola da parte dei pensatori italiani è sempre stato rilevante, d'altra parte, il riconoscimento del ruolo della Chiesa.[169] L'inquadramento degli indigeni nel senso di una missione provvidenziale della Conquista, come opera di conversione a lungo profetizzata per completare la cristianizzazione ecumenica dell'umanità, rappresentò dunque un fattore cruciale nel contatto tra i continenti. Nella conquista istanze spirituali e politiche si erano infatti sovrapposte, secondo un principio per cui la campagna militare realizzava la vocazione universalistica del cristianesimo e ne veniva da esso legittimata.[170] Il

pia la mente, quando ripensa dell'atroce culto messicano al quale forse vi spettano ambedue quei dipinti volumi». Ivi, Cart. IV, 2, Mezzofanti, *Dissertazione*, ff. 4r-v.

167. Ivi, n. 8, anonimo, *carta*.

168. «Questo avanzo di antichità azteca, come notai da principio ha pochi simili in Europa e in America: ma ne ha due la Biblioteca Vaticana [...] a prova luminosa che i più rari e più preziosi monumenti, e i più pellegrini ancora, e quelli delle più distinte nazioni si raccolgono come in gloriosissima sede sotto lo splendore del Soglio Pontificio». Ivi, Cart. IV, 2, Mezzofanti, *Dissertazione*, f. 24r.

169. Cfr. Benzoni, *Temi e motivi ispanoamericani*, *passim*.

170. *Ibidem*.

contatto con le Americhe venne spesso razionalizzato e ricondotto a categorie di senso attraverso contenuti biblici, a cui si attinse per ricercare una spiegazione valida a giustificare la scoperta di un continente non cristianizzato.[171] Si ricercarono quindi "antenati" credibili per gli indigeni, ricorrendo alle Sacre Scritture.[172] L'idea che gli americani non fossero estranei alla tradizione giudaica è ravvisabile anche in Mezzofanti e nel suo utilizzo di autori che ricorrono alla narrazione biblica per interpretare le cosmogonie e le genealogie americane. Essi hanno un peso innegabile nella formazione delle idee di Mezzofanti, che tratta esplicitamente della presunta corrispondenza tra "miti aztechi" ed eventi biblici (la genesi, il diluvio universale, la torre di Babele, ecc.) che si riteneva fossero noti alla popolazione indigena precolombiana.[173]

Le dissertazioni maturano nel contesto dell'impegno storiografico e filosofico profuso nella sistematizzazione teleologica della storia antica americana, della Nuova Spagna in particolare, riducendo lo scarto con le storie patrie europee. Operazione considerata comunque coerente con l'attribuzione di un valore provvidenziale[174] alla conquista e all'attività missionaria degli ordini religiosi, con il conseguente inserimento del patrimonio indigeno all'interno del mondo cattolico.[175] Accogliendo in senso anche filo-gesuitico la prospettiva storiografica di inserimento dell'America nell'ordine ispano-cattolico, Mezzofanti si ritrova, in quel lungo processo che Maria Matilde Benzoni definisce di «riorientamento eurocentrico».[176] In Mezzofanti si combina l'iniziativa ultramontanista di Propaganda Fide e l'eredità missionaria gesuitica, riscoperta in Italia anche grazie all'opera storiografica settecente-

171. Elsa Cecilia Frost, *La visione provvidenzialista della storia*, in *E la filosofia scoprì l'America. L'incontro-scontro tra filosofia europea e culture precolombiane*, a cura di Laureano Robles, Milano, Jaca Book, 2003 (ed. orig. *Filosofía iberoamericana en la época del Encuentro*, 1992, trad. it. Davide Domenici), pp. 355-371.

172. Per il domenicano Diego Durán essi erano di origine ebraica, «una delle tribù perdute di Israele che, secondo uno degli *apocrifi* (IV Esdra) andarono a vivere in una terra remota e separata, che non era mai stata abitata». L'ipotesi di discendenza ebraica venne avanzata anche dal francescano Andrés de Olmos. Cfr. Frost, *La visione provvidenzialista della storia*, p. 365.

173. Cfr. BCABo, F.S. Mezzofanti, Cart. IV, 2, Mezzofanti, *Dissertazione*, ff. 4r-v; León y Gama, 1804, citato da Mezzofanti. *Dissertazione sul modo di scrivere*, f. 113v.

174. Si veda: Maria Matilde Benzoni, *L'immagine dell'America spagnola in età moderna (secoli XVI-XVIII)*, in Ead., *Americhe e Modernità. Un itinerario fra storia e storiografia dal 1492 ad oggi*, Milano, FrancoAngeli, 2012, *passim*.

175. *Ibidem*.

176. Benzoni, *Americhe e Modernità*, p. 10, *passim*.

sca di autori come Ludovico Antonio Muratori,[177] a sua volta noto sull'altra sponda dell'Atlantico.[178] Muratori costituisce peraltro una vistosa assenza nel patrimonio bibliografico americanista di Mezzofanti; lo slancio riformatore[179] di Muratori non trova particolare spazio nella riflessione di Mezzofanti che ne condivide tuttavia la visione «di un cristianesimo autenticamente universalistico e civilizzatore».[180] La prospettiva delle *Dissertazioni* è perciò quella della rielaborazione di un tessuto connettivo universalista, con la Chiesa come "garante" globale e custode delle istanze di ricomposizione, di fronte alla crisi di disgregazione dei vecchi ordinamenti.

10. *Il traduttore*

> «Mezzofanti non pubblicherà mai cosa alcuna» diceva il dotto amico suo Monsignor Ranzani[1]; e chiestane la ragione; «perché» rispondeva «egli mai crede aver data l'ultima mano al suo lavoro, mai è tranquillo per l'estrema sua diligenza, e trova sempre che vi ha qualche parte da completare, e qualche menda da correggere». Purtroppo la predizione si è avverata![181]

Perché Mezzofanti non ha voluto pubblicare? È stata la consapevolezza di aver lasciato dei percorsi intentati a frenarlo? La volontà di approfondire aspetti rimasti poi silenti? È difficile a dirsi. È possibile che Mezzofanti non si percepisse come un produttore di contenuti, ma come un custode, un intellettuale la cui ragion d'essere aveva più a che vedere con la tutela dei patrimoni che con il loro arricchimento attraverso un contributo personale, che tendeva a considerare marginale. Era forse una profezia autoavverante quella di Ranzani,[182] su un Mezzofanti che non aspettandosi di essere visto

177. Ludovico Muratori, *Il cristianesimo felice nelle missioni de' padri della Compagnia di Gesù nel Paraguai*, Venezia, 1752.

178. Basti citare l'opera di Muratori, *Della Pubblica Felicità* (1794) che è presente in una copia in italiano menzionata nell'elenco dei testi del catalogo della biblioteca di Antonio de León y Gama, stilato da un funzionario dell'Inquisizione della Nuova Spagna. Archivo General de la Nacíon (AGN), Ciudad de Mexico, Indiferente Virreinal, Inquisicion, vol. 947, Exp. 2, *Copia del inventario de los libros*, ff. 5-15.

179. Benzoni, *La cultura italiana e il Messico*, 262.

180. Ivi, p. 266.

181. Russell, *Vita del Cardinale Giuseppe Mezzofanti*, p. 381.

182. Fu probabilmente Ranzani a mettere in contatto Mezzofanti con Giulio Tomba che realizzò le incisioni del Codice per la somma di 8 scudi per un'eventuale pubblicazione. Cfr. BCABo, F.S. Mezzofanti, Cart. LXII, 5, Giulio Tomba a Ranzani.

come intellettuale rifuggì le occasioni di essere giudicato come tale? Si possono, ovviamente, avanzare solo ipotesi: i motivi del rifiuto di pubblicare, resteranno forse un mistero irrisolto, come tanti altri che vivono tra le pagine del Fondo. L'obiettivo di questo capitolo conclusivo era cercare di ripristinare la voce diretta di Mezzofanti per risalire, dalle sue parole, alla fonte dei suoi propositi di intellettuale.[183] Le *Dissertazioni* che hanno ispirato e avviato il ragionamento alla base di questa analisi, sono parse le più indicate per tentare di definire infine chi fosse Mezzofanti come intellettuale. Nell'opera di interpretazione del Codice Cospi la giustapposizione e la fusione tra approcci differenti (filologico, archeografico, antiquario, etnografico, storiografico) tenuti insieme dal ricorrere delle strategie analitiche comparative di matrice settecentesca, confermano la difficoltà di identificare lo studioso bolognese con un profilo preciso e univoco. Da ciascuna delle prospettive adottate Mezzofanti attinge per trarre elementi utili alla sua indagine, senza identificarsi esclusivamente con una o più di esse. Proprio questa implicita multidisciplinarietà è il fattore più eloquente, la conferma che Mezzofanti si percepisse come una figura di raccordo.

Nell'analizzare il Cospi Mezzofanti compie un'operazione di "traghettamento": il Codice esce momentaneamente dalla sua condizione di "oggetto collezionato" per dispiegare il suo potenziale informativo, che passa dalla materialità, alla storia, all'organizzazione dei contenuti stessi. Il recupero della dignità delle fonti indigene, cui il bibliotecario e docente Mezzofanti partecipa, seppur indirettamente, si esprime perciò all'interno di una circolazione transregionale del sapere e trova un suo senso dentro la cornice cattolica che è, quindi, l'ispirazione del suo progetto intellettuale di esploratore e, in ultima battuta, di "traduttore dell'alterità". Risalendo infatti alla radice etimologica del termine "tradurre" (dal latino *traducere*, trasportare) è possibile cogliere infine una ricomposizione tra quella che era stata la fama e la formazione di Mezzofanti come glottologo e linguista e i possibili schemi di auto-percezione (e di valutazione) di un intellettuale, a suo modo originale, al servizio della ritrasmissione del sapere.

183. «Ogni nostro pensamento, ogni affetto dimostrano le parole», ivi, Cart. IV, 2, Mezzofanti, *Dissertazione sul modo di scrivere*, f. 1r.

Epilogo. Una coscienza globale?

«L'ho scelto tra i comuni mortali per mostrare che cosa possa l'educazione sull'uomo»[1] scrive Jean-Jacques Rousseau nell'*Emilio* (1762). Parlando di Mezzofanti, l'osservazione sembrerebbe fare proprio al caso nostro: la sua vicenda è, dopotutto, quella di un riscatto sociale, conseguito attraverso l'educazione, che ha reso possibile l'amplificazione dei suoi talenti, trasformandoli in una vera e propria cassa di risonanza e consentendogli di espandere il proprio circuito sociale.

Si potrebbe obiettare però che proprio al contrario di Emilio, "comune", non sia il termine più giusto per descrivere un individuo come Mezzofanti. Tuttavia, più di un passaggio di questa riflessione è stato costruito sull'intento di dimostrare che la rilevanza del caso non risiedesse tanto nelle anomalie che rendevano Mezzofanti famoso, quanto nel fatto che quelle stesse eccentricità, emergendo, offrissero un'opportunità di osservare fenomeni più ampi. Utilizzando il caso Mezzofanti come lente d'osservazione microstorica è stato possibile notare come le comunità intellettuali, stabilitesi o transitanti per la penisola italiana, attivassero dei codici di interazione, fondati su un principio di cooperazione cosmopolita, in gran parte ereditato dalla stagione della Repubblica delle Lettere di età moderna, i cui modelli vennero reinterpretati, a volte in senso concorrenziale, a volte collaborativo, rispetto all'affermazione del discorso nazionale. Mezzofanti compartecipava, a varie latitudini, all'espansione di questi circuiti relazionali, mediante la creazione di reti di conoscenza, di scambi di informazione e di cooperazione intellettuale, capaci di distribuirsi in senso transregionale su un piano di articolazione globale. L'esperienza del caso studio è,

1. Jean-Jacques Rousseau, *Emilio* (1762), Mondadori, Milano, 2021, p. 329.

dunque, quella di un testimone intellettuale delle forze che ridisegnavano i rapporti tra piano locale e sovralocale nel corso del XIX secolo. Mezzofanti ha vissuto, sperimentato e agito in una fase di crisi degli assetti che avevano dominato l'età moderna, da cui era emersa la definizione di cornici nazionali quali nuove strutture di riferimento. L'accesso a queste dinamiche di globalità avveniva per Mezzofanti attraverso la compartecipazione alle direzioni plurali dei circuiti del sapere e questo poteva risignificare, e quindi risolvere, la prima delle anomalie della sua esperienza: il fatto, cioè, che la sua biografia non presentasse episodi di mobilità internazionale, pur considerata l'integrazione di Mezzofanti in una realtà globalmente connessa e distribuita. Questa analisi era stata avviata chiedendosi, infatti, se fosse possibile per un personaggio come Mezzofanti essere considerato un pensatore globale. Se tra le circonvoluzioni, le discontinuità, le peculiarità del suo Fondo documentario ci fosse la prova di un'adesione consapevole a una visione globale che ne influenzasse i sistemi di decodifica della realtà, proiettandolo oltre il radicamento (ossimorico, vista la popolarità transregionale) al proprio habitat locale. Ma anche se il Fondo dava prova del dispiegarsi di una piattaforma di contenuti orientati in senso sovralocale, Mezzofanti di per sé continuava ad essere problematico. Certo, la pervasività dei fenomeni globali nel loro impatto locale poteva sollecitare una concettualizzazione di Mezzofanti come pensatore globale *sui generis*, ma questo non fugava il dubbio di stare operando una forzatura interpretativa. Per quanto possa apparire ovvio, persino pleonastico, che ogni esperienza globale sia anche sempre localmente situata, nel caso di Mezzofanti era impossibile non notare un'adesione talmente marcata ai sistemi locali che contraddiceva fortemente o smentiva del tutto le prospettive globali.

Per risolvere questa nuova sequenza di anomalie che si generava, occorreva tornare a osservare lo spazio di azione di Mezzofanti. Diversamente, l'analisi sarebbe stata solamente una riattualizzazione del vecchio *storytelling* enfatico sull'"uomo della globalità". In questa prospettiva, a rendere interessante l'esperienza di Mezzofanti non è solamente il suo essere o meno un pensatore globale, al di là della mitizzazione di "genio universale", quanto piuttosto il significato che questo poteva rivestire per Mezzofanti stesso. In altre parole, per questo studio assumeva più valore definire quale fosse il ruolo attivo di Mezzofanti, da individuare seguendo gli sviluppi della sua affermazione sociale, moltiplicata negli sguardi dei suoi interlocutori. Bisognava provare a trasformare la lettura su Mezzofanti da oggetto passivo a soggetto attivo, chiedendosi se e come egli rielaborasse la narrazione costruitagli attorno. Era necessario quindi ripartire dall'osservazione delle condizioni di origine di Mezzofanti. Il posizionamento degli individui nelle reti di conoscenza dipende certamente dalle circostanze storiche e materiali, ma anche dalle inclinazioni e dalle scelte legate ai "progetti intellettuali" e alla volontà di esprimere una visione personale delle contingenze storiche, oltre che accreditarsi presso i gruppi elitari: di costruirsi, in altre parole, un prestigio sociale.

Per individui come Mezzofanti questo si realizzava in senso estemporaneo, senza fornire l'occasione di costruire un'eredità solida per le generazioni future. Ciò conduce, contingentemente, ad un'ipotesi di risoluzione della seconda anomalia nella biografia di Mezzofanti, ossia la contraddizione tra l'enorme popolarità di cui aveva goduto in vita e l'anonimato che ne aveva accompagnato la scomparsa. Una figura come Mezzofanti doveva operare infatti in una sostanziale fluidità dialogica che gli derivava dalla condizione di *outsider*. Mezzofanti proveniva da una realtà di resistenza alla marginalizzazione sociale che si rendeva necessaria a chi come lui non disponeva di particolari rendite.

Le sue risorse intellettuali divennero così una "merce di scambio" alternativa, forse troppo in anticipo sui tempi per poter diventare un modello egemonico, il che spiegherebbe ulteriormente perché il suo caso, pur spiccando tra i contemporanei, sia poi caduto in un lungo oblio. Gli occorreva, cioè, creare un proprio capitale sociale, qui da intendersi non tanto nei termini di un civismo comunitario,[2] nella dimensione del valore economico della "risorsa di una collettività",[3] quanto piuttosto come prossimo alla dimensione relazionale individuata da Pierre Bourdieu[4] e declinabile nei termini di una moltiplicazione di opportunità di impiego e di riconoscibilità sociale.

L'ipotesi di fondo è che l'assenza di mobilità si sia combinata alle caratteristiche di richiamo del poliglottismo e dell'interesse per l'alterità e che Mezzofanti ne abbia fatto uno strumento di emancipazione

2. Su questa declinazione di "capitale sociale" si veda: Robert D. Putnam, *Bowling Alone: The Collapse and Revival ofAmerican Community*, 2001, New York, Simon and Schuster Paperbacks, *passim*.

3. Carlo Trigilia, *Capitale sociale tra economia e sociologia: avanti con giudizio*, in *Il Capitale Sociale. Che cos'è e che cosa spiega*, a cura di Guido de Blasio, Paolo Sestito, Roma, Donzelli, 2011, p. 31.

4. Si veda: Pierre Bourdieu, *Le capital social: notes provisoires*, in «Actes de la Recherche en Sciences Sociales», 31 (1980), pp. 2-3.

consapevole. Non potendo forse sopperire ai deficit economici e pragmatici che gli avevano impedito di diventare un *go-between* (pur possedendone l'attitudine, almeno sulla carta) e non avendo potuto trasporre la sua curiosità per la dimensione extra-locale in esperienze di viaggio (da cui derivassero ulteriori possibilità economiche e sociali) è possibile che Mezzofanti avesse optato per trasformare la sua sedentarietà in un elemento identificativo. Dopotutto, il suo essere un soggetto-oggetto di richiamo, monumentalizzato dalla cultura del *Grand Tour*, l'essere la tappa del viaggio e non il viaggatore, era ciò che lo rendeva solido e riconoscibile socialmente, originale, irripetibile nella sua cerchia. In una parola: singolare. Questo fungeva anche da meccanismo di "riappropriazione" identitaria, di recupero di una certa forma di controllo, attraverso la consapevolezza della propria soggettività che si esprimeva nello spazio pubblico. Ciò ribalta quel processo assimilabile alla reificazione di parte delle sue relazioni sociali e che alimenta la costruzione-imposizione di una mitologia di derivazione romantica sulla celebrità[5] dai possibili effetti alienanti.[6]

L'esercizio di consapevolezza, unitamente a un percorso educativo-formativo interno ai circuiti del gesuitismo e della Congregazione de Propaganda Fide, allenava Mezzofanti a relazionarsi alla globalità come fattore di realtà e a partire da questa consapevolezza, gli consentiva di elaborare un progetto intellettuale, fondato sulla propria riconoscibilità, quale soggetto attivo nella ritrasmissione del sapere. Mezzofanti sceglieva così di essere identificato come colui presso cui affluiva una conoscenza fondata sulla circolazione globale, modulata nell'orizzonte cattolico universalistico, di un cosmopolitismo che raccoglieva e mediava, in una lettura eurocentrica, le suggestioni provenienti da ambiti diversi.

L'assenza di mobilità diventa così l'elemento di creazione e riproduzione di un capitale sociale, tramite cui Mezzofanti si identificava e si lasciava identificare nel mito che è stato tramandato, creando una rete immateriale di cui si giustificherebbe così la volatilità, essendo costruita su relazioni e immaginari intangibili. Tale rete era infatti sostanzialmente inscindibile dall'accreditamento sociale immateriale e si è estinta con il venir meno degli elementi pragmatici che la sostenevano.

5. Sul tema si veda: *Romanticism and Celebrity Culture. 1750-1850*, a cura di Tom Mole, Cambridge, Cambridge University Press, 2009, *passim.*

6. Sul tema si veda: Lilti, *The Invention of Celebrity*, *passim.*

Considerata, dunque, come fenomeno organico e non contraddittorio rispetto all'andamento globale delle relazioni di inizio XIX secolo, l'assenza di mobilità di Mezzofanti perde un po' il suo carattere di unicità, per acquisire un più profondo valore documentario sugli spazi di negoziazione aperti dalla dimensione sovralocale. Il caso Mezzofanti può dimostrare, infatti, quanto il globale non solo costituisca un elemento legato al locale da rapporti di influenza reciproca, ma anche quanto possa diventare uno strumento di auto-affermazione nei circuiti locali europei primo ottocenteschi. Pensando alla stagione di soglia in cui Mezzofanti ha vissuto e, in particolare, alla sua relazione con i codici del romanticismo europeo si nota, per usare la definizione di Evan Gottlieb, quanto questa si configurasse come una fase di grandi «sociohistorical convergences»[7] che agivano da acceleratori dei processi della modernità globale. In questo scenario, l'elaborazione di un vero e proprio campo semantico applicato alla biografia di Mezzofanti, fondato sulla sua eccezionalità, peculiarità e genialità, costituiva il risultato di una visione diffusa di Mezzofanti stesso come un modello di ricomposizione di quella dissociazione, prodottasi a partire dal XVIII secolo, tra il percepirsi cittadino del mondo e l'appartenere ad una comunità locale. Tale interpretazione dell'eccezionalità di Mezzofanti sarebbe quindi coerente con la visione romantica del cittadino di inizio XIX secolo, che eredita ed estende "l'identikit" del cosmopolita illuminista del XVIII secolo, in una dialettica dinamica rispetto agli orizzonti proto-nazionali di cui è insieme osservatore critico e compartecipe.[8] La coesistenza di una dimensione internazionale (espressa attraverso la curiosità linguistica e la rete di contatti) e dell'assenza di mobilità, del viaggio come esperienza simbolo della stagione romantica, rendono Mezzofanti un esempio di riconciliazione e superamento di opposte tendenze che attraversano il primo Ottocento, quale terreno di competizione e commistione tra locale e globale.

È in questo che risiedeva la peculiarità che colpiva i contemporanei e i critici: l'essere un cosmopolita a modo suo, un cittadino del mondo globale senza aver visto il mondo globalizzato, un individuo che poteva adattarsi a essere, contemporaneamente, un intellettuale locale in un mondo cosmopolita o un intellettuale cosmopolita in un mondo locale,

7. Cfr. Evan Gottlieb, *British Romanticism and Early Globalization: Developing the Modern World Picture*, in *Global Romanticism*, p. xvii.

8. Cfr. *Romantic Cosmopolitanism*, p. 95.

perché il globale non solo creava quadri di senso nella dimensione locale ma diventava anche uno strumento di definizione identitario nel livello locale stesso. La coscienza globale[9] può dunque essere intesa anche come "consapevolezza del globale", quale strumento di narrazione del sé nel locale. Analizzare casi come quello Mezzofanti consentirà forse in futuro di osservare più approfonditamente le possibili forme dell'organizzazione degli spazi intellettuali, in termini di pluralità e di rapporto con il patrimonio di significati, attraverso cui si definiscono e si autorappresentano gli individui all'interno delle comunità.

9. L'espressione si rifà alla "coscienza-mondo" individuata da Gruzinski. Cfr. Serge Gruzinski, *Abbiamo ancora bisogno della storia?*, p. 135.

Fonti e bibliografia

Abbreviazioni

AGN	Archivo General de la Nación Ciudad de México
BCABo	Biblioteca Comunale dell'Archiginnasio di Bologna
BCiV	Biblioteca Civica di Verona
BNMV	Biblioteca Nazionale Marciana di Venezia
BUB	Biblioteca Universitaria di Bologna
F.S. Mezzofanti	Fondo Speciale Mezzofanti
F.S. Schiassi	Fondo Speciale Filippo Schiassi

Fonti manoscritte

AGN, Indiferente Virreinal, Inquisicion

vol. 947, Exp. 2, *Copia del inventario de los libro de Antonio de León y Gama,* ff. 5-15

BCABo, F.S. Mezzofanti, Manoscritti

Cart. I-VI (Manoscritti sulle lingue, studi filologici e linguistici, materiali etnografici):
- Cart. III, 3, Notizie etnografiche (Pablo Tac)
- Cart. IV, 2, *Dissertazione sopra un Codice Messicano della Biblioteca della Pontificia Università di Bologna* (3 copie: 23f; 19f, 8f.)
- Cart, IV, 2, *Dissertazione sul modo di scrivere degli Antichi Messicani, sulla loro cronologia e sul loro sistema di numerazione* (10f.)
- Cart, IV, 2, Nota sul Codice
- Cart. VI, 8, *Prima Lezione di Lingue Orientali*

Cart. VII, VIII, IX (Miscellanee):
- Cart. VII, 1.4, *Foglio di nomi messicani ed altri foglietti*
- Cart. VII, 1.8, Componimenti in diverse lingue recitati dagli alunni di Propaganda Fide
- Cart. VII, 3.6, Poesia in lingua della California tradotta in spagnolo
- Cart. VII, 2.7, *Promemoria* sulla collezione Marsigli

Cart. VII, 4.5, tavola dipinta a mano dell'alfabeto ebraico
Cart. VII, 6.8, lettera arabo-italiano per trasporto
Cart. VII, 6.10, *facsimile* di un'incisione su lamina di rame di un libro del Congo
Cart. VII, 6.12, traduzione cinese-francese di una epigrafe cinese su una moneta
Cart. VII, 7.8, plico con "Memorie su Mezzofanti" dall'Archivio di Propaganda Fide
Cart. VIII, 6.7, *Copia di una testimonianza di possesso di un liquore oftalmico, con un ritaglio di giornale tedesco colla notizia di una audienza dell'Ambasciatore Turco Scekib Effendi* al *Papa a Roma, intervistato per Mezzo del Mezzofanti*
Cart. VIII, 6.8, *Documento originale in lingua russa, rilasciato per ordine dell'imperatrice Caterina delle Russie dalla Dogana Postale di Pietroburgo ad un italiano Giuseppe Farrazzi per il trasporto in Italia di una partita di pellicc*e (24 luglio 1764)
Cart. VIII, 6.10, *Invocazione di beneficienza scritta in ebraico per favore di un viaggiatore derubato dai Turchi nel viaggio da Hebron (Palestina) a Costantinopoli*
Cart. VIII, 6.18, striscia di carta nastriforme (*fettuccia*) con la trascrizione in lingua araba di un amuleto
Cart. IX, 2.2.8, *Bibliologia*: nota dalla *Biblioteca Italiana* sulla Groenlandia

Cart. X (manoscritti relativi alla Biblioteca, studi filologici, tavole illustrate):
Cart. X, I, Regolamenti in materia di revisione e censura per le acquisizioni bibliotecarie
Cart. X, 3.1, *Saggio del Catalogo Ragionato dei Libri orientali Ms e stampati esistenti nella Biblioteca della R. Università di Bologna*
Cart. X, 3.2, *Catalogo Ragionato dei Libri orientali Ms e stampati esistenti nella Biblioteca della R. Università di Bologna*
Cart. X, 4, *Materiali e varianti che servono al Saggio di spiegazione del Codice Messicano esistente nella Biblioteca della Pontificia Università di Bologna* (varie)
Cart. X, 4, 20 Tavole illustrate

BCABo, F.S.Mezzofanti. Carteggio

Lettere dei corrispondenti di Mezzofanti: BCABo, F.S. Mezzofanti, Cart. XV-LXV
Lettere di Mezzofanti: BCABo, F.S. Mezzofanti, Cart. XX; XXI, XXII; XXIII, XXXII, XXXV; XLV; XLVI; XLVIII
Lettere di altri: BCABo, F.S. Mezzofanti, Cart. XXVI, XXVIII, XLIX, LVII, LXVI, LXVII

BCABo, F.S. Schiassi, Carteggio

LXVII, Cart. XXI

BCiV, Carteggio Besi, Corrispondenza

Carteggi, b. 136, 1833

BNMV, Fondo"Archivio Morelliano" (Corrispondenza Mezzofanti-Morelli)

-116 M-12622: ff. 219-220, Bologna, 20 novembre 1818
-116 M-12622: f. 221, 6 dicembre 1818

Fonti edite e studi

Abbattista, Guido, *Umanità in mostra. Esposizioni etniche e invenzioni esotiche in Italia (1880-1940)*, Trieste, Edizioni Università di Trieste, 2013

Akins, Damon B., Bauer, William J., *We Are the Land: The History of Native California*, Oakland, University of California Press, 2021

Albanese, Andreina, *Indagine preliminare sul materiale cinese e di argomento sinologico del Fondo Mezzofanti della Biblioteca Universitaria di Bologna*, in *La benedizione di Babele. Contribuiti alla storia degli studi orientali e linguistici e delle presenze orientali a Bologna*, a cura di Giorgio Renato Franci, Bologna, Clueb, 1991, pp. 173-197

Alba-Koch, Beatriz, *For Love of Patria: Locating Self and Nation in Clavigero's Rendition of Conquest of Mexico*, in *Jesuit Accounts of the Colonial Americas. Intercultural Transfers, Intellectual Disputes and Textualities*, a cura di Marc André Bernier, Clorinda Donato e Hans-Jürgen Lüsebrink, Toronto, University of Toronto Press, 2014, pp. 107-126

Alonso-Fernández, Francisco, *Il talento creativo. Tratti e caratteristiche del genio*, Bari, Dedalo, 2001 (ed. orig. *El talento creador. Rasgos y perfiles del genio*, 1996)

Alvazzi del Frate, Paolo, *Università napoleoniche negli "Stati romani". Il* rapport *di Giovanni Ferri de Saint-Constant sull'istruzione pubblica (1812)*, Roma, Viella, 1995

Amselle, Jean-Loup, *Connessioni. Antropologia dell'universalità delle culture*, Torino, Bollati Boringhieri, 2000 (ed. orig. *Branchements: anthropologie de l'universalité des cultures*, 2001)

Anawalt, Patricia, *Costume Analysis and the Provenience of the Borgia Group*, in «American Antiquity», 46/4 (1981), pp. 837-852

Andrade, Tonio, *A Chinese Farmer, Two African Boys, and a Warlord: Toward a Global Microhistory*, in «Journal of World History», 21/4 (2010), pp. 573-591

Aranha, Paolo, *The Social and Physical Spaces of the Malabar Rites Controversy*, in *Space and Conversion in Global Perspective*, a cura di Giuseppe Marcocci, Wietse de Boer, Aliocha Maldavsky e Ilaria Pavan, Leiden, Brill, 2015, pp. 214-232

Ardoino, Diego, *Qualche considerazione sulla personalità e il poliglottismo del cardinale Giuseppe Mezzofanti*, in *Relazioni trans(n)azionali. L'Italia(no) punto di partenza e approdo di lingue e culture diverse.* , a cura di Marta Kaliska e Id., Warszawa, Wydawnictwo DiG, 2022 (Italipolis. Collana di studi italianistici. Vol. 6), pp. 157-171

Armitage, David, *The International Turn in Intellectual History*, in *Rethinking Modern European Intellectual History*, a cura di Darrin M. McMahon e Samuel Moyn, New York, Oxford University Press, 2014, pp. 232-252

The Asia in the Making of Europe. Vol III. A Century of Advance. Book 1 Trade, Mission, Literature, a cura di Donald Frederick Lach e Edwin J.Van Kley, Chicago, The Chicago University Press, 1993

At Sea with Bishop John Bede Polding. The Journal of Lewis Harding. 1835 (Liverpool to Sidney) 1846 (Sidney to London), a cura di Colin F. Fowler, Adelaide, ATF Press, 2019

Aubert, Roger, Beckmann, Johannes, Corish, P.J. e Lill, Rudolf, *Liberalismo e integralismo: tra Stati nazionali e diffusione missionaria: 1830-1870. Risorgimento italiano, movimenti cattolici, ultramontanismo*, in *Storia della Chiesa*, a cura di Hubert Jedin, VIII, 2, Milano, Jacabook, 2006 (ed. orig. *Die Kirche zwischen Revolution und Restauration*, 1971)

Aubert, Roger, Beckmann, Johannes e Lill, Rudolf, *Tra rivoluzione e restaurazione 1775-1830. Secolarizzazione - Concordati-Rinascita Teologico-Spirituale*, in *Storia della Chiesa*, a cura di Hubert Jedin, VIII, 1, Milano, Jacabook, 2002 (ed. orig. *Die Kirche zwischen Revolution und Restauration*, 1971)

Aydin, Cemil, *Regions and Empires in Political History*, in *An Emerging Modern World. 1750-1870*, a cura di Sebastian Conrad e Jürgen Osterhammel, Cambridge MA-London, Harvard University Press-C.H. Beck Verlag, 2018, pp. 33-277

Balzani, Roberto, *Il tricolore e il Risorgimento* in *Storia dell'Emila Romagna. 2. Dal Seicento ad oggi*, a cura di Massimo Montanari, Maurizio Ridolfi, Renato Zangheri, Bari-Roma, Laterza, 2004, pp. 47-61

Banti, Alberto Mario, *Il Risorgimento italiano*, Bari-Roma, Laterza, 2008

Barbier, Frédéric, *Edizione, censura e lettura nell'Europa Napoleonica*, in *Napoleone e gli intellettuali* [*v.*], pp. 235-263

Batalla Rosado, Juan José, *Los Códices Mesoamericanos: Metódos de estudio*, in «Itinerarios», 8 (2008), pp. 43-65

Bayly, Christopher Alan, *La nascita del mondo moderno (1780-1914)*, Torino, Einaudi, 2004 (ed. orig. *The Birth of the Modern World*, 2004)

Benedict XIV and the Enlightenment Art, Science and Spirituality, a cura di Rebecca Messbarger, Christopher M.S. Johns e Philip Gavitt, Buffalo, University of Toronto Press, 2016

Benedict, Barbara B., *Curiosity: A Cultural History of Early Modern Inquiry*, Chicago-London, The University of Chicago Press, 2001

La benedizione di Babele. Contribuiti alla storia degli studi orientali e linguistici e delle presenze orientali a Bologna, a cura di Giorgio Renato Franci, Bologna, Clueb, 1991

Bentivoglio, Laura, *Un breve carteggio del Pontefice Gregorio XVI*, in «Archivio storico di Belluno Feltre e Cadore», vol. XXVIII, 1957, pp. 41-48

Benzoni, Maria Matilde, *La cultura italiana e il Messico. Storia di un'immagine da Temistitan all'Indipendenza (1519-1821)*, Milano, Unicopoli, 2004

—, *L'immagine dell'America spagnola in età moderna (secoli XVI-XVIII)*, in *Americhe e Modernità. Un itinerario fra storia e storiografia dal 1492 ad oggi*, Milano, FrancoAngeli, 2012

—, *Temi e motivi ispanoamericani nella cultura e nella storiografia italiana fra età moderna e contemporanea*, in «Letterature D'America», 30/128 (2010), pp. 7-30

Berg, Maxine, *Afterword: Things in Global History*, in *The Global Lives of Things: The Material Culture of Connections in the Early Modern World*, a cura di Anne Gerristen e Giorgio Riello, New York, Routledge, 2016, pp. 253-258

Bertrand, Gilles, *Le Grand Tour Revisité. Pour une Archéologie du tourisme: le voyage des français en Italie, milieu XVIIe siècle-début XIXe siècle*, Roma, École française de Rome, 2016 (2008)

Betrò, Maria Carmela, *Tra Bologna e Pisa. Una lettera inedita del Cardinale Mezzofanti a Ippolito Rosellini*, in *Aegyptiaca et Coptica. Studi in onore di Sergio Pernigotti*, a cura di Paola Buzi, Daniela Picchi, Marco Zecchi, Oxford, BAR publishing, 2011, pp. 21-26

Beyond the Grand Tour, Northern Metropolises and Early Modern, a cura di Rosemary Sweet, Gerrit Verhoeven, Sarah Goldsmith, New York, Routledge, 2017

Bianchini, Paolo, *Oltre il secolo buio della Compagnia di Gesù*, in *Morte e Resurrezione di un ordine religioso. Le strategie culturali ed educative della Compagnia di Gesù durante la soppressione (1759-1814)*, a cura di Id., Milano, Vita e Pensiero, 2005, pp. 7-12

Biografie di oggetti. Storie di cose, a cura di Paolo Mattozzi, Angelika Burtscher, Daniele Lupo e Paolo Volonté, Milano, Mondadori, 2009

Bizzocchi, Roberto, *La "Biblioteca Italiana" e la cultura della Restaurazione (1816-1825)*, Milano, FrancoAngeli, 1979

Bologna e il Mondo Nuovo, a cura di Laura Laurencich Minelli, Casalecchio di Reno, Grafis, 1992

Boone, Elizabeth Hill, *Cycles of Time and Meaning in the Mexican Books of Fate*, Austin, University of Texas Press, 2007

—, *Stories in Red and Black*, Austin, University of Texas Press, 2000

Borghini, Raffaello, *Il Riposo* (1584), Firenze, per Michele Nestenus e Francesco Moücke, 1730

Borutta, Manuel, *Anti-Catholicism and the Culture War in Risorgimento in Italy*, in *The Risorgimento Revisited: Nationalism and Culture in Nineteenth-Century Italy*, a cura di Silvana Patriarca e Lucy Riall, Basingstoke, Palgrave Macmillan, 2012, pp. 191-213

Boselli, Antonio, *Giuseppe Mezzofanti e il «Pater» poliglotto del Bodoni*, in «L'Archiginnasio», 11 (1916), pp. 115-123

Bots, Hans, Waquet, Françoise, *La Repubblica delle lettere*, Bologna, il Mulino, 2005 (ed. orig. *La République des Lettres*, 1997)

Botta, Sergio, *La religione del Messico Antico*, Roma, Carocci Editore, 2006

Bourdieu, Pierre, *Le capital social: notes provisoires*, in «Actes de la Recherche en Sciences Sociales», 31 (1980), pp. 2-3

Boutier, Jean, *Le grand tour: une pratique d'éducation des noblesse européennes (XVIe-XVIIIe siècles). Le voyage a l'époque moderne*, in «Cahiers de l'Association des Historiens modernistes des Universites», 27 (2004), Paris, Presses de l'Université de Paris Sorbonne, pp. 1-20

Brambilla, Elena, *Le scuole universitarie a Milano tra Fine Settecento e Inizio Ottocento* in «Annali di Storia delle Università Italiane», 11 (2007), pp. 35-44

Braudel, Fernand, *Il Mediterraneo. Lo spazio, la storia, gli uomini, le tradizioni*, Milano, Bompiani, 1997 (1987) (ed. orig. *La Méditerranée*, 1985)

Bresciani, Antonio, *Vita di Albucher Bisciarah. Con tre biografie. Orazione Funebre*, Milano, Boniardi-Pogliani, Besozzi, 1856

Brilli, Attilio, *Il viaggio in Italia. Storia di una grande tradizione culturale*, Bologna, il Mulino, 2006

Brizzi, Gian Paolo, *Scuola e Università nel triennio e nell'era napoleonica*, in *"I "Giacobini" nelle legazioni* [v.], pp. 295-307

Broers, Michael, *The Napoleonic Empire in Italy. 1796-1814. Cultural Imperialism in a European Context*, Basingstoke, Palgrave MacMillan, 2005

—, *The Napoleonic Mediterranean. Enlightenment, Revolution and Empire*, London, I.B. Tauris, 2017

Brooks, Peter, *Godlike Science/Unhallowed Arts: Language and Monstrosity in Frankenstein*, in «New Literary History», 9/3 (1978), pp. 591-605

Buccini, Stefania, *The Americas in Italian Literature and culture. 1700-1825*, University of Pennsylvania Press, 1997 (1959)

Burke, Peter, *Testimoni oculari. Il significato storico delle immagini*, Roma, Carocci, 2002 (ed. orig. *Eyewitnessing. The use of images as Historical Evidence*, 2001)

Burrus, Ernest J., *Research Opportunites in Italian Archives and Manuscript Collections for Students of Hispanic American History*, in «The Hispanic American Historical Review», 39/3 (1959), pp. 428-463

—, *Hispanic Americana in the Manuscripts in Bologna, Italy*, in «Manuscripta», 3 (1959), pp. 131-147

—, *Clavijero and the lost Sigüenza y Gongora manuscripts*, in «Estudios de cultura Náhuatl», 1 (1959), pp. 60-90

Burwick, Frederick, *Romanticism. KeyWords*, Chichester, Wiley Blackwell, 2014

Byron, George B., *Un vaso d'alabastro illuminato dall'interno. Diari*, Milano, Adelphi, 2018

Cacho, Maria Teresa, *Manuscritos Hispánicos de las biblioteca de Parma y Bolonia*, Kassel, Reichenberger, 2009

Caffiero, Marina, *La nuova era. Miti e profezie dell'Italia in rivoluzione*, Genova, Marietti, 1991

—, *Religione e Modernità in Italia: secoli XVII-XIX*, Pisa-Roma, Istituti Editoriali e Poligrafici Internazionali, 2000

Calasso, Roberto, *Le nozze di Cadmo e Armonia*, Milano, Adelphi, 1998

Calendario e rituali precolombiani. Codice Cospi, a cura di Laurencich Minelli, Laura, Bologna, Jaca Book, 1992

Callegari, Marco e Perini, Lorenza, *Per una bibliografia dei gesuiti iberici in Italia* in *La presenza in Italia dei gesuiti iberici espulsi: aspetti religiosi, politici, culturali*, a cura di Gian Paolo Brizzi e Ugo Baldini, Bologna, Clueb, 2010, pp. 75-89

Campanile, Achille, *Vite degli uomini illustri*, Milano, BUR, 2018 (1979)

Cañizares-Esguerra, Jorge, *How to Write the History of New World*, Stanford, Stanford University Press, 2011

Cappellari, Simona, *Giuseppe Acerbi-La vita e le opere*, in *Letteratura del Messico. Quaderni Premio letterario Giuseppe Acerbi*, a cura di Associazione Giuseppe Acerbi, Castel Goffredo, Il Segno dei Gabrielli Editori, 2004

Carbajal López, David, *Sospechos Comunes: los frailes de Veracruz bajo la vigilancia del gobierno federal, 1824-1833*, in «Revista Complutense de Historia de América», 33 (2007), pp. 177-195

Cardoso, José Luis, *Lifting the Continental Blockade: Britain, Portugal, and Brazilian Trade in the Global Context of the Napoleonic Wars*, in *A Global History of Trade and Conflict Since* 1500, a cura di Lucia Coppolaro, Lucia e Francine McKenzie, Basingstoke, Palgrave MacMillan, 2013, pp. 87-104

Carroll, Victoria, *Science and Eccentricity: Collecting, Writing and Performings Science for Early Nineteeth-Century* Audience, London, Routledge, 2016 (2008)

Catto, Michela, *Superstizione, monoteismo e unità della Chiesa: Benedetto XIV e la condanna dei riti cinesi*, in *Storia, medicina e diritto nei trattati di Prospero Lambertini-Benedetto XIV*, a cura di Maria Teresa Fattori, Roma, Edizioni di Storia e Letteratura, 2013, pp. 97-108

Catto, Michela e Mongini, Guido, *Missioni e Globalizzazioni: L'adattamento come identità della Compagnia di Gesù*, in *Evangelizzazione e globalizzazione: le missioni gesuitiche nell'età moderna tra storia e storiografia*, a cura di Ead., Guido Mongini e Silvia Mostaccio, Società Dante Alighieri, Roma, 2010, pp. 1-16

Cavedoni, Celestino, *Rimembranze intorno alla vita e agli studi del Cardinale Mezzofanti di chiara e immortale memoria*, Modena, Tipografia degli Eredi Soliani, 1861

Cazzola, Piero, *A proposito dei rapporti fra il Cardinale Mezzofanti e il mondo russo dell'800*, in «Spicilegio moderno», 8 (1977), pp. 22-35

—, *I corrispondenti russi del Cardinale Mezzofanti*, in «Il Carrobbio», 3 (1977), pp. 131-148

Cesaretti, Maria Pia, *La corrispondenza di Ippolito Rosellini al Cardinale Giuseppe Mezzofanti*, in «Atti e Memorie della Deputazione di Storia Patria per le Province di Romagna», 35 (1984), pp. 195-209

Clavijero, Francisco Javier, *Storia antica del Messico. Cavata da' migliori storici spagnuoli...*, Cesena, Biasini, 1780 (ed. orig. *Historia Antigua de México...*, 1780)

Clossey, Luke, *Salvation and Globalization in the Early Jesuit Mission*, Cambridge, Cambridge University Press, 2008

Codignola, Luca, *Blurred Nationalities Across the North Atlantic: Traders, Priests, and Their Kin Travelling between North America and the Italian Peninsula, 1763-1846*, Toronto, Toronto University Press, 2019

Cohen-Vrignaud, Gerard, *Radical Orientalism: Rights, Reform, and Romanticism*, Cambridge, Cambridge University Press, 2015

Collezionare autografi. La raccolta di Giuseppe Campori, a cura di Matteo Al Kalak e Elena Fumagalli, Olschki, Firenze, 2022

Colley, Linda, *The Ordeal of Elizabeth Marsh: How a Remarkable Woman Crossed Seas and Empires to Become Part of World History*, London, Harper Perennial, 2007

Colombo, Emanuele, *Jesuit at Heart: Luigi Mozzi de' Capitani (1746-1813) Between Suppression and Restoration*, in *Jesuit Survival and Restoration* [*v.*], pp. 212-228

Comparato, Vittor Ivo, *Viaggiatori inglesi in Italia tra sei e settecento: la formazione di un modello interpretativo*, in «Quaderni Storici», 42/3 (1979), pp. 850-886

Conrad, Sebastian, *A Cultural History of Global Transformation*, in *An Emerging Modern World. 1750-1870*, a cura di Sebastian Conrad e Jürgen Osterhammel, Cambridge MA-London, Harvard University Press, 2018

—, *Storia Globale. Un'introduzione*, Roma, Carocci, 2015 (ed.orig. *Globalgeschichte. Ein Einführung*, 2013)

—, *What Is Global History*?, Princeton-Oxford, Princeton University Press, 2016

Conti, Fulvio, *Associazione*, in *Atlante culturale del Risorgimento. Lessico del Linguaggio Politico dal Settecento all'Unità*, a cura di Alberto Mario Banti, Antonio Chiavistelli, Luca Mannori e Marco Meriggi, Bari-Roma, Laterza, 2011

Conversations With M. Thiers, M. Guizot, and Other Distinguished Persons During the Second Empire by the Late Nassau William Senior, a cura di Mary Charlotte Mair Simpson, vol. II, London, Hurst and Blackett, 1878

Cooper, Frederick, *How Global Do We Want Our Intellectual History to Be*, in *Global Intellectual History* [v.], 2013, pp. 283-294

Coppa, Frank J., *Italy: The Church and the Risorgimento*, in *Cambridge History of Christianity.1815-1914*, a cura di Gilley Sheridan, Brian Stanley, vol. VIII, Cambridge, Cambridge University Press, 2006, pp. 233-249

Cosmopolitan Conservatism. Countering Revolution in Transnational Networks, Ideas and Movements (c. 1700-1930), a cura di Matthijs Lok, Friedemann Pestel e Juliette Reboul, Leiden, Brill, 2021

Costantini, Alessandro, *Le catéchismes créoles de Mgr. Niewindt et le papiamentu de Curaçao au XIXe siècle. Une mise au point*, in «Études créoles», 41/1-2 (2024), pp. 1-37, http://journals.openedition.org/etudescreoles/1392

Cubitt, Goeffrey, *The Jesuit Myth: Conspiracy Theory and Politics in Nineteenth-Century France*, Oxford, Oxford University Press, 1993

Curiosity and Wonder from the Renaissance to the Enlightenment, a cura di Robert J.W. Evans, Alexander Marr, Aldershot, Ashgate, 2006

Dall'Aglio, Mariangela, *Il Paesaggio agrario e le sue trasformazioni*, in *Storia dell'Emila Romagna*, vol. II, *Dal Seicento ad oggi*, a cura di Massimo Montanari, Maurizio Ridolfi e Renato Zangheri, Bari-Roma, Laterza, 2004, pp. 3-14

Daston, Lorraine e Park, Katharine, *Le meraviglie del mondo: mostri, prodigi e fatti strani dal Medioevo all'Illuminismo*, Roma, Carocci, 2000 (ed. orig. *Wonders and the Order of Nature, 1150-1750*, 1998)

De Camillis, Mario, *Il Cardinale Giuseppe Mezzofanti principe dei poliglotti*, Roma, Tipografia Lucci, 1937

De Caprio, Vincenzo, *Un genere letterario instabile. Sulla relazione del viaggio a Capo Nord (1799) di Giuseppe Acerbi*, Roma, Archivio Fotografico Izzi, 1996

De Giorgi, Laura, *Dal Dibao alla "Gazzetta di Pechino": Gazzette e rapporti periodici nella Cina Imperiale*, in «Rivista degli Studi Orientali», 67/3-4 (1993), pp. 321-337

De Franceschi, Loretta, *Sulle tracce dei gabinetti di lettura bolognesi: il catalogo di Giuseppe Lanfranchi*, in *Pubblicare, divulgare, leggere*, a cura di Ead., Roma, Vecchiarelli Editore, 2013, pp. 69-118

De Mattei, Roberto, *Trilogia Romana*, Chieti, Solfanelli, 2018

De Vito, Christian G., *Verso una microstoria translocale (Microspatial History)*, in «Quaderni Storici», 50/3 (2015), pp. 815-833

—, *History Without Scale: The Micro-Spacial Perspective*, in «Past & Present», 242/14 (2019), pp. 349-372

de Vries, Jan, *Playing With Scale: The Global and the Micro, the Macro and the Nano*, in «Past and Present», 242/14 (2019), pp. 24-35

Delpiano, Patrizia, *Il controllo ecclesiastico della lettura dell'Italia dei Lumi*, in *La censura nel secolo dei Lumi. Una visione internazionale*, a cura di Delpiano, Patrizia, Tortarolo, Edoardo, Torino, Utet, 2011, pp. 65-94

—, *Istruzione privata e istruzione pubblica nell'Europa dei Lumi. Il dibattito sul ruolo del precettore*, in «Annali di storia dell'educazione e delle istituzioni scolastiche», 20 (2013), pp. 133-145

Demattè, Paola, *From Astronomy to Heaven: Jesuit Science of the Conversion in China*, in *European and Chinese Works. From the Late Sixteenth to the Early Nineteenth Century*, a cura di Ead. e Marcia Reed, Los Angeles, Getty Research Institute, 2007, pp. 53-69

Deringil, Selim, *Conversion and Apostasy in the Late Ottoman Empire*, Cambridge, Cambridge University Press, 2012

Dickens, Charles, *Il circolo Pickwick*, Milano, Adelphi, 1997 (1965) (ed. orig. *The Posthumous Papers of the Pickwick Club*, 1836)

Dickey, Colin, *Cranioklepty. Grave Robbing and the Search of Genius*, Unbridled Books, 2009

Dickie, John, *Antonio Bresciani and the Sects: Conspiracy Myths in an Intransigent Catholic Response to Risorgimento*, in «Modern Italy», 22/1 (2017), pp. 19-34

Dionisotti, Carlo, *Chierici e Laici. Con un testo di Delio Cantimori*, Novara, Interlinea, 1995

Domenici, Davide, *I Linguaggi del potere*, Milano, Jaca Book, 2005

—, *Borg. Mess.2: A late eighteenth-century copy of the Mesoamerican Codex Cospi by the Bolognese artist Antonio Basoli (1774-1848)*, in Miscellanea Bibliothecae Apostolicae Vaticanae XXVIII, Città del Vaticano, Biblioteca Apostolica Vaticana, 2023, pp. 189-214

—, *Cose dell'altro mondo: nuovi dati sul collezionismo italiano di oggetti messicani tra XVI e XVII secolo*, in *L'Impero e le Hispaniae. Da Traiano a Carlo V. Classicismo e potere nell'arte spagnola*, a cura di Sandro De Maria e Manuel Parada López de Corselas, Bologna, Bononia University Press, 2014, pp. 471-483

—, *The Flowery Matter of Chant: The Use of Organic Colors in Pre-Hispanic Mesoamerican Codex Paiting*, in *Flower Worlds. Religion, Aesthetics, and Ideology in Mesoamerica and the America Southwest*, a cura di Michael D. Mathiowetz e Andrew D.Turner, Tucson, University of Arizona Press, 2021, pp. 266-282

—, *La memoria fiorita. Scrittura, memoria e materialità del colore nell'antica Mesoamerica*, in «Confluenze», 8/2 (2016), pp. 161-180

—, *Missionary Gift Records of Mexican Objects in Early Modern Italy*, in *The New World in Early Modern Italy, 1492-1750*, a cura di Elizabeth Horodowich e Lia Markey, Cambridge, Cambridge University Press, 2017, pp. 86-102

—, *Il senso delle cose. Materialità ed estetica nell'arte mesoamericana*, Bologna, Bononia Universy Press, 2017

Domenici, Davide, Buti, David, Brunetti, Giovanni Bruno, Miliani, Costanza, Sgamellotti, Antonio, *The Colours of Indigenous Memory: Non-Invasive Analyses of Pre-Hispanic Mesoamerican Codices* in *Science of Art. The Painted Surface*, a cura di Antonio Sgamellotti, Giovanni Bruno Brunetti e Costanza Miliani, Cambridge, Royal Society of Chemistry, 2014, pp. 94-113

Domenici, Davide, Buti, David, Clementi, Catia, Laurencich Minelli, Laura, Miliani, Costanza, Presciutti, Federica, Romani, Aldo, Rosi, Francesca e Sgamellotti, Antonio, *Colouring Materials of Pre-Columbian Codices: Non-Invasive in Situ Spectroscopic Analysis of the Codex Cospi*, in «Journal of Archaeological Science», 39 (2012), pp. 672-679

Domenici, Davide, Brunetti, Giovanni Bruno, Miliani, Costanza, Sgamellotti, Antonio, *Non-Invasive Investigatios on Mesoamerican Codices: the MOLAB Approach*, in «Rendiconti Lincei. Scienze fisiche e naturali», 31 (2020), pp. 773-778

Domenici, Davide, Miliani, Costanza e Sgamellotti, Antonio, *Changing Colours in a Changing Worlds: The Technology of Codex Painting in Post-Classic and Early Modern Colonial Mesoamerica*, in *Materia Americana. The Body of Spanish American Image: 16th-to Mid 19th Centuries*, a cura di Gabriela Siracusano e Gabriela Rodríguez Romero, Buenos Aires, Sáenz Peña-Universidad Nacional de Tres de Febrero, 2020, pp. 45-57

Domenici, Davide e Laurencich Minelli, Laura, *Domingo de Betanzos' Gifts to Pope Clement VII in 1532-1533: Tracking the Early History of Some Mexican Objects and Codices in Italy*, in «Estudios de cultura Nahuatl», 47 (2014), pp. 167-209

Donato, Clorinda, *The Politics of Writing, Translating and Publishing. New World Histories in Post-Expulsion Italy: Filippo Salvatore Gilij's 1784. Saggio di Storia Americana*, in *Jesuit Account of the Colonial Americas. Intercultural Transfers, Intellectual Disputes, and Textualities*, a cura di Marc André Bernier, Ead. e Hans-Jürgen Lüsebrink, Toronto, Toronto University Press, 2014, pp. 50-80

Donato, Maria Pia, *Reorder and Restore: Benedict XIV, the Index, and the Holy Office*, in *Benedict XIV and the Enlightenment Art, Science and Spirituality* [*v.*], pp. 227-252

Donattini, Massimo, *Il mondo portato a Bologna: viaggiatori, collezionisti, missionari*, in *Storia di Bologna*, vol. III, *Bologna dell'età moderna, 2. Cultura, istituzioni culturali, Chiesa e vita religiosa*, a cura di Adriano Prosperi, Bologna, Bononia University Press, 2008, pp. 537-682

Donoghue, Frank, *Colonizing Readers: Review Criticism and the Formation of Reading Public*, in *The Consumption of Culture. 1600-1800. Image, Object, Text*, a cura di Ann Bermingham e John Brewer, London-New York, Routledge, 1995, pp. 54-74

Dowd, Christopher, OP, *Rome in Australia: The Papacy and the Conflict in the Australian Catholic Missions 1834-1844*, Leiden, Brill, 2008

Dupey Garcia, Élodie, *El color en los códices prehispánicos del México Central: identificación material, cualidad plástica y valor estético*, in «Revista Española de Antropología Americana», 45/1 (2015), Madrid, pp. 149-166

—, *Making and Using Colors in the Manufacture of Nahua Codices: Aesthetic Standards, Symbolic Purpose*, in *Painting the Skin Pigments on Bodies and Codices in Pre-Columbian Mesoamerica*, a cura di Ead. e María Luisa Vázquez de Ágredos Pascual, Tucson, University of Arizona-UNAM, 2018, pp. 186-205

Editoria e Università a Bologna tra Ottocento e Novecento, Atti del V Convegno (Bologna, 26-27 gennaio 1990), a cura di Aldo Berselli, Bologna, Comune di Bologna-Istituto per la Storia di Bologna, 1991

Eimen, Alisa, *Reading Place Throught Patronage-Begum Samru's Building Campaign in Early Nineteenth-Century India*, in *Woman's Eye, Woman's Hand: Making Art and Architecture in Modern India*, a cura di D. Fairchild Ruggles, New Delhi, Zubaan, 2014, pp. 12-40

Elliott, John H., *Imperi dell'Atlantico. America britannica e America spagnola, 1492-1830*, Torino, Einaudi, 2010 (ed. orig. *Empires of the Atlantic World. Britain and Spain in America. 1492-1830*, 2006)

Erard, Michael, *Babel No More. The Search For the World's Most Extraordinary Language Learners*, New York, Free Press, 2012

Fabbri, Maurizio, *La Compagnia di Gesù dopo il 1767. Gli esuli ispanoamericani ed il mondo culturale italiano*, in *Bologna e il Mondo Nuovo*, a cura di Laura Laurencich Minelli, Casalecchio di Reno, Grafis, 1992, pp. 45-48

Farge, Arlette, *The Allure of Archive. Foreward by Natalie Zemon Davis*, New Haven, Yale University Press, 2013 (ed. orig. *La Goûte de l'archive*, 1989)

Ferrari, Saverio, *Racconti d'Oltreoceano. Storie d'America e relazioni di viaggio tra Sette e Ottocento*, in *Bologna e il Mondo Nuovo*, a cura di Laurencich Minelli, Laura, Bologna, Grafis, 1992, pp. 67-83

Fatica, Michele, *I percorsi della mostra* in *Matteo Ripa e il Collegio dei Cinesi. Percorso documentario e iconografico*, Catalogo della mostra, a cura di Michele Fatica, Napoli, Università degli Studi di Napoli "L'Orientale", 2006

Fattori, Maria Teresa, *Lambertini's Treatises and the Cultural Project of Benedict XIV: Two Sides of the Same Policy*, in *Benedict XIV and the Enlightenment. Art, Science and Spirituality* [v.], pp. 265-275

Fiedler, Leslie, *Freaks. Miti e immagini dell'Io segreto*, Milano, Il Saggiatore. 2009 (ed. orig. *Freaks. Myths and Images of the Secret Self*, 1978)

Filipetti, Alessandra, *Il Museo Cospiano ovvero l'Iter del Codice a Bologna*, in *Calendario e rituali precolombiani* [*v.*], pp. 45-50

Flaugh, Christian, *Operation Freak: Narrative, Identity, and the Spectrum of Body Abilities*, Montreal-Kensigton, MCGill-Queen's University Press, 2012

Foucault, Michel, *Gli anormali. Corso al Collège de France (1974-1975)*, Milano, Feltrinelli, 2004 (2000) (ed. orig. *Les Anormaux. Cours au Collège de France 1974-1975*, 1999)

—, *L'archeologia del sapere. Una metodologia per la storia della cultura*, Milano, BUR, 1994 (1969) (ed. orig. *L'árchéologie du savoir*, 1969)

—, *Nascita della clinica: una archeologia dello sguardo medico*, Torino, Einaudi, 1998 (1969) (ed. orig. *Naissance de la clinique: une archéologie du regard médical*, 1963)

—, *Le parole e le cose. Un'archeologia delle scienze umane*, Milano, BUR-Rizzoli, 1998 (1967) (ed. orig. *Les mots et les choses*, 1966)

French, John D., *Another World History is Possible. Reflections on the Translocal, Transnational, and Global*, in *Workers Across the Americas: The Transnational Turn in Labor History*, a cura di Leon Fink, New York, Oxford University Press, 2011, pp. 3-11

Freud, Sigmund, *Psicoanalisi del genio*, Roma, Newton Compton, 1981 (1969)

Frost, Elsa Cecilia, *La visione provvidenzialista della storia*, in *E la filosofia scoprì l'America. L'incontro-scontro tra filosofia europea e culture precolombiane*, a cura di Laureano Robles, Milano, Jaca Book, 2003 (ed. orig. *Filosofía iberoamericana en la época del Encuentro*, 1992), pp. 355-371

Fumaroli, Marc, *La Repubblica delle Lettere*, Milano, Adelphi, 2018 (2015) (ed. orig. *La République des Lettres*, 2015)

Gambarota, Paola, *Irresistible Signs: The Genius of Language and Italian National Identity*, Toronto, Toronto University Press, 2011

García Cueto, David, *Joaquín Muñoz, un erudito y bibliófilo español en la Bolonia del siglo XIX*, in «Goya. Revista de arte», 310 (2006), pp. 11-22

Gasparotto, Giorgio e Valdrè, Giovanni, *Notes About the Paintings Techniques and the Morphological, Chemical and Structural Characterization of the Writing Surface of the Prehispanic Mexican Codex Cospi*, in «Journal de la société des Américanistes», 79 (1993), pp. 203-207

Gemelli Careri, Giovanni Francesco, *Giro intorno al mondo. Parte sesta, contenenti le cose più ragguardevoli vedute nella Nuova Spagna*, Napoli, Stamperia di Giuseppe Roselli presso Francesco Antonio Perazzo, 1708-1709 (1699)

Gensini, Stefano, *La varietà delle lingue da Babele a Cosmopoli*, in *L'idea di cosmopolitismo: circolazione e metamorfosi*, Atti del convegno (Napoli 30 novembre-2 dicembre 2000), a cura di Lorenzo Bianchi, Napoli, Liguori, 2002, pp. 127-158

Gephardt, Katarina, *The Idea of Europe in British Travel Narratives. 1789-1914*, New York, Routledge, 2016 (2014)

Gerbi, Antonello, *La disputa del Nuovo Mondo. Storia di una polemica (1750-1900)*, Milano, Adelphi, 1955

Ghedini, Giacomo, *Da Schiavo a Missionario. Vita e scritti di Daniele Sorur Pharim Den (1860-1900)*, Roma, Studium, 2020

Ghobrial, John-Paul A., *The Secret Life of Elias of Babylon and the Uses of Global Microhistory*, in «Past & Present», 222/1 (2014), pp. 51-93

I "Giacobini" nelle legazioni: gli anni napoleonici a Bologna e a Ravenna, Atti del Convegno (Bologna 13-14-15 novembre, Ravenna 21-22 novembre 1996), vol. II, a cura di Angelo Varni, Bologna, Costa, 1999

Giachery, Alessia, *Jacopo Morelli e la Repubblica delle lettere attraverso la sua corrispondenza (1768-1819)*, Venezia, Marcianum Press, 2012

Giacomelli, Alfeo, *La Chiesa Bolognese e l'Europa durante l'arcivescovado del Card. Malvezzi*, in *La chiesa di Bologna e la cultura europea*, Atti del Convegno (Bologna, 1-2-dicembre 2000), Bologna, G. Barghigiani, 2002, pp. 107-170

Ginzburg, Carlo, *Microstoria: due o tre cose che so di lei*, in «Quaderni Storici», 86/(1994), pp. 511-539

—, *Nondimanco. Machiavelli, Pascal*, Milano, Adelphi, 2018

—, *Spie. Radici di un paradigma indiziario*, in *Miti, emblemi, spie. Morfologia e storia*, a cura di Id., Torino, Einaudi, 1986, pp. 158-209

Gioberti, Vincenzo, *Il gesuita moderno*, Losanna, Bonamici e compagni, 1846-1847

Giochi di scala. La microstoria alla prova dell'esperienza, a cura di Jacques Revel, Roma, Viella, 2006

Giorgi, Andrea e Moscadelli, Stefano, *Leggo sempre volentieri le lettere del vostro bravo corrispondente. Reti di persone e istituzioni nelle corrispondenze di storici ed eruditi nei decenni centrali dell'Ottocento*, in *Erudizione cittadina e fonti documentarie. Archivi e ricerca storica nell'Ottocento Italiano (1840-1880)*, a cura di Andrea Giorgi, Stefano Moscadelli, Gian Maria Varanini e Stefano Vitali, Firenze, Firenze University Press, 2019, pp. 71-165

Giornale della Reale Accademia di Medicina di Torino, a cura di Reymond Giacomini Gibello Olivetti, serie 3, vol. 12 (anno XXXV), Torino, Tipografia V. Vercellino, 1872

Giovagnoli, Paolo, Borruso, Agostino, Buonasorte, Nicla, Del Zanna, Giorgio e Giunipero, Elisa, *La Chiesa Cattolica e l'altro. Dai Balcani al Medi Oriente, dalla Cina all'Africa*, in *L'altro. Identità, dialogo, conflitto nella società plurale*, a cura di Cesareo, Vincenzo, Milano, Vita e Pensiero, 2004, pp. 83-112

The Global Histories of Books. Methods and Practices, a cura di Elleke Bohemer, Rouven Kunstmann, Pryasha Mukhopadhyay e Asha Rogers, Basingstoke, Palgrave MacMillan, 2017

Global Intellectual History, a cura di Samuel Moyn e Andrew Sartori, New York, Columbia University Press, 2013

Gogol', Nikolaj V., *Dall'Italia. Autobiografia attraverso le lettere*, Voland, Roma, 1995

Gosden, Chris e Marshall, Yvonne, *The Cultural Biography of Objects*, in «World Archaeology», 3/2 (1999), pp. 169-178

Gottlieb, Evan, *Introduction British Romanticism and Early Globalization: Developing the Modern World Picture*, in *Global Romanticism: Origins, Orientations, and Engagements, 1760-1820*, a cura di Id., Lewisburg, Bucknell University Press, 2015, pp. xi-xxiv

Grab Alexander, *From the French Revolution to Napoleon*, in *Italy in the Nineteenth Century*, a cura di John A. Davis, Oxford, Oxford University Press, 2000, pp. 25-50

—, *Napoleon and the Transformation of Europe*, Basingstoke, Palgrave MacMillan, 2003

Grafton, Anthony, *New World, Ancient Texts: The Power of Tradition and the Shock of Discovery*, New York, Harvard University Press, 1995 (1992)

—, *A Sketch Map of the Lost Continent: The Republic of Letters*, in «Republic of Letters: A Journal for the Study of Knowledge, Politics, and the Arts», 1 (2009), pp. 1-18, https://shc.stanford.edu/arcade/publications/rofl/issues/volume-1-issue-1/sketch-map-lost-continent-republic-letters

Grendi, Edoardo, *Microanalisi e storia-sociale*, in «Quaderni storici», 35 (1977), pp. 506-520

, *Dal Grand Tour a «La Passione Mediterranea»*, in «Quaderni Storici», 100/1 (1999), pp. 121-133

Greenblatt, Stephen, *Marvelous Possessions. The Wonders of the New World*, Oxford University Press, 1991

—, *A Mobility Studies Manifesto*, in *Cultural Mobility: A* Manifesto, a cura di Stephen Greenblatt *et al.*, Cambridge, Cambridge University Press, 2010

Gruzinski Serge, *Abbiamo ancora bisogno della storia? Il senso del passato nel mondo globalizzato*, Milano, Raffaello Cortina Editore, 2016 (ed. orig. *L'histoire, pour quoi faire?*, 2015)

—, *The Eagle and the Dragon. Globalization and European Dreams of Conquest in China and America in the Sixteenth Century*, Cambridge, Polity Press, 2014 (ed. orig. *L'Aigle et le Dragon*, 2012)

Guasti, Cesare, *Il Cardinale Mezzofanti*, in «Archivio Storico Italiano», n.s., 2/1 (1855), pp. 220-226

Guasti, Niccolò, *Clemente XIV e la diplomazia borbonica: la genesi del breve di soppressione della Compagnia di Gesù*, in *L'età di Clemente XIV, Religione, politica e cultura*, a cura di Mario Rosa e Marina Colonna, Roma, Bulzoni Editore, 2010, pp. 29-78

—, *L'esilio italiano dei gesuiti spagnoli. Identità, controllo sociale e pratiche culturali (1767-1798)*, Roma, Edizioni di Storia e Letteratura, 2006

—, *I gesuiti spagnoli espulsi e le élites italiane di fine Settecento*, in *Itinerari del sapere nell'Europa moderna*, in «Annali di storia dell'educazione e delle istituzioni scolastiche», 20 (2013), pp. 147-178

—, *Juan Andrés e la Cultura del Settecento Italiano*, Milano, Mimesis, 2017

Guarnotta, Antonio, *La lettura del recto del Codice Cospi*, in *Calendario e rituali precolombiani. Codice Cospi* [v.], pp. 89-114

Guerrazzi, Francesco Domenico, *L'asino. Sogno*, Torino, Tipografia Scolastica di Sebastiano Franco e Figli e Comp., 1857

Guzmán, Eulalia, *Manuscritos sobre Mexico en Archivos de Italia*, Ciudad de Mexico, Sociedad Mexicana de Geografía y Estadística, 1964

Haas, Lisbeth, *Pablo Tac, Indigenous Scholar: Writing of Luiseño Language and Colonial History. C.1840*, Berkley-Los Angeles, University of California Press, 2011

Haas, Peter, *Epistemic Communities, Constructivism, and International Enviromental Process*, New York, Routledge, 2016

Harmony of Babel: Profiles of Famous Polyglots of Europe, a cura di Kató Lomb e Scott Alkire, Berkley, TESL-EJ, 2018 (2013) (ed. orig. *Bábeli Harmónia. Interjúk Európa híres soknyelvű embereivel*, 1988)

Harris, Neil, *The History of the Book in Italy*, in *The Book. A Global History*, a cura di Michael F. Suarez e Henry Ruxton Wooudhuysen, Oxford, Oxford University Press, pp. 420-440

Higgitt, Catherine, *Molab: User report*, London, British Museum, 2013

A History of Christianity in Indonesia, a cura di Jan Sihar Aritonang e Karel Adrian Steenbrick, Leiden, Brill, 2008

Hodder, Ian, *Leggere il passato*, Torino, Einaudi, 1992 (ed. orig. *Reading the past*, 1991)

Hsia, Ronnie Po-chia, *The End of the Jesuit Mission in China*, in *The Jesuit Suppression in Global Context. Causes, Events, and Consequences*, a cura di Jeffrey Dean Burson e Jonathan Wright, Cambridge, Cambridge University Press, 2015, pp. 100-116

—, *Imperial China and the Christian Mission*, in *A Companion to the Early Modern Catholic Global Mission*, a cura di Id., Leiden, Brill, 2018, pp. 344-364

—, *The World of Catholic Renewal 1540-1770*, Cambridge, Cambridge University Press, 2005 (1998)

Hubert, Gérard, *Napoleone fondatore e promotore di musei: il Louvre e Brera*, in *Napoleone e gli intellettuali* [v.], pp. 265-275

Humboldt, Alexander von, *Vues des Cordillères, et monumens des peuples indigènes de l'Amerique*, Paris, chez F. Schoell, 1810 (1813)

Imbruglia, Girolamo, *The Jesuit Missions of Paraguay and a Cultural History of Utopia (1568-1789)*, Leiden, Brill, 2017

L'impero e l'organizzazione del consenso. La dominazione napoleonica negli Stati Romani. 1809-1814, a cura di Marina Caffiero, Veronica Granata e Mario Tosti, Soveria Manelli, Rubbettino, 2013

Jacob, Margaret C., *Strangers Nowhere in the World: The Rise of Cosmopolitanism in Early Modern Europe*, Philadelphia, University of Pennsylvania Press, 2006

Jesuit Survival and Restoration: A Global History, a cura di Robert A. Maryks, Jonathan Wright, *1773-1900*, Leiden-Boston, Brill, 2014

Johns, Christopher M.S., *Introduction: The Scholar's Pope: Benedict XIV and the Catholic Enlightenment*, in *Benedict XIV and the Enlightenment Art, Science and Spirituality*, a cura di Rebecca Messbarger, Christopher M.S.Johns e Philip Gavitt, Buffalo, University of Toronto Press, 2016, pp. 3-14

Joyce, James, *Finnegan's Wake*, London, Penguin, 2000 (1939)

Kamel, Lorenzo, *The Middle East from Empire to Sealed Identities*, Edinburgh, Edinburgh University Press, 2019

Kareem, Sarah Tindal, *Eighteenth-Century Fiction and the Reinvention of Wonder*, Oxford, Oxford University Press, 2014

Kauchtschischwili, Nina *Il cardinale Giuseppe Mezzofanti e il mondo culturale russo dell'800* in *Studi in onore di Arturo Cronia*, Padova, 1967, pp. 261-278

Kertzer David I., *Religion and Society, 1789-1892*, in *Italy in the Nineteenth Century:1796-1900*, a cura di John A. Davis, Oxford, Oxford University Press, 2000, pp. 188-190

Kirk, Stephanie, *Benedict XIV and the New World Convent Reform*, in *Benedict XIV and the Enlightenment Art, Science and Spirituality* [v.], pp. 74-90

Kist, Joost, *New Thinking for the 21st-Century Publishers. Emerging Patterns and Evolving Stratagems*, Oxford, Chandos Publishing, 2009

Kleutghen, Kristina, *Jesuit Art in China During the Papacy of Benedict XIV*, in *Benedict XIV and the Enlightenment Art, Science and Spirituality* [v.], pp. 419-438

Knight, David, *Romanticism and the Sciences*, in *Romanticism and the Science* [v.], pp. 13-23

Knight, Frances, *The Church in the Nineteenth Century*, London, IB Tauris, 2008, pp. 13-24

Kopytoff, Igor, *The Cultural Biography of Things. Commoditization as a Process*, in *The Social Life of Things: Commodities in cultural perspective*, a cura di Arjun Appadurai, Cambridge, Cambridge University Press, 2003 (1986), pp. 64-91

Larson, Frances, *Teste Mozze. Storie di decapitazioni, reliquie, trofei, souvenir e crani illustri*, Milano, Utet, 2020 (2016) (ed. orig. *Severed. A History of Heads Lost and Heads Found*, 2014)

Laurencich Minelli, Laura, *Bologna e gli aztechi fra i secoli XVI e XVII*, in *Gli aztechi tra passato e presente. Grandezza e vitalità di una civiltà messicana*, a cura di Alessandro Lupo, Leonardo Luján López, e Luisa Migliorati, Roma, Carocci, 2006, pp. 117-129

—, *Il cardinale Mezzofanti Americanista*, in *La benedizione di Babele*, a cura di Giorgio Renato Franci, Bologna, Clueb, 1991, pp. 151-157

—, *Cardinal Giuseppe Mezzofanti. Scholar of American Indian Languages: His Studies and His Manuscripts*, in «European Review of Native American Studies», 4/2 (1990), pp. 27-30

—, *From the New World to Bologna, 1533: A Gift to Pope Clement VII and Bolognese Collections of the Sixteenth and Seventeenth Centuries*, in «Journal of the History of Collections», 24/2 (2011), pp. 145-158

—, *A Note of Mesoamerican Codex Cospi*, in «Journal de la société des Ameéricanistes», 85 (1999), pp.375-386

Leclerc Comte de Buffon, Jean Louis, *Histoire naturelle, générale et particulière, avec la description du Cabinet du Roi*, Paris, L'Imprimerie Royale, puis Plassan (1749-1789)

Leed, Eric J., *La mente del viaggatore. Dall'Odissea al turismo globale*, Bologna, il Mulino, 1992 (ed. orig. *The Mind of the Traveler: From Gilgamesh to Global Tourism*, 1991)

Lehner, Ulrich L., *The Catholic Enlightenment: The Forgotten History of a Global Movement*, Oxford, Oxford University Press, 2016

León y Gama, Antonio, *Descripción histórica y cronólogica de las dos piedras (...)*, México, Imprenta del guidadano Alejandro Valdez, 1832 (1792)

—, *Saggi sull'astronomia cronologica e mitologia degli Antichi Messicani, tradotta dallo spagnolo e dedicata alla molto nobile illustre ed imperiale Città del Messico*, Roma, Salomoni, 1804

León-Portilla Miguel, *La* Historia Antigua de México *de Francisco Xavier Clavigero*, in *Francisco Xavier Clavigero, un humanista entre dos mundos. Entorno, Pensiamento y Presencia*, a cura di Alfonso Alfaro, Iván Escamilla, Ana Carolina Ibarra, e Arturo Reynoso, México, Fondo de Cultura Económica, 2015, pp. 157-190

Letter Writing in Late Modern Europe, a cura di Marina Dossena e Gabriella Del Lungo Camiciotti, Amsterdam-Philadelphia, John Benjamins Publishing Company, 2012, pp. 13-30

Levi, Giovanni, *Frail Frontiers?*, in «Past & Present», 242/14 (2019), pp. 15-49

Levy, Evonne Anita, *Propaganda and The Jesuit Baroque*, Berkley, University of California Press, 2004

Lezáun Antonio, *Storia delle Scuole Pie-Manuale*, Madrid, ICCE, 2011

Lilti, Antoine, *The Invention of Celebrity. 1750-1850*, Cambridge, Polity Press, 2017 (ed. orig. *Figures Publiques. L'invention de la célébrité. 1750-1850*, 2015)

Littau, Karin, *Theories of Reading: Books, Bodies and Bibliomania*, Cambridge, Polity Press, 2006

Lok, Matthijs, Pestel, Friedemann e Reboul, Juliette, *Cosmopolitan Conservatism. Introduction*, in *Cosmopolitan Conservatism* [*v.*], pp. 1-37

López, Alvaro V., *Gregorio XVI y la reorganización de la Iglesia hispanoamericana. El paso de régimen de patronato à la misión como responsabilidad directa de la Santa Sede*, Roma, Editrice Pontificia Università Gregoriana, 2004

López Austin, Alfredo e Luján López, Leonardo, *Il passato indigeno. Per una nuova storia del Messico precolombiano*, Milano, Jaca Book, 1998 (ed. orig. *El pasado indígena*, 1996)

MacCannell, Dean, *The Tourist: A New Theory of the Leisure Class*, Berkeley, University of California Press, 1999

Magnani, Francesco, *Orazione*, in *All'Eminentissimo signor cardinale Giuseppe Mezzofanti, bolognese elevato all'onore della porpora romana l'anno 1838. Applausi degli accademici filopieri*, Bologna, Jacopo Marsigli, 1838

Magnani, Luigi, *Brevi cenni intorno alla vita e agli scritti del Card. Giuseppe Mezzofanti aggiuntivi alcuni versi inediti di lui e un ricordo di quanto fu detto e scritto per la solenne commemorazione del sommo poliglotta fattasi nella ricorrenza del 50° anniversario della morte*, Bologna, Tipografia Pontificia Mareggiani, 1899

Malina, Jaroslav e Vašíček Zdeněk, *Archeologia. Storia, problemi, metodi*, Milano, Electa 1997 (ed. orig. *Archaeology Yesterday and Today*, 1990)

Manacorda, Daniele, *Prima lezione di Archeologia*, Roma-Bari, Laterza, 2004

Manavit, Augustin, *Esquisse historique sur le Cardinal Mezzofanti*, Paris, Ambroise Bray, 1854 (1853)

Manning, Patrick, *Navigating World History: Historians Create a Global Past*, Basingstoke, Palgrave MacMillan, 2003

Marchetti, Giovanni Gentile G., *Cultura indigena e integrazione nazionale. La "Storia antica del Messico" di F.J. Clavijero*. Abano Terme, Piovan Editore, 1980

—, *L'americanismo e la cultura dei gesuiti espulsi in Italia. Il Cardinale Mezzofanti Americanista*, in *Ruggiero Romano, l'Italia, l'Europa, l'America. Studi e contributi in onore della laurea honoris causa*, a cura di Alberto Filippi, Camerino, Università degli Studi di Camerino, 2000, pp. 317-327

Marchesani, Simone, *The Church in Bologna and Giuseppe Mezzofanti, Professor and Librarian. New Papers*, in «TECA», n.s., 10/2 (2020), pp. 9-30

Marcocci, Giuseppe, *Indios, cinesi, falsari. Le storie del mondo nel Rinascimento*, Bari-Roma, Laterza, 2016

—, *L'Italia nella prima età globale (ca. 1300-1700)*, in «Storica», 20/60 (2014), pp. 7-50

Mariani, Paul S.J., *The Phoenix Rises From Its Ashes*, in *Jesuit Survival and Restoration*: *A Global History 1773-1900*, a cura di Robert A. Maryks e Jonathan Wright, Leiden, Brill, 2015, pp. 299-314

Márquez, Pedro, *Due antichi monumenti di architettura messicana. Illustrati da D. Pietro Marquez Socio dell'Accademia di Belle Arti di Madrid, di Firenze e di Bologna dedicati alla molto nobile e illustre ed imperiale Città di Messico*, Roma, Il Salomoni, 1804

Martín de Vidales García, María, *Il viaggio nel Grand Tour in Italia: l'arte del ritratto mitologico*, in *La città, il viaggio, il turismo. Percezione, produzione e trasformazione*, a cura di Gemma Belli, Francesca Capano, Maria Ines Pascariello, Napoli, CIRICE, 2017, pp. 2061-2066

Martucci, Roberto, *Partecipazione e Costituzione: la regola impossibile*, in *Napoleone e gli intellettuali* [*v.*], pp. 49-82, 1996

Mascilli Migliorini, Luigi, *L'età moderna. Una storia globale*, Bari, Laterza, 2020

Mateos, Fernando S.J., *Suppression and Restoration of the Society of Jesus in China*, in *Jesuit Survival and Restoration 1773-1814: 200th Anniversary Perspectives from Boston to Macau* (Macau, 28-30 ottobre, 2014), Macau, Ricci Institute, pp. 1-32

Mazzone, Umberto, *Governare lo Stato e curare le anime. La Chiesa e Bologna dal Quattrocento alla Rivoluzione francese*, Padova, Libreriauniversitaria.it, 2012

McCafferty, George G. e Steinbrenner, Larry, *The Meaning of Mixteca-Puebla Stylistic Tradition: The View From Nicaragua*, in *Art for Archaeology's Sake: Material Culture and Style Across the Disciplines*, Proceeding of the Thirty-Third Annual Conference of the Archaeological Association of the University of Calgary, a cura di Andrea Waters-Rist, Calgary, University of Calgary, Archaeological Association, 2005, pp. 282-292

McLean, Paul, *Culture in Networks*, Cambridge, Polity Press, 2017

Meluzzi, Luciano, *Il cardinale Giuseppe Mezzofanti poliglotta e bibliotecario*, Bologna, Tip. Vighi e Rizzoli, 1963

Menegon, Eugenio, *Ricercato numero uno: la vita avventurosa tra Europa ed Asia di Pietro Zai (Cai Ruoxiang 蔡祥, 1739-1806), alunno del Collegio dei Cinesi*, in *Matteo Ripa e il Collegio dei Cinesi. Percorso documentario e iconografico. Catalogo della mostra*, a cura di Michele Fatica, Napoli, Università degli Studi di Napoli "L'Orientale", 2006, p. 87-100

Menozzi, Daniele, *La Chiesa Cattolica e la Secolarizzazione*, Torino, Einaudi, 1993

Meriggi, Marco, *Gli stati italiani prima dell'Unità. Una storia istituzionale*, Bologna, il Mulino, 2002

Midura, Rachel, *Conceptualizing Knowledge Networks. Agents and Patterns of "Flow"*, in *Empires of Knowledge: Scientific Networks in the Early Modern World*, a cura di Paula Findlen, New York, Routledge, 2019, p. 373-377

Mignani, Vincenzo, *Cenno biografico del Cardinale Giuseppe Mezzofanti, bolognese, con l'elenco di tutte le lingue e dialetti dal medesimo parlati*, Bologna, Soc. Tip. Dei compositori, 1871

Mikaberidze, Alexander, *The Napoleonic Wars: A Global History*, Oxford, Oxford University Press, 2020

Miller, Peter, *Peiresc's Europe. Learning and Virtue in the Seventeenth Century*, New Haven, Yale University Press, 2000

—, *Peiresc's Mediterranean World*, Cambridge MA, Harvard University Press, 2015

Mitterrutzner, Johann Chrysostomus, *Joseph Kardinal Mezzofanti der grosse Polyglott. Eine Lebensskizze*, Brixen, s.e., 1885

Moffa, Claudio, *Comboni e la Visione europea dell'Africa alla metà dell'Ottocento: una riflessione sul "Piano per la rigenerazione africana"*, Bologna, EMI, 1991

Mondher, Kilani, *Antropologia. Dal locale al globale*, a cura di Anna Maria Rivera, Bari, Dedalo, 2011 (ed. orig. *Anthropologie. Du local au global*, 2009)

Mondi Connessi. La Storia oltre l'Eurocentrismo (secoli XVI-XVIII), a cura di Giuseppe Marcocci, Sanjay Subrahamanyam, Roma, Carocci, 2014

Monti, Aldino, *Bologna in età napoleonica: ceti politici e ceti economici fra tradizione municipale e amministrazione*, in *I "Giacobini" nelle legazioni* [*v.*], pp. 27-43

Monti, Tommaso, *Estrazione e ricognizione della cassa mortuaria contenente la spoglia mortale dell'Eminentissimo Cardinale Giuseppe Mezzofanti massimo poliglotta del mondo*, Minerbio, Tipografia C. Bevilacqua, 1885

Morelli, Federica, *Il Mondo Atlantico. Una storia senza confini (secolo XV-XIX)*, Roma, Carocci, 2013

Morgan, Simon, *Historicising Celebrity*, in «Celebrity Studies», 1/3 (2010), pp. 366-368

Mori, Massimo, *Le tradizioni cosmopolite*, in *Illuminismo. Storia di un'idea plurale*, a cura di Massimo Mori e Salvatore Veca, Roma, Carocci, 2019, pp. 173-196

Moyn, Samuel e Sartori, Andrew, *Approaches To Global Intellectual History*, in *Global Intellectual History* [v.], pp. 3-30

Mungello, David, *The Return of the Jesuits to China in 1841 and the Chinese Christian Backlash*, in «Sino-Western Cultural Relations Journal», 27 (2005), pp. 9-46

Napoleone e gli intellettuali. Dotti e «hommes de lettres» nell'Europa Napoleonica, a cura di Daniela Gallingani, Bologna, il Mulino, 1996

Natali, Giovanni, *L'Università degli studi di Bologna durante il periodo napoleonico (1796-1815)*, in «*Studi e Memorie per la storia dell'Università di Bologna*, 1 (1956), pp. 506-545

Nowotny, Karl A., *Codex Borgia Commentary*, facsimile, Graz, Akademische Druck und Verlagsanstalt, 1968

O'Dwyer, Maeve, *Antiquity and the Grand Tour Portrait: Rethinking the Significance of Pompeo Batoni's Use of Classical Sculpture 1753-1762*, in *Antiquity and Enlightenment Culture: New Approaches and Perspectives*, a cura di Felicity Loughlin e Alexander Johnston, Leiden, Brill, 2020, pp. 83-103

Oishi, Kaz, *The Genealogy of the Scientific Sublime: Glaciers, Mountains and the Alternating Modes of Representation*, in *British Romanticism in the European Perspective: Into the Eurozone*, a cura di Steve Clark, e Tristanne Connolly, Basingstoke, Palgrave Macmillan, 2015, pp. 26-44

Oliver, Andrew Jr., *American Travelers on the Nile: Early U.S. Visitors to Egypt (1774-1839)*, al-Qāhira, The American University in Cairo Press, 2014

Osterhammel, Jürgen e Petersson, Neils P., *Storia della Globalizzazione. Dimensioni processi epoche*, Bologna, 2005 (ed. orig. *Globalizations: A short history*, 2003)

Osterhammel, Jürgen, *The Transformation of the World: A Global History of the Nineteenth Century*, Princeton-Oxford, Princeton University Press, 2014 (ed. orig. *Die Verwandlung der Welt*, 2009)

Pagden, Anthony, *La caduta dell'uomo naturale. L'indiano d'America e le origini dell'etnologia comparata*, Torino, Einaudi, 1989 (ed. orig. *The Fall of Natural Man: The American Indian*, 1982)

—, *European Encounters with the New World: From Renaissance to Romanticism*, New Heaven-London, Yale University Press, 1998

Palazzolo, Maria Iolanda, *Geografia e dinamica degli insediamenti editoriali*, in *Storia dell'editoria nell'Italia contemporanea*, a cura di Gabriele Turi, Prato, Giunti, 1997, p. 11-54

—, *I libri, il trono, l'altare. La censura nell'Italia della Restaurazione*, Milano, FrancoAngeli, 2008

Palsetia, Jessie S., *The Parsis of India. Preservation of Identity in Bombay City*, Leiden, Brill, 2001

Pasquier Michael, *Father on the Frontier: French Missionaries and the Roman Catholic Priesthood in the United States, 1789-1870*, Oxford, Oxford University Press, 2010

Pasti, Franco, *Un poliglotta in biblioteca. Giuseppe Mezzofanti (1774-1849) a Bologna nell'età della Restaurazione*, Bologna, Pàtron, 2006

Pauw, Cornelius de, *Recherches philosophiques sur les Américains ou mémoires intéressants pour servir à l'histoire de l'espèce humaine*, Berlin, G.J. Decker, 1768-1769

Pavone, Sabina, *Le astuzie dei Gesuiti. Le false Istruzioni Segrete della Compagnia di Gesù e la polemica antigesuita nei secoli XVII e XVIII*, Roma, Salerno, 2000

—, *Anti-Jesuitism in a Global Perspective*, in *The Oxford Handbook of the Jesuits*, a cura di Ines G. Županov, Oxford, Oxford University Press, 2019, pp. 833-854

—, *Tra Roma e il Malabar: il dibattito intorno all'amministrazione dei sacramenti ai paria (sec. XVII-XVIII)*, in «Cristianesimo nella storia», 31 (2010), pp. 647-680

Pellegrini, Vincenzo Maria, *Il cardinale Giuseppe Mezzofanti. L'uomo che parlava 114 lingue*, La Valletta, Edizioni l'Isola, 1934

Peltonen, Matti, *Clues, Margins, and Monads: The Micro-Macro Link in Historical Research*, in «History and Theory», 40/3 (2001), pp. 347-359

Pepe, Luigi, *Dall'Istituto bolognese all'Istituto nazionale*, in *I "Giacobini" nelle legazioni* [v.], pp. 309-335

Piciulo, Viviana Silvia, *La Cuestión de América en Europa. Camaño, Molina, Hervás y Otros*, in *Idea de la Ilustratión: Estudios sobre la Escuela Universalista*, a cura di Aullón de Haro, Pedro, Madrid, Editorial Verbum, 2022, pp. 442-459

—, *I gesuiti americani espulsi in Italia e Joaquín Camaño (1767-1814)*, tesi di Dottorato, Bologna, Alma Mater Studiorum, 2014, http://amsdottorato.unibo.it/6492/ (ultima consultazione 28/10/24)

—, *El Heredero de un gran Imperio Joaquín Camaño hacia fines del siglo XVIII*, in «Eikasia. Revista de Filosofía», 81 (2018), pp. 507-545

—, *Joaquín Camaño e il network di un grande collaboratore alla fine del XVIII secolo*, in «Mélanges de l'École française de Rome – Italie et Méditerranée modernes et contemporaines», 126/1 (2014), pp. 71-82

Pizzorusso, Giovanni, *Agli antipodi di Babele: Propaganda Fide tra immagine cosmopolita e orizzonti romani (XVII-XIX secolo)*, in *Storia d'Italia Annali*

16. Roma, la città del papa. Vita civile e religiosa dal giubileo di Bonifacio VIII al giubileo di papa Wojtyla, a cura di Luigi Fiorani e Adriano Prosperi, Torino, Einaudi, 2000, pp. 479-518

—, *Roma nei Caraibi. L'organizzazione delle missioni cattoliche nelle Antille e in Guyana (1635-165)*, Roma, École Française de Rome, 1995

—, *Indiani del Nordamerica a Roma (1826-1841)*, in «Archivio della Società Romana di Storia Patria», 116 (1993), pp.395-411

—, *La Congrégation De Propaganda Fide à Rome. Centre d'accumulation et de production de «savoirs missionaires» (XVIIe-début XIXe siècle)*, in *Mission D'Évangélisation et circulation des savoirs XVIe-XIX siècle*, a cura di Charlotte de Castelnau-l'Estoile, Marie Lucie Copete, Aliocha Maldavsky, Ines G. Županov, Madrid, Collection de la Casa de Velàzquez, 2011, pp. 25-40

—, *The Congregation de Propaganda Fide, the Holy See and the Native Peoples of North America (17th-19th Centuries)*, in *Holy See's Archives as Sources for American History*, a cura di Kathleen Sprows Cummings e Matteo Sanfilippo, Viterbo, Sette Città, 2016, pp. 13-53

—, *I duellanti: la Congregazione de Propaganda Fide e la Compagnia di Gesù dalla soppressione alla restaurazione dell'ordine ignaziano*, in «Mélanges de l'École française de Rome», 126/1 (2014), pp. 59-70

—, *Governare le missioni, conoscere il mondo nel XVII secolo. La Congregazione Pontificia de Propaganda Fide*, Viterbo, Sette Città, 2014

—, *Il papa rosso e il papa nero: alle origini della conflittualità tra la Congregazione de Propaganda Fide e la Compagnia di Gesù (XVII secolo)*, in «Ricerche di storia sociale e religiosa», 85/86 (2014), pp. 115-139

—, *I satelliti di Propaganda Fide: il Collegio Urbano e la Tipografia Poliglotta. Note di ricerca su due istituzioni culturali romane nel XVII secolo*, in «Mélanges de l'École française de Rome», 115/2 (2004), pp. 471-498

Polyglot From the Far Side of the Moon. The Life and Works of Solomon Caesar Malan (1812-1894), a cura di Lauren F. Pfister, Abingdon-New York, Routledge, 2022

Pomian, Krysztof, *Collezionisti, amatori e curiosi. Parigi-Venezia XVI-XVIII secolo*, Milano, Mondadori, 2007 (1989) (ed. orig. *Collectionneurs, amateurs et curieux, Paris-Venise: XVIe-XVIIIe siècle*, 1987)

Porciani, Ilaria, *Archivio storico italiano. Organizzazione della ricerca ed egemonia moderata nel Risorgimento*, Firenze, Olschki, 1979

Porciani, Ilaria e Tollebeek, Jo, *Setting the standards: Institutions, Networks and Communities of National Historiography*, London-New York, Palgrave Macmillan, 2012

Poulot, Dominique, *Les origines d'un modèle touristique: les médiation du Grand Tour hier et aujourd'hui*, in «Ethnologies», 38/1-2 (2016), pp. 47–59

Prien, Hans-Jürgen, *Christianity in Latin America: Revisited and Expanded Ddiction*, Leinden, Brill, 2013 (ed. orig. *Das Christenum in Lateinamerika*, 2013)

Proietti Domenico, *La frammentazione dialettale e la situazione linguistico-culturale italiana nell'opera di Lorenzo Hervás y Panduro*, in *La presenza in Italia dei gesuiti iberici espulsi: aspetti religiosi, politici, culturali*, a cura di Ugo Baldini e Gian Paolo Brizzi, Bologna, Clueb, 2010, pp.589-595

Putnam, Robert D., *Bowling Alone: The Collapse and Revival of American Community*, New York, Simon and Schuster, 2001

Quinziano, Franco, *Un capitolo nei rapporti Ispano-Italiani. Enciclopedismo, sincretismo e dialogo culturale nel gesuita espulso Juan Andrés*, in «Artifara», 16 (2016), pp. 27-45

Raspe, Rudolph Erich, *Il barone di Münchausen*, Milano, De Agostini, 2019 (1998)

Rao, Anna Maria, *Napoleonic Italy: Old and New Trends in Historiography*, in *Napoleon's Empire: European Politics in Global Perspective*, a cura di Ute Planert, Basingstoke, Palgrave MacMillan, 2016, pp.84-99

Ramón Solans, Francisco, Javier, *A Renewed Global Power: The Restoration of the Holy See and the Triumph of Ultramontanism, 1814-1848*, in *A History of European Restorations. Volume Two. Culture, Society and Religion*, a cura di Michael Broers, Ambrogio Caiani e Stephen Bann, London, Bloomsbury Academic, 2020, pp. 72-84

Regoli, Roberto, *Tramonto delle Chiese "Nazionali" e Nuovo Giorno del Papato? La Lunga Epoca dei Cambiamenti*, in *Il Papato e le Chiese* Locali, a cura di Péter Tusor, e Matteo Sanfilippo, Viterbo, Sette Città, 2014, pp. 379-406

Revel, Jacques, *Microanalisi e costruzione del sociale*, in «Quaderni storici», 86/2 (1994), pp. 549-575

Riall, Lucy, *Il Risorgimento. Storia e interpretazioni*, Roma, Donzelli editore, 1997 (ed. orig. *The Italian Risorgimento*, 1994)

Riall, Lucy, Patriaca, Silvana, *Introduction: Revisiting the Risorgimento*, in *The Risorgimento Revisited. Nationalism and Culture in Nineteenth-Century* Italy, a cura di Eadd., Basingstoke, Palgrave Macmillan, 2012, pp. 1-17

Rice, Xan, *The Man Who Speaks 32 Languages-And Counting*, in «New Stateman», 3 agosto 2015, https://www.newstatesman.com/long-reads/2015/08/man-who-speaks-32-languages-and-counting

Rocca, Giuseppe, *Dal prototurismo al turismo globale: momenti, percorsi di ricerca, casi di studio*, Torino, Giappichelli Editori, 2013

Rojek, Chris, *Celebrity*, London, Reaktion Books, 2001

Romanato, Gianpaolo, *Daniele Comboni. L'Africa degli esploratori e dei missionari*, Milano, Rusconi, 1998

Romani, Roberto, *Economia politica e pensiero sociale cattolico nello Stato Pontificio, 1775-1850*, in «Rivista di Storia economica», 26/1 (2010), pp. 38-39

Romanticism and Celebrity Culture. 1750-1850, a cura di Tom Mole, Cambridge, Cambridge University Press, 2009

Romanticism and the Sciences, a cura di Andrew Cunningham e Nicholas Jardine, Cambridge, Cambridge University Press, 1990

Rosa, Mario, *The Catholic* Aufklärung *in Italy*, in *A Companion to the Catholic Enlightenment in Europe*, a cura di Lehner Ulrich L. e Michael O'Neill Printy, Leiden, Brill, 2010, pp. 215-250

Rossi, Caterina, *L'ambito archeologico-culturale del Codice Cospi*, in *Calendario e rituali precolombiani. Codice Cospi* [v.], pp. 22-33

Rothschild, Emma, *The Inner's Life of Empire. An Eighteenth-Century History*, Princeton-Oxford, Princeton University Press, 2011

Rousseau, George, *Curiosity and the lusus naturae: The case of "Proteus' Hill"*, in *Curiosity and Wonder* [v.] 2006

Rousseau, Jean Jacques, *L'Emilio*, Milano, Oscar Mondadori, 2021 (2002) (1762)

Rule, Paul, *Restoration or New Creation? The Return of the Society of Jesus to China*, in *Jesuit Survival and Restoration* [v.], pp. 261-277

Russell, Charles William, *Vita del Cardinale Giuseppe Mezzofanti e memoria dei più chiari poliglotti antichi e moderni*, Bologna, Tipografia di G. Monti al Sole, 1859 (ed. orig. *The life of Cardinal Mezzofanti. With an Introductionary Memoir of Eminent Linguists, Ancient and Modern*, 1858)

Sachsenmaier, Dominic, *Global Entanglements of a Man Who Never Traveled: A 17th Century Chinese Christian and His Conflicted Worlds*, New York, Columbia University Press, 2018

—, *Global Perspectives on Global History: Theories and Approaches in a Connected World*, Cambidge, Cambridge University Press, 2011

Sacre Metamorfosi. Racconti di conversione tra Roma e il mondo in età moderna, a cura di Chiara Petrolini, Vincenzo Lavenia, e Sabina Pavone, Roma, Viella, 2022

Said, Edward W., *Orientalismo. L'immagine europea dell'Oriente*, Roma, Feltrinelli, 2012 (1991) (ed. orig. *Orientalism*, 1978)

Santagata, Antonio, *De Josepho Mezzofantio sermones duo Antonii Santagatae*, Bononiae, ex typographeo ad S. Thomam Aquinatem, 1854

Sawday, Jonathan, *The Body Emblazoned: Dissection and the Human Body in Renaissance Culture*, London, Routledge, 1995

Schaffer, Simon, *Genius in Romantic Natural Philosophy*, in *Romanticism and the Sciences* [v.], pp. 82-98

Schmidt, Benjamin *Inventing Exoticims. Geography, Globalism, and Europe's Early Modern World*, Philadelphia, University of Pennsylvania Press, 2015

La scrittura epistolare dell'Ottocento. Nuovi sondaggi sulle lettere del CEOD, a cura di Giuseppe Antonelli, Massimo Palermo, Danilo Poggiogalli e Lucia Raffaelli, Ravenna, Giorgio Pozzi Editore, 2009

Serra, Alessandro, *Roma, un laboratorio delle identità? Comunità "nazionali", dinamiche associative e linguaggio devozionale tra XVI e XVIII secolo*, in *Venire a Roma, Restare a Roma. Forestieri e stranieri fra Quattrocento e Settecento*, a cura di Sara Cabibbo e Alessandro Serra, Roma, Roma Tre Press, 2018, pp. 271-290

Sigrist, René, *Scientific Networks and Frontiers in the Golden Age of Academies (1700-1830): An Essay with New Data*, in *Networking Across Borders and Frontiers: Demarcation and Connectedness in European Culture and Society*, a cura di Jürgen Barkhoff e Helmut Eberhart, Frankfurt am Main, Peter Lang, 2009, pp. 35-66

Simili, Bruno, *Caratteri, bozze di stampa e «animi cortesi». Le lettere tra Giuseppe Mezzofanti e Giambattista Bodoni*, in «L'informazione bibliografica», 29/3 (2003), pp. 293-298

Smiley, Will, *From Slaves to Prisoners of War: The Ottoman Empire, Russia, and International Law*, Oxford, Oxford University Press, 2018

Solanes, Sebastian, Raul, Francesco, *De la crisis total a la Restauración: El cardenal Mezzofanti y la Biblioteca Real del Real Colegio de Espania En Bologna*, in «Boletín de la Real Academia de la Historia», 112/2 (2016), pp. 377-399

Solleveld, Floris, *Afterlives of the Republic of Letters: Learned Journals and Scholarly Community in the Early Nineteenth Century*, in «Erudition and the Republic of Letters», 5/1 (2020), pp. 82-116

Sorge, Giuseppe, *Mezzofanti "Romano"*, in *La Benedizione di Babele. Contributi alla storia degli studi orientali e linguistici e delle presenze orientali a Bologna*, a cura di Giorgio Renato Franci, Bologna, Clueb, 1991, pp. 159-172

Spence, Jonathan, *L'enigma di Hu*, Milano, Adelphi, 1992 (ed. orig. *The Question of Hu*, trad. it., Mara Caira 1988)

Spencer, Jane, *Writing About Animals in the Age of Revolution*, Oxford, Oxford University Press, 2020

Spivak, Gayatri Chakravorty, *In Other Worlds. Essays in Cultural Politics*, New York, Meuthen, 1987

—, *The Post-Colonial Critic: Essays, Strategies, Dialogues*, New York, Routledge, 1990

Stendhal, *Roma, Napoli e Firenze. Viaggio in Italia da Milano a Reggio Calabria*, Roma-Bari, Laterza, 1990 (1974)

Sternberg, Robert J., *Wisdom, Intelligence and Creativity Synthesized*, Cambridge, Cambridge University Press, 2003

Stocking, George W. jr, *Antropologia dell'età vittoriana*, Roma, Ei Editori, 1999 (ed. orig. *Victorian Anthropology*, 1987)

Stoltz, Gaetano, *Biografia del cardinale Giuseppe Mezzofanti bolognese*, Bologna, Tipografia Governativa alla Volpe, 1850

Strano, Giacoma, *Gogol'. Ironia, polemica, parodia (1830-1836)*, Soveria Mannelli, Rubbettino, 2004

Strong, David S.J., *A Call to Mission: The Jesuits in China, the French Romance. Vol. I. 1842-1955*, Adelaide, ATF, 2018

Stroumsa, Guy G., *The Scholarly Discover of Religion*, in *Cambridge World History 6, the Construction of a Global World 1400-1800*, a cura di Jerry H. Bentley, Sanjay Subrahmanyam, Merry E. Wiesner-Hanks, Cambridge, Cambridge University Press, 2015, pp. 313-331

Subrahmanyam, Sanjay, *Connected Histories: Notes Towards a Reconfiguration of Early Modern Eurasia*, in «Modern Asian Studies», 3/3 (1997), pp. 735-762

Sundkler, Bengt e Steed, Christopher, *A History of the Church in Africa*, Cambridge, Cambridge University Press, 2000

Sweet, James, H., *Domingo Álvares, African Healing, and the Intellectual History of the Atlantic World*, Chapel Hill, The University of North Carolina Press, 2011

Sweet, Rosemary, *Cities and the Grand Tour. The British in Italy. 1690-1820*, Cambridge, Cambridge University Press, 2012

Swingle, Larry J., *Frankenstein's Monster and Its Romantic Relatives: Problems of Knowledge in English Romanticism*, in «Texas Studies in Literature and Language», 15/1 (1973), pp. 51-65

Tagliaferri, Filomena Viviana, *Tolerance Re-Shaped in the Early Modern Mediterranean*, New York, Routledge, 2018

Tagliavini, Carlo, *La lingua degli Indi* Luiseño, in «Bollettino dell'Archiginnasio», serie II, XXXI (1926), pp. 5-55

—, *Discorso sulla lingua valacca del Card. Giuseppe Mezzofanti*, in «L'Archiginnasio», 18 (1923), pp. 206-213

Tavoni, Maria Gioia, *Lettura, libri e librai nella Bologna della Restaurazione*, in Ead., *Libri e lettura da un secolo all'altro*, Modena, Mucchi, 1987, pp. 79-162

—, *Tipografi, editori, lettura*, in Storia *di Bologna. Bologna in Età contemporanea 1796-1914*, a cura di Aldo Berselli e Angelo Varni, vol. IV, t. 1, Bologna, Bononia University Press, 2010, pp. 687-768

Taylor, Jean Gelman, *The Social World of Batavia: European and Eurasian in Dutch Asia*, Madison, The University of Wisconsin Press, 1983

Telling Stories: The Use of Personal Narratives in the Social Sciences and History, a cura di Mary Jo Meynes, Jennifer L. Pierce e Barbara Laslett, Ithaca, Cornell University Press, 2008

Terra Ameriga. Il Mondo Nuovo nelle collezioni Emiliano-Romagnole, a cura di Laura Laurencich Minelli, Bologna, Grafis Edizioni, 1992

Tejirian, Eleanor H. e Simon, Reeva Spector, *Conflict, Conquest and Conversion: Two Thousand Years of Christian Missions in the Middle East*, New York, Columbia University Press, 2012

Testa, Simone, *Italian Academies and Their Networks: 1525-1700. From Local to Global*, London-New York, Palgrave Macmillan, 2015

Teza, Emilio, *Saggi inediti di lingue americane-appunti bibliografici*, Pisa, Tipografia Nistri, 1868

Tortorelli, Gianfranco, *Editori e tipografi a Bologna e dintorni*, in «Archivio Storico Italiano», 151 (1993), pp. 239-257

Translating Catechisms, Translating Cultures: The Expansion of Catholicsm in the Early Modern World, a cura di Antje Flüchter, e Rouven Wirbser, Leiden, Brill, 2017

Transnational Intellectual Networks: Forms of Academic Knowledge and the Search of Identities, a cura di Christopher Charle, Jürgen Schriewer e Peter Wagner, Frankfurt am Main, Campus Verlag, 2004

Transnational Lives: Biographies of Global Modernity (1700-Present), a cura di Desley Deacon, Penny Russell e Angela Woollacott, New York, Palgrave MacMillan, 2010

Trigger, Bruce, *Alternative Archaeologies: Nationalist, Colonialist, Imperialist*, in «Man», 19/3 (1984), pp. 335-370

—, *Romanticism, Nationalism, and Archeology*, in *Nationalism, Politics, and the Practice of Archaeology*, a cura di Philip L. Kohl e Clare Fawcett, Cambridge, Cambridge University Press, 1996, pp. 263-279

Trigilia, Carlo, *Capitale sociale tra economia e sociologia: avanti con giudizio*, in *Il capitale Sociale. Che cos'è e che cosa spiega*, a cura di Guido De Blasio e Paolo Sestito, Roma, Donzelli, 2011, pp. 29-39

Trinchese, Stefano, *Fonti relative a Propaganda Fide durante i Pontificati di Leone XII, Pio VIII e Gregorio XVI (1823-1846)*, in «Mélanges de l'École française de Rome – Italie et Méditerranée», 110/2 (1998), pp. 569-580

Trivellato, Francesca, *Is There a Future for Italian Microhistory?*, in «California Italian Studies», 2/1 (2011), https://escholarship.org/uc/item/0z94n9hq

—, *Microstoria, storia del mondo e storia globale*, in *Microstoria: a vent'anni da L'eredità Immateriale: saggi in onore di Giovanni Levi*, a cura di Paola Lanaro, Milano, FrancoAngeli, 2011, pp. 119-131

Turnbull, Robert, *The Genius of Italy: Being Sketches of Italian Life, Literature and Religion*, London, David Bogue, 1849

Tutino, Stefania, *Jesuit Accomodation, Dissimulation, Mental Reservation*, in *The Oxford Handbook of the Jesuits*, a cura di Ines G. Županov, Oxford University Press, 2019, pp. 216-241

Ulbrich, Claudia e von Greyzerz, Kaspar, Heligensetzer, Lorenz, *Introduction*, in *Mapping the "I" – Research of Self Narratives in Germany and Switzerland*, a cura di Claudia Ulbrich, Kaspar von Greyerz, Lorenz Heiligensetzer, Leiden-Boston, Brill, 2015, pp. 1-12

Uluhogian, Gabriella, *Studenti armeni a Bologna nella cerchia del Mezzofanti*, in «Il Carrobbio», 14 (1988), pp. 323-331

Van Kley, Dale K., *Plots and Rumors of Plots: The Role of Conspiracy in the International Campaign against the Society of Jesus, 1758-1768*, in *The Jesuit Suppression in Global Context. Causes, Events, and Consequences*, a cura di Jeffrey D. Burson e Jonathan Wright, Cambridge, Cambridge University Press, 2015, pp.13-39

—, *Reform Catholicism and the International Suppression of the Jesuits in Enlightenment Europe*, New Heaven-London, Yale University Press, 2018

Varni, Angelo, *Napoleone e gli «Anni Francesi»*, in *Storia dell'Emilia-Romagna*, vol. II, *Dal Seicento a oggi*, a cura di Massimo Montanari, Maurizio Ridolfi e Renato Zangheri, Bari, Laterza, 2004, pp. 30-46

Veglia, Marco, *Ludovico Antonio Muratori e la vita culturale nell'età dell'Illuminismo*, in *Storia dell'Emilia-Romagna*, vol. II, *Dal Seicento a oggi*, a cura di Massimo Montanari, Maurizio Ridolfi e Renato Zangheri, Bari, Laterza, 2004, pp. 15-29

Veggetti, Liborio *et al.*, *Tributo di Lodi a Giuseppe Mezzofanti bolognese creato cardinale il XII febbraio MDCCCXXXVIII*, Bologna, Nobili e compagno, 1838

Vico, Giambattista, *Princípj di una scienza nuova d'intorno alla comune natura delle nazioni*, tomo I, Napoli, Stamperia Muziana, 1744 (1725)

Vick, Brian, *Transnational Networks, Salon Sociability, and Multilateral Exchanges in the Study of Conservatism During and After the Revolutionary Era*, in *Cosmopolitan Conservatism* [*v.*], pp. 197-218

Viaene, Vincent, *Nineteenth-Century Catholic Internationalism and Its Predecessor*, in *Religious Internationals in the Modern World: Globalization and Faith Communities since 1750*, a cura di Abigail Green e Id., Basingstoke, Palgrave MacMillan, 2012, pp. 82-110

Visconti, Valeria, *I Codici Precolombiani*, in *Calendario e rituali precolombiani. Codice Cospi* [*v.*], pp. 11-19

Watts, Thomas, *On The Extraordinary Powers of Cardinal Mezzofanti as a Linguist*, in «Transaction of the Philological Society», 5 (1852), pp. 112-125

—, *On M. Manavit's Life of Cardinal Mezzofanti* in «Transaction of the Philological Society», 7 (1854), pp. 133-150

Weinstein, Barbara, *The World Is Your Archive? The Challenge Of World History As A Field of Research*, in *A Companion to World History*, a cura di Douglas Northrop, Blackwell Publishing, 2012, pp. 63-78

Wenzlhuemer, Roland, *Doing Global History: An Introduction in 6 Concepts*, London, Bloomsbury, 2019

Wesolowski, Adrian D., *Beyond the Celebrity History: Towards the Consolidation of Fame Studies*, in «Celebrity Studies», 11/2 (2020), pp. 189-204

Wiltgen, Ralph M., *The Founding of the Roman Catholic Church in Melanesia and Micronesia, 1850-1875*, Eugene, Pickwick, 2008

Wohlgemut, Esther, *Romantic Cosmopolitanism*, London, Palgrave Macmillan, 2009

World History. Le nuove rotte della storia, a cura Laura Di Fiore, Marco Meriggi, Bari-Roma, Laterza, 2011

Zemon Davis, Natalie, *La doppia vita di Leone l'Africano*, Bari-Roma, Laterza, 2008 (ed. orig. *Trickster Travelers*, 2006)

Zoëga, Georg, *De Origine et Usu Obeliscorum*, Roma, s.e., 1797

Zuelow, Eric, *A History of Modern Tourism*, London-New York, Palgrave, 2016

Zweig, Stefan, *Mendel dei libri*, Milano, Garzanti, 2022 (2016, 2020) (ed. orig. *Buchmendel*, 1928)

Articoli online

Adelman Jeremy, *What Is Global History Now*, 2017, https://aeon.co/essays/is-global-history-still-possible-or-has-it-had-its-moment> (ultima consultazione 29/05/24)

Bertand, Gilles, *Le Grand Tour: une expression problématique pour désigner les pratiques du voyage des élites en Europe à l'époque moderne?*, https://www.crlv.org/conference/le-grand-tour-une-expression-probl%C3%A9matique-pour-d%C3%A9signer-les-pratiques-du-voyage-des (ultima consultazione 29/05/24)

Coppen, Luke, *The cardinal who won a cursing contest, allegedly*, in « The Pillar», 4 ottobre 2022, https://www.pillarcatholic.com/p/the-cardinal-who-won-a-cursing-contest-allegedly (ultima consultazione: 26/10/2024)

Dickey, Colin, *The Twice-Bought Head of Cardinal Mezzofanti*, in «Wonders & Marvels», novembre 2009, https://www.wondersandmarvels.com/2009/11/the-twice-bought-head-of-cardinal-mezzofanti.html (ultima consultazione 29/05/24)

Eco, Umberto, *Avventure di un bibliofilo, lectio magistralis* per l'inaugurazione della Fiera del Libro di Torino, «La Repubblica», 2007, https://www.repubblica.it/2007/05/sezioni/spettacoli_e_cultura/fiera-torino/fiera-torino/fiera-torino.html (ultima consultazione 29/05/24)

Erard, Michael, *The Polyglot of Bologna*, in «The Public Domain Review», 2012, https://publicdomainreview.org/essay/the-polyglot-of-bologna (ultima consultazione 29/05/24)

Ginzburg, Carlo, *Il caso, i casi*, in «Doppiozero», 12 aprile 2019, https://www.doppiozero.com/materiali/il-caso-i-casi (ultima consultazione 29/05/24)

LinkPop, *Campioni di una volta. Vuoi imparare tante lingue? Prendi esempio dal Cardinale Mezzofanti. Il prodigio Assoluto*, in «Linkiesta», settembre 2019, https://www.linkiesta.it/2019/09/cardinale-mezzofanti-lingue/ (ultima consultazione 29/05/2024)

Romagnoli, Gabriele, *La prima cosa bella*, in «Rep: Repubblica, 15 agosto 2019», https://www.repubblica.it/rubriche/2019/08/15/news/la_prima_cosa_bella_di_giovedi_15_agosto_2019-300794834/ (ultima consultazione 29/05/2024)

Romanelli, Raffaele, *«Mezzofanti non è dimenticato» Molto bene, leggeremo...*, in «L'Avvenire.it», 7 ottobre 2016, https://www.avvenire.it/opinioni/pagine/mezzofanti-non-e-dimenticato (ultima consultazione 29/05/24)

Rice, Xan, *The Man Who Speaks 32 Languages-and Counting*, in «New Statesman», 3 agosto 2015 https://www.newstatesman.com/long-reads/2015/08/man-who-speaks-32-languages-and-counting#:~:text=Ikonomou%20works%20from%2021%20of,Old%20Church%20Slavic%20to%20Sogdian (ultima consultazione 29/05/24)

Pitzianti, Enrico, *Poliglotti per Niente*, in «Esquire», 06 settembre 2018, https://www.esquire.com/it/cultura/a22942808/poliglotti-per-niente/ (ultima consultazione 29/05/24)

Tarquinio, Marco, *Un «Interprete Universale», figlio del Popolo e della Chiesa. Dimenticato*, in «L'Avvenire.it», 5 ottobre 2016, https://www.avvenire.it/opinioni/pagine/un-interprete-universale-figlio-del-popolo-e-della-chiesa-dimenticato (ultima consultazione 29/05/24)

Thurman, Judith, *The Mistery of People Who Speak Dozens of Languages. What Can Hyperpolyglots Teach the Rest of Us*, in «The New Yorker», 3 settembre 2018, https://www.newyorker.com/magazine/2018/09/03/the-mystery-of-people-who-speak-dozens-of-languages (ultima consultazione 29/05/24)

Indice dei nomi

Finito di stampare
nel mese di dicembre 2024
da The Factory s.r.l
Roma